丛书总主编／马怀德

中国政法大学新兴交叉学科研究生精品教材

数据法学前沿

主　编◎武长海　肖宝兴

撰稿人◎(按姓氏拼音为序)

黄静怡　李昆泽　王娜仁高娃

韦　洁　武长海　武亚飞

肖宝兴　赵一普　周政训

SHUJU FA XUE QIANYAN

中国政法大学出版社

2023·北京

图书在版编目（ＣＩＰ）数据

数据法学前沿 / 武长海，肖宝兴主编.—北京：中国政法大学出版社，2023.12
ISBN 978-7-5764-1288-8

Ⅰ.①数… Ⅱ.①武…②肖… Ⅲ.①计算机网络－数据管理－法规－研究－中国
Ⅳ.①D922.174

中国版本图书馆CIP数据核字(2024)第016052号

出 版 者	中国政法大学出版社
地　　址	北京市海淀区西土城路 25 号
邮　　箱	fadapress@163.com
网　　址	http://www.cuplpress.com (网络实名：中国政法大学出版社)
电　　话	010-58908435(第一编辑部) 58908334(邮购部)
承　　印	保定市中画美凯印刷有限公司
开　　本	720mm×960mm　1/16
印　　张	16.5
字　　数	296 千字
版　　次	2023 年 12 月第 1 版
印　　次	2023 年 12 月第 1 次印刷
印　　数	1~4000 册
定　　价	56.00 元

总　序

2017 年 5 月 3 日，在中国政法大学建校 65 周年前夕，习近平总书记考察中国政法大学并发表重要讲话。他强调，全面推进依法治国是一项长期而重大的历史任务，要坚持中国特色社会主义法治道路，坚持以马克思主义法学思想和中国特色社会主义法治理论为指导，立德树人，德法兼修，培养大批高素质法治人才。推进全面依法治国既要着眼长远、打好基础、建好制度，又要立足当前、突出重点、扎实工作。建设法治国家、法治政府、法治社会，实现科学立法、严格执法、公正司法、全民守法，都离不开一支高素质的法治工作队伍。法治人才培养上不去，法治领域不能人才辈出，全面依法治国就不可能做好。

习近平总书记强调，没有正确的法治理论引领，就不可能有正确的法治实践。高校作为法治人才培养的第一阵地，要充分利用学科齐全、人才密集的优势，加强法治及其相关领域基础性问题的研究，对复杂现实进行深入分析、作出科学总结，提炼规律性认识，为完善中国特色社会主义法治体系、建设社会主义法治国家提供理论支撑。法学学科体系建设对于法治人才培养至关重要。我们有我们的历史文化，有我们的体制机制，有我们的国情，我们的国家治理有其他国家不可比拟的特殊性和复杂性，也有我们自己长期积累的经验和优势，在法学学科体系建设上要有底气、有自信。要以我为主、兼收并蓄、突出特色，深入研究和解决好为谁教、教什么、教给谁、怎样教的问题，努力以中国智慧、中国实践为世界法治文明建设作出贡献。对世界上的优秀法治文明成果，要积极吸收借鉴，也要加以甄别，有选择地吸收和转化，不能囫囵吞枣、照搬照抄。

当前，我们正处于中华民族伟大复兴战略全局和世界百年未有之大变局之中，面对深刻的社会变革、复杂的法治实践和日新月异的科技发展，我们必须清醒认识到，我国法学学科体系存在学科结构不尽合理、社会急需的新兴学科供给不足、交叉融合不够、学科知识容量亟待拓展等深层次问题，需要加快构建具有中国特色和国际竞争力的法学学科体系。正如习近平总书记深刻指出的那样："我国高校学科结构不尽合理，课程体系不够完善，新兴学科开设不足，法学与其他学科的交叉融合不够。"近年来出现的教育法、网络法、卫生法、体育法、能源法、娱乐法、法律与经济等新兴法律领域和交叉学科，已经开始挑战固有的法学学科秩序，带来法学学科创新发展的新机遇。健全法学学科体系，重点在于创新法学学科体系，必须大力扶植法学新兴学科和交叉学科的发展。学科体系建设同教材体系建设密不可分。要培养出优秀的法治人才，教材体系建设是重要基础性工作。中国政法大学作为中国法学教育的最高学府，可以利用其学科齐全、人才密集的优势开展法学新兴交叉学科教材的编写工作，促进法学新兴交叉学科的建设。

编写法学新兴交叉学科教材是落实全面依法治国要求，大力发展法学新兴交叉学科的需要。十八大以来，全面依法治国进入快车道，对法学学科体系建设提出了新要求，构建中国特色法学体系特别是学科体系、教材体系刻不容缓。2020年9月，教育部等三部委联合下发了《关于加快新时代研究生教育改革发展的意见》，该意见明确提出，要加快学科专业结构调整、加强课程教材建设。推进法学新兴交叉学科发展、加强法学新兴交叉学科教材建设，是我校落实全面依法治国要求、加快法学学科体系和法学课程教材建设的应有之义和具体措施。

编写法学新兴交叉学科教材是推动法学教育事业，培养复合型、创新型人才的需要。随着经济社会快速发展，社会急需复合型、创新型人才。在法学领域，急需既懂法律，又懂专业技术和其他社科知识的复合型、创新型人才。特别是熟悉监察法、党内法规、大数据、人工智能、共享经济、数字货币、基因编辑、5G技术等方面的人才奇缺，研究也不深入。为此，急需建立一批法学新兴交叉学科专业，开设更多新兴交叉学科课程，努力培养社会急需的复合型、创新型法治人才。中国政法大学在回应新技术革新对法治的挑战，培养创新型、复合型人才方面一直在积极探索、努力耕耘。近年来，我校相继设立了一批科研机构（包括数据法治研究院、资本金融研究院、互联网金融法律研究院、党内法规研究所等），开设了一批新兴交叉学科课程。为发展新兴交叉学科，推动法治人才培养取得实效，必须推进法学新兴交叉学科教材建设。

编写法学新兴交叉学科教材是引领世界法学学科发展潮流，构建中国特色法学学科体系的需要。近年来，许多国家法学新兴交叉学科发展迅速。例如，美国推动法经济学、法社会学、法政治学、法心理学、法人类学等新兴交叉学科建设，在世界范围内产生较大影响。中国要引领法学学科发展，必须打破法学内部的学科壁垒，扩充法学学科的知识容量，推进法学和其他学科的交叉与融合。习近平总书记指出，要按照立足中国、借鉴国外，挖掘历史、把握当代，关怀人类、面向未来的思路，体现继承性、民族性、原创性、时代性、系统性、专业性，加快构建中国特色哲学社会科学。我们要在借鉴国外有益经验的基础上，努力建设既体现中国特色、中国风格、中国气派，又具有国际竞争力，能够引领世界发展潮流的法学学科体系。

推出这套法学新兴交叉学科精品教材，希望可以积极推动我国法学教育新的发展方向，做法学新兴交叉学科建设的探路者。我们深知，合抱之木，生于毫末；九层之台，起于累土。希望这套精品教材的推出能够成为一个良好开端，为推进我国法学新兴交叉学科发展尽绵薄之力。经过一段时间的努力，相信一定能够建成具有中国特色、中国风格、中国气派，符合时代要求、引领世界法学学科发展的我国法学新兴交叉学科。

是为序。

马怀德

2021 年 9 月 9 日

代序言

我国数据立法的现状与未来

党的二十大报告指出，要"加强重点领域、新兴领域、涉外领域立法，统筹推进国内法治和涉外法治，以良法促进发展、保障善治"，"加快建设制造强国、质量强国、航天强国、交通强国、网络强国、数字中国"。数据作为新要素，对其的治理水平体现了一国的综合实力，需要新的治理模式、治理机制和治理手段。《中华人民共和国国民经济和社会发展第十四个五年规划和 2035 年远景目标纲要》（以下简称《国民经济和社会发展第十四个五年规划和 2035 年远景目标纲要》）中 50 余次提及"数据"，涉及数字基础设施、数字政府、数字生态等多个方面，并设专篇论述"加快数字化发展 建设数字中国"，提出要"迎接数字时代，激活数据要素潜能，推进网络强国建设，加快建设数字经济、数字社会、数字政府，以数字化转型整体驱动生产方式、生活方式和治理方式变革"。近年来，我国逐步推动构建数据治理规则体系框架，涵盖数据安全保障、用户权益保护以及数据价值释放三部分，并形成包括数据安全保护、个人信息保护、公共数据管理和数据交易流通等一系列具体的规则内容。

一、我国数据立法概述

（一）我国数据立法的基本内容

目前，我国初步构建了中央和地方立法相结合，涵盖法律、行政法规、部门规章以及地方性立法多个法律层级，主要包括数据安全保护、个人信息保护、公共数据管理和数据交易流通等具体内容。

一是建立了数据安全保护制度。我国构建了以《中华人民共和国数据安全法》(以下简称《数据安全法》)为核心，涵盖《网络数据安全管理条例（征求意见稿)》《汽车数据安全管理若干规定（试行)》等配套立法的数据安全保护制度体系。具体来讲，建立了数据分类分级管理制度，确定了重要数据保护目录，对列入目录的数据进行重点保护；建立了集中统一、高效权威的数据安全风险评估、报告、信息共享、监测预警机制，加强数据安全风险信息的获取、分析、研判、预警工作；建立了数据安全应急处置机制，有效应对和处置数据安全事件；与相关法律衔接，确立了数据安全审查制度和出口管制制度；针对一些国家对相关投资和贸易采取歧视性等不合理措施的做法，明确了可以根据实际情况采取的相应措施等等。

二是建立了个人信息保护制度。我国构建了以《中华人民共和国个人信息保护法》(以下简称《个人信息保护法》)为核心，涵盖《中华人民共和国网络安全法》(以下简称《网络安全法》)、《中华人民共和国民法典》(以下简称《民法典》)等法律、法规、规章以及规范性文件的多层次、多领域、结构复杂的个人信息保护法律制度体系。具体来讲，确立了个人信息处理应遵循的合法、正当、必要等原则；建立了以"告知-同意"为核心的个人信息处理的一系列规则，根据个人信息处理的不同环节、不同个人信息种类，对个人信息的共同处理及委托处理、向第三方提供或公开、用于自动化决策、处理已公开的个人信息等提出有针对性的要求；设立了个人信息跨境提供规则；明确了在个人信息处理活动中个人的各项权利，包括知情权、决定权、查询权、更正权、删除权等；明确了个人信息处理者的合规管理和有关部门保障个人信息安全等义务等等。

三是建立了公共数据管理制度。《数据安全法》在第五章"政务数据安全与开放"中对政务数据的质量提出要求，规定了国家机关对政务数据的安全保障、及时公开、监督受托方处理的义务，明确提出要制定政务数据开放目录，构建统一的政务数据开放平台。从地方立法来看，一些地方相继出台了《上海市公共数据开放暂行办法》对公共数据开放主体、开放重点、分级分类、开放清单动态调整、开放平台管理、行为记录、开放主体责任豁免等事项作了规定；《浙江省公共数据开放与安全管理暂行办法》规定省公共数据主管部门组织编制全省公共数据开放目录，设区的市公共数据主管部门可以组织编制公共数据开放补充目录，并将公共数据分为禁止开放、受限开放、无条件开放等类别；《山东省公共数据开放办法》明确了个人和企业对利用合法获取的公共数据开发的数据产品和服务享有财产权益。

四是建立了数据交易流通制度。我国《数据安全法》确定了"保障数据依法有序自由流动"的宗旨，要求"国家建立健全数据交易管理制度"，规定从事数据交易中介服务的机构应当履行"要求数据提供方说明数据来源，审核交易双方的身份，并留存审核、交易记录"的义务和相应的法律责任。从地方立法来看，《深圳经济特区数据条例》对可交易的数据产品和服务、数据质量评估认证活动、数据价值评估准则以及数据交易中的公平竞争等作了规定；《上海市数据条例》明确了建立数据交易所、国际数据港等实质性举措；《天津市数据交易管理暂行办法》则对交易主体、对象、行为、交易平台、交易安全、监督管理作了系统性规定。

（二）我国数据立法的"四梁八柱"基本形成

我国国家层面的数据立法顶层设计基本形成，包括《中共中央、国务院关于构建数据基础制度更好发挥数据要素作用的意见》即，"数据二十条"提出了制度引领；《网络安全法》《数据安全法》《个人信息保护法》三部主要法律为基础，各项制度相互衔接又密切配合，构建了中国数据治理的基本框架；《中华人民共和国电子商务法》（以下简称《电子商务法》）、《民法典》《中华人民共和国政府信息公开条例》（以下简称《政府信息公开条例》）、《电信和互联网用户个人信息保护规定》《关键信息基础设施安全保护条例》《汽车数据安全管理若干规定（试行）》《数据出境安全评估办法》等，相关法律、行政法规、部门规章和规范性文件，共同搭建形成了我国数据法律制度体系的"四梁八柱"。

（三）我国地方数据立法积极探索推进

作为中国首个大数据综合试验区，贵州近年来探索建立法规标准和创新体系，率先颁布中国首部大数据地方法规，目前贵州在大数据领域立法数量居中国首位。2016年颁布《贵州省大数据发展应用促进条例》，开创中国大数据立法先河；2019年10月1日起正式施行的《贵州省大数据安全保障条例》，是中国大数据安全保护省级层面首部地方性法规；2020年12月1日起施行的《贵州省政府数据共享开放条例》，也是中国首部省级层面政府数据共享开放的地方政府规章。

二、我国数据立法的重点和难点

数据立法整体发展表现为两个阶段：一是数据保护阶段。从立法现状来看，我国制定出台了《数据安全法》《个人信息保护法》等系列法律法规，建立了完善的信任机制框架，数据保护阶段的目标已基本实现，正处于迈向数据赋能的关键过渡阶段。二是数据赋能阶段。第二阶段通过数据治理顶层立法，形成数据流转利用规则体系，解决数据价值释放的问题。2022年，《中共中央国务院关于构建数据基础制度更好发挥数据要素作用的意见》（以下简称"数据二十条"）发布，提出激活数据要素潜能的二十条建议，标志着我国着手构建促进数据要素高效利用的新治理模式。"数据二十条"从数据产权、流通交易、收益分配、安全治理等方面提出了相关建议，并指出要围绕构建数据基础制度，逐步完善数据产权界定、数据流通和交易、数据治理等主要领域关键环节的政策制定工作。

（一）我国数据立法的重点

一是建立一体化的数据治理机构，为数据价值释放提供机制保障。例如，韩国成立国家数据政策委员会，作为跨部委间数据治理监督和决策机构；日本成立数字厅以实施国家数据综合战略。同时，增设专业机构解决专门问题。例如，欧盟建立数据共享服务商和数据利他组织以降低数据共享成本；韩国设立数据价值评估委员会和资产保护委员会以推进数据资产化运行。2023年3月，中共中央、国务院印发《党和国家机构改革方案》，部署组建国家数据局，负责协调推进数据基础制度建设，统筹数据资源整合共享和开发利用，统筹推进数字中国、数字经济、数字社会规划和建设等，由国家发展和改革委员会管理。2023年10月25日上午，国家数据局正式揭牌。

二是构建跨主体间数据流动机制，为数据价值释放提供公平环境。例如，针对企业间数据流动，多数国家设计了数据交易合同条款的"公平"标准，增强中小企业在数据共享谈判中的议价能力，防止大企业滥用数据共享合同；对于企业和政府间的数据流动，相关国家赋予企业因匿名化等技术成本获得经济补偿的权利，寻找公私利益平衡点，形成互利共赢的数据流动模式。

三是开发多元化的模式和方案，为数据价值释放提供落地方案。例如，"数据慈善"模式主要是企业出于履行社会责任的目的向主体免费提供数据；"数据奖励"模式主要是政府通过设立奖项、以给予参与者一定回报的形式，激励主体间数据共享；"数据中间商撮合"模式主要是作为可信的第三方、中间商协助主体间建立信任关系，以磋商形式促成数据共享；"数据合伙"模式主要是基于共同利益，主体间建立可持续的数据合作伙伴关系。

（二）我国数据立法的难点

一是数据权属界定不清，无法有效回应多元数据主体利益诉求。目前，我国在立法层面一直未对数据权属中的权利内容及保护倾斜程度予以规定，这客观上阻碍了数据的顺畅流通，成为数据要素价值释放的掣肘因素。

二是数据交易流通规则缺失，导致大规模数据要素市场运行不畅。目前我国数据立法中针对数据开发利用的规则不足，产业界过度关注数据保护，存在"不敢""不能""不想"流通数据的现象，导致数据要素市场培育不畅。

三是数据类型复杂多样，无法采用统一化的数据治理规则方案。由于不同类别数据治理存在不同解决思路，推进节奏也不尽相同，无法采用统一的解决方案，因此需要因类施策，实现数据治理规则构建的准确、周延与完整。

三、从立法规划看我国数据立法的未来

从全国人大立法规划来看，数据权属和网络治理等被纳入第三类项目，属于"立法条件尚不完全具备、需要继续研究论证"的范畴。这些立法项目暂未纳入，究其原因，还是争议较大。另有一部未列入此次立法规划的法律，亦值得关注。2023年5月31日的《国务院办公厅关于印发国务院2023年度立法工作计划的通知》显示，人工智能法已被列入国务院2023年立法工作计划，草案预备提请全国人大常委会审议。但在此次立法计划的第一类和第二类项目中，均未提及人工智能法。这说明该法草案距离提请立法机关审议，还为时尚早。一是将释放数据价值作为数据立法的重点方向，促进数据开发利用。目前，数据领域的基础性立法已经构建完毕，但如何有效促进数据价值释放，各方仍在努力探索当中。下一步，数据立法应聚焦各部门在数据领域价值释放的衍生共性问题，形成具有协同性的数据价值释放制度。二是将形成动态化的数据权益配置规则，平衡各方主体利益。数据治理涉及政府、企业、个人等多方主体，不同主体的利益诉求存在差异，甚至相互交织。建议数据立法可以从动态、场景化的角度，明确多元主体之间的权利义务关系，充分保护相关主体的合法权益。三是完善数据流通利用的具体规则，畅通数据流通四维场景体系。确立数据流通利用的基本原则，细化数据分类分级规则，设置差异化的数据管理规则，在不同流动场景中规范数据流动活动。

中国政法大学《数据法学前沿》编写组
2023 年 11 月

目录 Contents

第一章
数据相关权益基础理论

内容提示： 在传统的权利体系中，如何对数据权进行定性，以及如何确立数据权作为一种新的权利类型的地位。数据权利具有多种属性，通常包含了数据人身权、数据财产权和数据主权三大方面的内容。由于数据产生主体的差异和数据收集、使用、利用等过程的复杂性，数据在各种形态中具有不同的权利内容和特征，数据在个人、企业、国家不同主体上体现了不同的权利形态，在数据的产生、收集、使用、利用等不同过程，产生了原始数据、匿名化数据、收集后形成的数据库、算法规制后的数据等不同形态，其数据类型和层级化呈现了丰富的形态，并产生了人身权、财产权和数据主权等多种权利内涵。

第一节 数据权的基础理论

一、数据权学说与数据权的提出

法律权利的内涵和外延在不断的发展中。只要认真看待法律，就应当认真地看待权利，只有认真地看待权利，才能认真地看待法律。[①]随着数字时代的到来，数据的法律权利日益成为法律一个亟待研究和厘清的新兴领域，数据权的提出也是法律对数据权利不断确认的过程。"权利和义务贯穿于法的一切方面和一切过程的始终，凡是有关法的问题莫不围绕权利、义务及其界限这一中轴而聚集和旋转"。[②]权利的实现是法律不断确认的过程，法律权利的具体载体

[①] 葛洪义：《法律·权利·权利本位——新时期法学视角的转换及其意义》，载《社会科学》1991年第3期。

[②] 郑成良：《商品经济、民主政治的发展与法学的重构——法学基本范畴研讨会综述》，载《政治与法律》1989年第1期。

是法律规范，法律对权利的确认是一个复杂和漫长的过程。新的法律权利是随着社会发展逐步由法律进行承认和创设的。数据权利的发生和发展，也遵循着这种规律，随着信息时代和大数据时代的到来，数据权利得以发生和发展，并不断得到法律的确认。关于数据权的争议，焦点集中在是否适用既有的法律规范，还是提出有别于现有规范的新型的权利主张，即将数据权独立成为一种权利。

通过权利方式保护数据已成为当今世界之大势。① 关于数据权利的学说，在法学界目前尚没有成熟定论。目前关于数据权利的学说主要观点有人格权说、财产权说、知识产权说、算法规制说、权利束说和新型权利说等。

1. **持人格权说**，主要针对个人数据保护的权属而言，认为数据权属应当纳入人格权范畴进行保护，并将个人数据权利视为人格权。持有人格权说的观点认为，个人信息与个人人格密不可分，个人信息主要体现的是一个人的各种人格特征，故个人信息权是一种新型的具体人格权。同时，其认为个人数据权有别于传统人格权和财产权，个人数据权虽然与财产权益有关，但它不是财产权，是随着社会发展而逐步明确和独立出来的新的人格权类型。同时，支持人格权学说的学者，还对隐私权采取扩大解释使隐私权的范畴足以涵盖个人数据，将个人数据权视为隐私权，也有学者将其重新定义属于无形隐私。主张数据人格权保护的观点主要着眼于保护个人隐私，这种观点主张个人数据保护的核心内容之一在于保护个人隐私，隐私数据与隐私权具有密切关系，是人格权的重要组成部分，数据人格权是一种和隐私权很接近的新型权利，个人数据既包含隐私数据也包含非隐私数据。

2. **持财产权说**，认为数据的权利归属属于财产权范畴。有学者对个人数据权归属于财产权进行了论证，"将个人数据信息权益承认为个人信息财产权无损于维护主体的人格尊严，法律承认个人信息财产权也并不意味着否认个人对其信息本应该享有的人格权，而是给其提供了更多的选择自由。"主张数据财产权保护的观点主要呼吁数据产权化。最早提出"数据财产化理论"的是美国学者劳伦斯·莱斯格，他从法律经济学的角度论证了数据财产权应当赋予个人，如此个人便可获得议价能力且无需耗费巨大精力进行维权，以此发挥预防隐私侵权的效果。我国也有学者认为个人对于数据享有优先的财产权，该观点认为，数据产权化不仅是实现经济发展的必然需求，也是市场经济运行的内在规律。随着大数据应用的不断深入发展，数据已然成为社会发展的重要价值源泉，无论是个人、企业还是政府都已经开启数据挖掘的寻宝之旅，随着数据应用越来

① 程关松：《个人信息保护的中国权利话语》，载《法学家》2019年第5期。

越成熟，数据的经济价值日益凸显，数据产权化趋势不可阻挡。

3. **持知识产权说**，认为应该在知识产权的框架下定义数据法律属性。持这种观点的学者认为，数据产权是指权利人对数据经过智力劳动后所创造的数据集成果所享有的财产权利，这种权利在一定期限内有效。数据具有数据规模大、数据类型多、价值密度低、处理速度快等特点，无法通过人工方式在合理时间内截取、管理、处理并整理成为人类能够解读的信息，其蕴藏的价值及使用价值只有通过数据挖掘等智力劳动才能体现出来，因此新的数据集成果在形式、结构、内容上等均具有原创性，数据权利人拥有其财产权，并应当受到法律的保护。我国学者认为数据产权是指数据开发者对合法取得的共有或专有领域的数据，通过分析、加工、处理等一系列活动获得的数据或数据集所拥有的人身权和财产权。数据产权具有知识产权属性，数据开发过程中凝聚了开发者智慧和劳动的智力创造，应当将数据产权纳入知识产权范畴，并予以保护。数据产权可以像知识产权一样界定，同时也易于被国际社会接受和认可，从而作为保证国家信息安全的有力武器。

4. **持算法规制说**，有学者认为在承认数据权利的情况下，追溯数据权利的生产机制，并指出数据权利的产生无法直接通过数据价值体现，正确表述应当是从数据价值催生出数据权利诉求，数据权利诉求的主张再产生数据权利。在此过程中，算法在数据权利产生过程中处于中心地位和核心，以算法为规制中心建立的数据交易监管规则才是数据权利保护和数据权属合法化的有效途径。具有算法基础的数据才有数据价值，才能催生数据诉求，产生数据权利。[①]

5. **持权利束说**，有学者基于数据的无形性、数据权益构成的复杂性，认为数据权利产生混合了个人信息权益、知识产权等；数据主体包含了个人信息主体、信息处理者、算法的知识产权者等多方主体；数据利用具有非排他性等特征，与传统的物权权益的平行结构不同，数据权益具有复杂的网状结构。所以，与有形财产不同，数据权益不能简单地以传统的物权理论来解释，而"权利束"理论为我们观察数据现象提供了全新的视角。[②]

6. **持新型权利说**，我国部分学者提出了数据权概念，认为数据权包括数据主权和数据权利两个部分，国家是行使数据主权的主体，公民是行使数据权利的主体。数据权有以国家为中心的国家数据主权和以个人为中心的数据权利两个维度。数据权属包括数据主权和数据权利两个部分，其中，数据权利则由个

①　韩旭至：《数据确权的困境及破解之道》，载《东方法学》2020 年第 1 期。

②　王利明：《论数据权益：以"权利束"为视角》，载《政治与法律》2022 年第 7 期。

人数据权和数据财产权构成。个人数据权具有双重属性，即数据财产权和数据人格权。数据人格权主要包括数据知情同意权、数据修改删除权、数据被遗忘权等保障个人隐私空间。

数据权利，必须在法律框架内解决，只要不与内涵及外延均已经确定的法律概念相混淆，即可以赋予数据权利主体以"数据权"（rights of data）或"数据权益"（rights and interests of data）。人格权观点存在多方面的不足，未能严格区分数据的多元种类，数据本身包含了个人数据、企业数据、公共数据等多种数据；无法解决数据匿名化后，个人数据缺乏个人身份识别信息之后的数据的无人格性特征；也无法解释平台化数据或者数据库数据具有财产交易价值的特性。个人数据保护法中为个人设定的权利已经超出了民法原有的规定，与其扩展已有的各种概念来涵盖新权利，不如确认其为新型民商事权利。英国前首相卡梅伦提出了"数据权利"（Right to Data）的概念。由于数据的权利属性日益得到重视，我国的《民法典》第127条对此作出规定，也明确了法律对数据、网络虚拟财产的保护有规定的，依照其规定，但是该条文并未明确数据在性质上是否为民法上传统的财产权。

数据权作为新型权利的提出基于几个方面的论证。单独适用我国现有法律体系中的物权、合同、知识产权、竞争和个人信息保护等法律，抑或综合适用既有规范，均存在固有的弊端和不周全之处。①数据不具有物权属性，无法实现完全的排他性，无法适用物权法；合同法也无法提供数据交易的完整规则和保护制度；数据很难以知识产权法所确认的对客体的独占和垄断的法律规制来利用，数据不具有知识产权所要求的独创性、期限性、法定性，也不必然是智力劳动成果，也无法按照知识产权保护的法定程序来主张权利保护；②建立在数据之上的竞争法法益也存在很大疑问，无法将同一数据的第三方利用认为是简单的侵权行为；数据权属与个人信息保护既有重叠，又有不同，个人信息保护中的数据通常指个人数据，而不包含企业或者公共数据。还有通过"权利束"理论解释数据的权能，只能将数据权利变成一个大箩筐，解决了数据权利的多种权利内容和数据保护的权利类型，但是却无法完整地论证数据权利的本质属性和不同权利内容的内在逻辑。

综上所述，现有的单独法律规范，均在不同的侧面解决了数据保护的某一方面，比如合同法可以适用于解决数据交易合同或者数据服务合同，知识产权

---

① 韩旭至：《数据确权的困境及破解之道》，载《东方法学》2020年第1期。
② 李爱君：《数据权利属性与法律特征》，载《东方法学》2018年第3期。

法可以适用于汇编数据、秘密数据、数据库的保护，竞争法可以适用于数据的侵权行为，个人信息保护法可以适用于数据中个人信息的收集、使用和处理等问题。但是，以上法律规范均无法完整解释数据法益保护的内涵、数据交易的客体属性、非竞争关系的数据使用等问题，最为核心的是无法以法律权利的形式确认数据的权属。[①]数据算法说具有一定的合理性，但是也忽视了原始数据和非经过算法标签的数据的合法利益保护问题。

从法律权利的角度提出数据权，具有了法学权利构建的必要性和重要性。数据权作为一个新兴的概念，相比较于传统的权利概念，具有了相对独立的概念和范围。虽然有的学者认为对数据的保护不需要创设权利，而需要加强管理，数据保护重在对数据收集、存储、处理者的限制，即管理就是保护。但是，该种观点违背数据权法益保护的基本要求，从产生之初就受到了驳斥。

数据作为一种兼具无形性与共享性的数字符号，不同于传统社会中"物"所具有的有形性、可支配性和排他性的特点。数据不同于"有形物"，对其排他性占有的成本过大，不可将数据简单纳入到以对特定的物享有直接支配和排他权利为特征的物权的保护范围之中。[②]也不能简单地将数据权利纳入知识产权领域的范畴。知识产权的保护严格要求权利客体内容具有独创性或原创性，数据本身并不具有这个特性。即使在"数据库"等经过数据处理的情况下，知识产权保护客体转变成为数据库，并非指向数据本身。加之考虑数据的共享性和利用性，运用知识产权和商业秘密等保护数据本身，与数据开发利用的发展趋势相违背，因此若将数据纳入知识产权范畴保护，可能会无法准确、全面地界定数据的全部权利属性。

我们认为，个人数据权和数据权是两个不同的概念，个人数据权是数据权的一个组成部分，是数据权的一个分支。个人信息保护被明确规定在《民法典》的人格权部分，其人格属性毋庸置疑。但数据权完全不同，数据权包含了数据主权和数据权利两个部分，数据权利根据主体不同，不仅包含了个人数据权利，还应当包含企业数据权利、公共数据权利。个人数据权利又包括了个人人格权、财产权等双重属性。

二、数据权理论基础

在法学中提出数据权具有重要意义。数据日益成为重要的资源，在数字经

---

① 韩旭至：《数据确权的困境及破解之道》，载《东方法学》2020 年第 1 期。

② 崔建远：《物权法》，中国人民大学出版社 2011 年版，第 16 页。

济时代，数据的使用和保护价值日益彰显。随着社会经济生活的发展，数据权利所指向的法益，需要法律加以确认和调整。体现在：

第一，在法学追求的社会秩序中，数据日益成为资产和资源之后，如何保护数据的权利，需要法律确立符合数据使用和发展规律的法律秩序，防止侵害数据权利主体的行为的发生。一旦重要的数据资产被窃取、泄露或者非法处理，就需要法律明确保护的法益，即法律权利进行保护和规制，并可借此来确定请求权基础进行法律诉讼，实现权利归属的确定和权利的救济。保护数据权利就是保护人权，还可以促进经济的发展，使国家在国际竞争中抢占先机。数据权利的外在理由是变化的、语境的，外在理由也可以支撑数据权利成为一项权利。① 在数字时代，数据信息权"关系到个人的人格尊严和人身自由"，它无疑是一种重要的、基本的人权。② 数字人权中最令人激动的权利便是数据权，数据权是数字人权中最耀眼的一项引领性新兴人权。③ 对于数据权利的保护也可以解决数据鸿沟、算法歧视的问题，更有利于实现数据正义。法律是消除无序状态或预防无序状态的首要的、经常起作用的手段。如果缺乏数据权的系统性和针对性的规范，数据权利主体对自我数据的知情权和控制权就无从谈起。缺乏基础性保护权利，容易造成对数据收集的约束缺乏法律刚性保护；也容易造成数据采集和使用等过程的无序，以及纠纷解决缺乏相应的法律权利基础和救济手段。

第二，在法学追求的法律体系完整性中，法学需要对数据权利作出新的回应。数据作为新的生产要素和新资源的出现，对传统的权利体系的完整性作出了新的调整，现有法律权利体系是否可以适用于数据权利并对此作出调整，便是法学面对数据权利首先需要思考的问题。数据是一种新资源类型，数据具有与载体不可分离的物理属性，具有可读化和无形价值，与传统的物权、知识产权相比具有不同特性。数据的物理属性是指其需要占用存储空间，在物理上是有形的。其存在属性是数据具有可读取性。不可读取意味着数据不可见，价值就不会实现。数据无形化是指其体现的信息和交易价值都难以计量。由此可见，数据资产的物理属性和可视化表现出有形资产的特征，而其价值计量等则表现出无形资产的特征，即数据兼有无形和有形资源的特征。同时，由于数据可重

---

① 张晓萍、罗康：《权利视野下的数据权利及其保护研究》，载《福建技术师范学院学报》2022 年第 1 期。

② 马长山：《智慧社会背景下的"第四代人权"及其保障》，载《中国法学》2019 年第 5 期。

③ 张文显：《无数字 不人权》，载《网络信息法学研究》2020 年第 1 期。

复利用和可重复复制，一方面其流动性很高，另一方面其权利归属很难界定。加之数据的使用没有损耗，不具有有形物折旧的特性，数据可以长期存在，因此又具备长期资产的特征，可见，数据资产属于一种新的资源类别。

对于数据这种新的资源，现有法律体系对数据的保护不明确，相关法律责任很难对应，造成权利救济的不明确。分散的物权或者权利体系很难覆盖数据权的整体内容，依靠零碎的侧面规范，很难实现对整体权利的把握和保护。随着数据的内涵和分类的不断更新和增长，现有法律权利体系缺乏体系化的直接规定，难以实现有针对性的数据权利保护对数据权的要求。这些都是传统的民法和知识产权法权利体系无法解决的问题，无法完整地通过传统的民法物权、债权、人格权、侵权行为体系进行归类和保护。由此对数据权利的保护，需要在传统的法律体系中确立其独立的地位和体系。

第三，在法学对利益平衡的考虑上，也有必要规范不同数据主体的数据权利。当前主流的观点认为权利的本质是一种利益，而利益则必定包含正当利益和非正当利益，使用正当这样一个词汇是基于法律的价值是正义，而只有获得正当性评价的利益才能上升为权利，正当性评价的结果即正当利益，正义是评价利益正当与否的程序。[①] 在数字经济时代，数据进行了跨国际的流动。同时，各国政府、各类数据平台企业同样是数据的采集者和重要的数据使用者。与商业主体不同，政府采集数据更具有强制性，数据内容更加具有关键性，对数据被采集人的生活和工作影响更大。法治社会的基本任务在于对个人权利的保护，也在于对公权力的有效制衡和约束。数据主体的数据权利与国际公权和各国公权力之间需要达到平衡状态，因此，法学和立法确定不同数据主体的权利及其权利体系，设立数据主体享有的数据权益，以此制衡公权力强制性的数据收集和利用变得尤为必要。在弱势个体与平台企业的利益平衡上，大数据的深度利用，使得个人数据的匿名化往往失效，个人数据权利的侵害日益泛滥，在匿名化失效的情况下，有必要寻求法律途径从权利和程序方面规范数据利用。保护数据权利便是保护其背后的一些人的主张，就是保护一种正当利益，而且还有丰富观念市场的作用。[②] 因此有必要研究数据主体的相关权利范畴，尽早确立数据权体系，在个体、企业、国家等不同数据处理主体中实现对不同数据主体权利的充分保护。

---

① 彭诚信：《从利益到权利——以正义为中介与内核》，载《法制与社会发展》2004 年第 5 期。

② 张晓萍、罗康：《权利视野下的数据权利及其保护研究》，载《福建技术师范学院学报》2022 年第 1 期。

第二节　数据权的概念

一、数据权的界定和内容

数据权的不同学说观点，表明目前学界关于数据权的内涵界定尚未有统一定论。数据权的提出，实际拓展了传统的权利体系的内容。数据权根据数据主体的不同，体现了不同数据权利法益。我们认为，数据权是包含了人格权、财产权等数据权利和数据主权的新型法益综合体。由此可见，数据权是一种新型的权利，其之所以称为新型是因为其包含的利益不是单一的法益，也不是传统法益所能涵盖的。

在数据主体为自然人的情况下，个人数据权保护的法益是收集、处理、存储和使用个人数据的行为过程中个人数据主体的全部利益。个人数据权的权利内涵，包含传统意义上的隐私利益、个人自由利益等人格利益，还包含数据财产利益。

数据主体为企业、组织的情况下，企业数据权表现为典型的财产权和知识产权。企业数据权保护的法益是企业收集、处理、存储和使用数据的行为，企业形成的数据财产和收集开发形成的数据库等知识产权利益。企业数据权的内涵，呈现出典型的财产权和知识产权多种形态的混合体。在表现形式上，既是有形财产，也是无形财产。

在数据主体是国家或者主权组织的情况下，国家数据权表现为国家主权领域内对数据的处理、控制和安全的法益中，数据利益成为技术之外的地缘政治的重要国家资源。国家数据权的内涵，具有典型的国家主权和安全的内容。

由此可见，数据权保护的核心利益是法律对数据在收集、处理、存储和使用过程中不同数据主体之间法律关系所调整的法益综合体。

二、数据权的主体和客体

数据权的主体通常是指数据主体。一般法律认可的权利主体有自然人、法人、国家和组织。自然人是最为常见的数据权主体之一。个人与数据具有对应关系，个人数据权的主体往往从客体出发，作为客体的个人数据对应识别的数据主体，一般就是个人数据权的主体。数据与个人之间通过确认、直接识别、间接识别的方式建立了联系，此时的个人能够被法律所保护。数据权利主体具有地域范围和自然范围的双重限制条件。比如：美国《隐私权法》第 1 条第 2

款规定个人指合众国的公民或合法获准永久居留的外国人。我国《民法典》第1034条规定，个人信息是以电子或者其他方式记录的能够单独或者与其他信息结合识别特定自然人的各种信息。同样，在我国《个人信息保护法》第3条对个人信息的定义中，也强调了信息与自然人主体的识别性。一般认为，数据权主体是自然人的情况下，应当强调数据的可识别性，通过数据可以直接或者间接识别出的，其中，间接识别属于不确定的法律概念，间接识别的尺度很难把握。间接识别是指保有该数据的公务或非公务机关仅以此数据不能直接识别，需与其他数据对照、组合、联结方能识别个人。间接识别的重点在于能否特定该个人之个人识别性问题，倘若可以特定出该个人，即具有个人识别性而属数据主体的数据；若不能特定，则不具有个人识别性、不具有数据主体的对应性。数据权主体为法人或者国家的情况下，数据归属于法人或者国家控制和处理，数据权主体并不强调其具有可以识别性，只强调其权属。

权利客体是权利主体之间发生权利和义务关系的中介，也是法律权利关系主体的权利、义务的影响、作用及所指的对象。数据权的客体指向即数据，包括个人数据、企业数据和公共数据，也包含国家所有的数据。法律对权利客体的界定，通常认为"满足成为权利客体的三个最低限度的条件：对主体有用、可以被主体控制、可以与主体分离的'自在之物'"，[①] 因此数据是数据权的客体。其中，较为典型的是个人数据，除了满足最低限度的个人数据权客体条件外，它自身还具有一些特殊的性质，这些特性与个人数据权的法律认可之间有着紧密地联系。个人数据作为数据的次级概念，其特性与数据特征有相似之处。两者是特殊和一般的关系，是种与属的关系。个人数据具有数据的一般特征：客观性、无限性、异步性等。作为数据的子项，个人数据既有一般数据的特征，也有特殊性，其中最重要的一点就是与主体之间的关联性和可识别性。

第三节　数据权属与特征

一、数据权属

数据权属是数据权的核心问题。它包含以下两个方面：其一，数据权益归谁所有；其二，数据权益的外延如何确定。随着信息技术、物联网、云计算、大数据和人工智能等技术的快速发展，全球数据量呈现出爆发式的增长，数据

---

① 李晓辉：《信息权利研究》，知识产权出版社2006年版，第30页。

的流动属性和资源属性不断增强。各国政府、企业和个人对数据权属的制度安排和主张提出新的要求，在数据保护和数据自由流动之间寻找合理平衡。随着大数据应用产生的经济价值不断显现，一方面，需要数据确权的制度性安排，从而促进数据产业发展。另一方面，随着对个人数据保护的日益重视，各国立法加强了对个人数据权利的保护，个人数据权属问题日益突出。随着跨境数据流动日益频繁，并对国家安全造成冲击，数据主权概念应运而生。这些新发展，都亟待法律对数据的权属作出制度性安排。

数据具有的多元、人格、经济主权权益。权利边界首先需要界定数据权益归属问题，即个体在多大程度上对其个人数据享有控制权和支配权。对于法人数据，现有法律对数据搜集者的保护属于知识产权范畴，多基于汇编权，即付出额外劳动，对已有资料和信息进行整理以体现出独创性，从而获取法律上相应的经济权利。但汇编权要求编排体例具有独创性；不含独创性的汇编则是欧盟《数据库指令》中所指的数据库，其经济权利来自对数据的搜集和整理。两者的差异在于适用法律不同，前者适用知识产权体系，后者适用反不正当竞争法体系；此外，前者的保护客体在于数据结构，而后者在于数据本身。德国则以版权邻接权对不具有独创性的数据库内容给予保护。无论如何，数据具有财产权属性的关键正在于搜集整理者在此过程中所付出的特定投资、劳动或成本。

二、数据权的特征

数据权因为数据法律属性的特殊性，呈现了自身的特征，数据权具有明显的非排他性、价值整体性及兼具人格利益与财产利益的特征，数据权与物权、债权、人格权等在法律权益上具有明晰且确定的内涵与外延上的不同，它具有以下特征：

数据权是一种共享权，是一项非排他性权利。与作为物权客体的有形财产不同，数据不具有物权所指的物理上的排他性。物权属性的法定占有即排除了其他所有人对该物品的占有。然而，数据可以通过电子存储的方式复制、存储和传播，客观上实现被多人同时占有的法律效果。在数据权利的保护中，法律很难赋予数据权人以排他性控制的权利。

数据权强调客体内容的整体性。单独数据往往不具有经济效用，只有经过汇总和汇编之后才具有整体经济价值。所以在个人数据保护匿名化后，法律往往规定数据主体丧失对个人数据的控制权。不宜赋予个人信息主体对于已经脱敏后的数据以财产权，否则将减损信息的公共价值，降低政府治理效能。例如，法国 1978 年 1 月 6 日的《信息技术与自由法》明确并不赋予个人数据财产权，但严格保护个人数据的人格权利益，若侵犯了这一人格权，则可主张侵权损害赔偿。法国 2016 年 10 月 7 日颁布的《数字共和国法》第 54 条规定：在该法规定的条件下，任何人均有权决定和控制与之相涉的个人性质数据的用途。

数据权具有人格权与财产权双重属性。不能简单地将数据看作某一类单一的权利，数据权益不是单纯的财产权，也并非单一的人格权益。[①]个人数据在脱敏之前，要严格保护数据主体的人格权利益。我国《民法典》第 111 条规定，自然人的个人信息受法律保护，并专设第六章"隐私权和个人信息保护"作了进一步的规定，保护的均是信息主体的人格权利益，我国《个人信息保护法》第 1 条明确规定了保护个人信息权益。全国人大于 2009 年 2 月通过的《中华人民共和国刑法修正案（七）》（以下简称《刑法修正案（七）》），首次规定了侵犯公民个人信息罪，2015 年 8 月通过的《中华人民共和国刑法修正案（九）》又对此进行了完善，对非法获取、非法出售、非法提供公民个人信息罪的犯罪主体进行了扩大，对获取的方式不做限制，而且提高了法定刑。司法实践中，非法贩卖个人信息 50 条就可以入罪，也意在于保护信息主体的人格权利益。但是，在个人数据经过匿名化处理，成为平台企业的汇编数据之后，数据具有明显的交易价值，多个国家的法律就此设置数据财产权，促进数据财产权利保护的规则，数据交易机构也应运而生。数据权除了人身权利的属性之外，也具有了财产权交易的属性。

第四节 数据权的多元属性

数据权具有多元化的法律属性。由于数据的来源、类型和载体的复杂性，数据权的外延具有多个层面，且造成数据权的多元属性。数据权作为一个包含人身权、财产权和主权法学概念的权利类型，具有私权、公权和主权的多元法律属性。数据权作为一种新型的权能，兼具私法、公法的法律属性。

一、数据权的私权属性

在数据的子属中，个人数据权兼具数据人身权和财产权的属性，应当认为个人数据权是一种独立的民事权利。个人数据在大数据时代所涵盖的内容非常广泛，除了传统认识的隐私和个人信息如姓名、性别、年龄、民族、婚姻、家

---

① 王利明：《论数据权益：以"权利束"为视角》，载《政治与法律》2022 年第 7 期。

庭、教育、职业等之外，在现阶段还包括了能够识别其身份特征的网页浏览记录、出行记录、购物取向、就医记录等能够直接或者相互印证识别数据主体身份的各类信息。个人数据虽非传统民法上的有体物，不能进行现实的占有，但其能够通过法律规定进行规制，实现对他人搜集和处理上的禁止、排除和索取使用利益等，体现的正是一种私权上的利益。未经数据权利人许可的搜集和处理行为，就是对数据权利人的侵犯，这种权利与其他民事权利一样能够排除他人干涉，属于民事权利上保护的利益。

个人数据权中的人身权和财产权的私权属性能够被准确界定。权利依照享受权利主体的不同可以被分为私益和公共利益，民法所调整的权利对象以私益为核心，而个人数据权体现的是恰恰是一种私人利益，是在数据采集、处理和应用过程中对个人数据权益的调整和维护，这有别于公共利益。个人数据的主要内容通常情况下与个人私密生活有密切关系，是数据权人不想为外界所了解和传播的，这些信息只要不损害他人利益，不被法律强制需要，就应该依照数据权人的意思保持隐秘，即使某些信息被数据采集人得到，在未经数据权人许可的情况下也不能被任意利用，这一权利基本运行形态正是民法的任务。

数据权益的纠纷的主要形式是个人数据主体和数据采集主体之间的矛盾，即平等主体之间的利益纠纷。即使数据采集主体是公权力机关，也不影响私人利益的存在，二者之间的关系也是公权力行为与个人利益之间的分歧。将个人数据权益归类为私人利益可以使个人数据权人能够采用自力救济方式寻求权利伸张方式，这也符合个人数据权保护的高效性和自力救济。同时，在个人数据权受到严重侵害或者众多主体的个人数据权受到侵害时，可以通过公权采取措施保障并维护个人数据权的实现。从这一方面来说，对个人数据权的设定重在对个人数据权人权益的维护和对数据采集、利用主体行为的限制，这也是私权的重要属性。

个人数据权在私法上设立具有合理性，能够给个人数据权人直接和全面的法律保护。数据化社会的发展改变了社会结构和人们的价值观念，数据的最重要的来源就在于每个人在日常生活中不经意产生的各种数据，这些数据包含着各类私密信息，这就迫切需要划定数据采集的法定模式和数据采集的边界。只有将个人数据纳入民事法律权利的范畴中，才能够使其得到民法规范化、系统化的保护，数据采集人才能够在数据采集时识别他人相关利益，规避法律风险，合法采集数据进行开发，进而创造价值；而当个人数据权益受到侵害时，个人数据权人才能够依照相关民事救济途径，寻求请求权基础要求侵害人停止侵害、排除妨碍、赔偿损失，这是民事救济上的优势所在。将个人数据权规定为民事权利，能够结合其他部门法规范协力补充进行全面保护。我国《刑法修正案（七）》中补充了非法搜集利用信息类的犯罪，但是却没有明确规定个人对数据的私法救济途径，这就造成了刑法规定中对个人数据保护范围窄的局面。将个人数据权规定为民事权利，以其为基础能够更好地划定民法、刑法和行政法救济的范围，对数据采集利用流程进行法律管控，划定数据采集利用过程中的各方责任，周密地部署法律调整层次，能够将个人数据权妥善地融入现有法律体系之中，而不破坏既有规则。个人数据权符合民事权利的属性内涵，从比较法上看各国大多通过单行法或者在民法典中规定的形式承认了个人数据权。例如，美国通过《统一计算机信息交易法》（UNCITA）确认数据信息财产权，把信息财产作为类似知识财产的财产来看待，并设计出和知识产权性质相一致的上位权利——信息产权来保护计算机信息。

梅迪库斯曾指出，近几年，对数据保护在加强，虽然可能有点过分，但是也正体现出发展特别人格权的趋势。私法对于个人数据的保护应当创设一项特别人格权，即个人数据权。这不仅是法律对个人数据的结论性保护，也是对现实的自然人权利诉求的正当性回应。个人数据权是数据主体对其个人数据所享有的支配并排除他人干涉的权利，是一项特别人格权，以保障人格权为核心，包括消极的个人数据不受侵犯和积极的个人数据自我决定。个人数据权的出现，不是要保障自然人在信息时代独处的权利，而要保障个人在信息时代安全地参与社会生活，使个人可以维持行动、语言乃至思维的自由，并防止个人被透明化、数据化或者物化。个人数据权的确定，不仅有利于全面保障数据主体的人格权和财产权，而且还可以以法定私权的地位限制公权力的扩张，维护民事主体的私权。

二、数据权的公权属性

从我国的社会实践来看，应当确认数据权的宪法性质。许多学者认为个人数据权是我国的一项宪法权利。例如，林来梵教授用二重规范解释《中华人民共和国宪法》（以下简称《宪法》）第38条的"人格尊严"的意义，为个人数据权成为基本权利提供了宪法依据，也赋予个人参与公权力个人数据处理的权利，为个人对抗公权力提供了宪法保障。

从现实需要来看，随着信息技术水平的提升，我国政府行政过程中，对个人数据处理活动愈加频繁，在推动整个国家走上数字社会的同时，国家公权力处理个人数据对数据主体产生的侵犯不容忽视。比如：为了社会的治安和稳定，身份证的使用范围越来越广泛；乘坐交通工具、购买电话卡、办理银行卡、住宿、营业登记、学籍注册等,可以说我们的日常生活离不开身份证的使用。欧洲的立法实践中明确提出,个人数据保护基本权利、自由,特别是隐私权。美国保护个人数据权最主要的法律是《隐私权法》,所以很多学者认为美国法个人数据保护的权利是个人信息隐私权。1974 年《隐私权法》被并入《美国法典》第五编政府组织与雇员第 552a 节"个人信息记录"。[①] 从这样的一个安排来看,美国法认为个人数据保护法是对政府处理个人数据的规范,防止因为对个人数据信息化处理的国家公权力侵犯个人利益。

我们认为,确认数据权是宪法范畴的基本权利,其具有积极的意义。宪法虽然没有明文列举出数据权利,但是基于数据权的人身权内容、人格尊严及保障人格完整发展,从个人私生活的领域不轻易被他人侵扰的角度看,自主支配个人数据乃是不可或缺的基本权利,为自由民主宪政秩序的核心价值。个人数据权是宪法上的基本权利,这一定义最初是从宪法上对人的尊严保护推导而来的,但是,个人数据权宪法意义有所流变,越来越多地体现为与信息交流相关所有具体权利中的一项基本权利和自由。个人数据权保障公民公平地发表意见、不受限制的交流,这些都有宪法秩序的基础性地位。维护个人对个人数据信息化的控制权,是信息时代人格尊严和独立的具体表现,是个人经济权利的基本保障,是个人作为社会和经济生活的主体而非客体的必然要求。这项权利应具有宪法保护的基本人权地位。个人数据权是构建和谐社会、民主共同体所需的基本元素,直接同人与人的交流和参与社会的能力有关。个人数据权旨在构建一个意思形成自主、信息交流自由的法秩序。

三、数据权的主权属性

数据已经成为国家基础性的战略资源,同时数据安全也常常超出传统的安全范畴,上升到维护国家主权的高度。主权伴随着国家理论的发展也不断地成熟。从霍布斯、卢梭、黑格尔到施密特都给予了国家主权以自己的解释。综合而言,主权是指一个国家代表其人民在其疆域内拥有的最高的权力,处理国内国际一切事物,而不受任何外来因素干涉。

对于数据主权的概念,目前并没有统一的表述或界定。有学者认为,数据主权是指国家对其政权管辖地域内的数据享有的生成、传播、管理、控制、利用和保护的权力,它是国家主权在信息化、数字化和全球化发展趋势下新的表现形式。也有学者认为,数据主权是一国最高权力在本国数据领域的外化,其

---

① 郭瑜:《个人数据保护法研究》,北京大学出版社 2012 年版,第 86 页。

以独立性、自主性和排他性为根本特征。虽然对数据主权的界定各有不同，但在数据主权性质的认定上基本没有分歧。目前的普遍共识认为，数据主权是大数据时代背景下国家主权新的表现形式，也是国家主权的重要组成部分。

数据主权源于国家主权也得到了联合国的认可。第七十届联合国大会《关于从国际安全的角度看信息和电信领域的发展政府专家组的报告》指出，国家主权原则以及与主权相关的传统国际法规则在国家开展的信息通信技术（以下简称ICT）活动中同样适用，国家在其领土范围内对ICT基础设施具有管辖权。有专家指出，在当前技术发展和安全风险尚不明确的情况下，主张并行使数据主权是实现后续数据管理目标的前提条件，也对维护国家安全、方便政府执法、保护公民隐私和促进本国产业发展方面具有重要的作用。

随着全球数据经济的快速发展，各国围绕全球数据资源的竞争更加激烈，数据主权的提出具有现实意义。《国务院关于印发促进大数据发展行动纲要的通知》（以下简称《促进大数据发展行动纲要》）也指出，要充分利用我国的数据规模优势，增强网络空间数据主权保护能力。随着数据主权的提出，世界各国出现了以下趋势：对重要数据的跨境出口施加限制，以维护本国数据安全；通过对个人数据本地化存储的立法调整，强化对数据的控制；延伸对数据的域外管辖权。2018年美国推出《澄清域外合法使用数据法案》明确采用所谓的"数据控制者标准"。其规定，无论通信、记录或其他信息是否存储在美国境内，服务提供者均应当按照本章（即《存储通信法案》）所规定的义务要求保存、备份、披露通信内容、记录或其他信息，只要上述通信内容、记录或其他信息为该服务提供者所拥有（possession）、监管（custody）或控制（control）。数据主权在立法和执法实践中，已经跨越了地理范围，跨越了国境范围，数据主权越来越得到各国立法的承认。

第五节　数据人身权保护内容

一、数据人身权的内涵

人身权本身作为一种对世权，是财产权的对称，是极具个体属性，不可与特定个体分离、转让、继承而又没有直接的经济内容的权利。数据权中所涉及的人格权，是一种法定权利，已经得到了法学界与法律实务界的认可，但是理论观点不一。例如，有观点认为，信息本身不是值得保护的人格利益，如民法不是为了保护个人信息而保护个人信息，个人信息本身也不是需要得到法律保护的利益。但是，个人信息上附着了其他需要法律保护的利益。[①] 亦有观点认为，个人信息权是由法律所创设的新型公法权利而非民法人格权，法律通过确认信息主体权利从而确定信息控制者的公法义务和责任。[②] 数据人身权作为人身权范畴新产生的亟需关注的权利内容，对于该权利的立法目的应更倾向于保护利益本身，从而防止数据人身权遭受其他主体的侵害，这里尤其指政府、企业等占据相对优势地位的主体。

在法律领域内，确认数据人身权的地位可以使数据权利更加直观地发挥其作用，数据权利在私法领域的认可要与其受损害时的救济方式紧密关联，数据权利需要私法领域与公法领域联动保护。数据权利的公法化造成私法自治原则受限，但这并没有对民法的本质和私权的本质产生影响。数据私权公法化一方面强调国家对数据权利制度的干预，另一方面强调创造者个人利益与社会利益平衡机制的建立。

有关个人数据人身权的权利保护范畴，各国存在不同的定义。欧洲大部分国家将个人数据权纳入宪法基本权利保护，并确定了个人信息自决权的权利范畴。德国通过德国联邦宪法法院所创设的信息自决权以及《联邦个人数据保护法》的法律形式予以保护。德国于 1970 年颁布的《黑森数据保护法》是世界上第一部《数据保护法》，它开启了通过立法保护数据的新时代。德国学界素有"领域理论"，将与个人相关的信息分为私人领域与公共领域，而私人领域就类似隐私权。德国联邦宪法法院也曾在判决中将事物的性质区分为三类：私密领域、私人领域与公共领域。领域理论系将私人生活领域放置于一个同心圆的模型上，依其接近中心部分的远近，分不同层次予以保护。"德国民法或宪法上并无所谓隐私的概念，相当于美国法隐私概念的则是德国判例学说的私领域或私人性"。其以民法体系中的人格权之私领域保护的概念来对应于美国在民事侵权领域内的隐私权保护理念，以个人数据保护与一般行为自由的保护来对应美国宪法层面的隐私保护。

美国现行制定法将个人数据权纳入隐私权范畴，1974 年《隐私法案》虽然冠以"隐私"的名义，但内容是围绕个人数据而展开的，且被视为行政公权力领域内如何保护公民个人数据的经典法律。虽然各国对隐私的定义不相同，但这项权利主要保护个人私生活不受干扰是普遍接受的观点。美国隐私权保护的范围相较其他国家是比较广泛的，但学者仍然指出，美国的隐私权诉由下，原

---

① 程啸：《民法典编纂视野下的个人信息保护》，载《中国法学》2019 年第 4 期。
② 周汉华：《个人信息保护的法律定位》，载《法商研究》2020 年第 3 期。

告为一般个人数据保护提起诉讼都不可能得到保护。①

日本个人数据最初是从隐私权角度予以保护，在日本的数权法律制度发展历程中，分别颁布了如《有关行政机关电子计算机自动化处理个人信息保护法》《关于民间部门电子计算机处理和保护个人信息的指南》等法律法规，其于2015年颁布的《个人信息保护法》（修订）进一步扩大了个人信息保护的范围以及法律适用范围，进一步促进了匿名个人信息的应用。

我国《宪法》中没有直接提及"隐私权"，但《宪法》的规定是个人信息数据权利的保护基础，其中诸如第38、39条等条文的规定构成民法上的隐私保护和其他人格权保护的宪法基础，《宪法》第33条的"国家尊重和保障人权"条款为我国宪法上的概括性权利条款，是信息数据保护权作为一项未列举基本权利得以存在的主要依据，《宪法》中具体的基本权利条款与信息数据保护权有直接或间接的联系；这些具体基本权利的实现是信息自决权得以实现的有力保障。2001年《最高人民法院关于确定民事侵权精神损害赔偿责任若干问题的解释》从事实上承认了隐私权作为一项独立民事权利的地位。2009年通过的《中华人民共和国侵权责任法》（已失效）中直接确认了隐私权的独立存在。

传统隐私权与个人数据权确有相同之处，如都涉及对个人信息的调整，都是以维护人格尊严为基础，都属于人格权。个人数据是以个人数据使用为前提的权利，隐私权则是以隐私不被使用为前提的权利。个人数据保护以规范个人数据的使用为基本任务，规定的是如何使用的规则；隐私权以保护个人隐私不被侵犯为基本任务，规定的是如何避免侵害，侵害了如何赔偿等问题。隐私权制度并非为了处理个人数据的商业使用而产生。就理论分析而言，数据人身权保护与隐私权存在两种可能的关系：数据人身权与隐私权为等同关系；或者数据人身权与隐私权是两种不同性质的基本权利；或者包含关系。然而，这里需要注意，数据与隐私本身就存在差异，可以将其理解为有交集的关系，并非所有数据都属于隐私，也并非所有隐私都被纳入数据范畴。但这些不影响对数据人身权的保护内容的直接界定。

二、数据人身权的主要特征

（一）数据人身权是一种新型的人格权

数据人身权在内容上归根结底可以归纳为数据范畴。由于数据在商业化运营过程中被赋予高度价值，因而在利用的过程中需要兼顾作为数据源泉的个体

---

① See William J. Fenrich, "Common Law Protection of Individuals' Rights in Personal Information", *Fordham Law Review*, Vol.65, pp. 1996-1997.

在这个方面的基本权利，对其进行适当的保护；也正是因为数据权利横跨人格权和财产权，因而数据权利本身兼具人格权性质和财产权性质，而传统的人格权则更多地局限于个体的人身范畴，较少直接地涉及财产领域。

（二）数据人身权具有相对独立的外延

传统的隐私权注重对个人领域、隐私等内容的保护以防止他人的随意侵扰和冒犯，其他人格权也有自身特定的保护领域。数据人身权作为信息数据发展过程中产生的新型权利，注重对由数据产生的利益的保护，本质是对个人相关数据中涉及个人基本权利的保护。

（三）数据人身权保护方式具有特殊性

数据本身是在商业运转中产生了价值，其同时占据了人身性质与财产性质且二者密不可分，因而在保护规范的过程中应该注意个人人格利益和数据本身在社会中的流动性及其产生的巨大价值、公共利益之间的平衡。将一切个人数据视为隐私，不放松现在关于隐私的规则，则会使人动辄得咎；放松现在关于隐私的规则，则会减少个人已经取得的权利，这就天然需要数据人身权有自身独立的保护方式而不是简单地囊括进传统人格权进行保护。

（四）数据人身权具有国际性

数据在成为信息、大数据信息流的流动过程中被不断处理，也正是这个过程为不同的主体产生了巨大的商业价值。这一流动过程也由于信息网络的不断发展打破了地域局限。因而数据信息本身产生后可以在更大范围内被采集、利用以及侵犯，而传统人格权在不同地域范围内由于文化、历史背景等不同，会被赋予不同的内涵和认知，具有较强的地域性。因而数据人身权的设置与保护需要考虑其具有国际性的特点。

三、数据人身权的类型与内容

数据人身权作为一种法定权利，各国均制定了相应的法律加以规范，一般的保护性权利内容，通常包含诸如：有权知悉其数据如何被收集处理，未经同意不得收集其数据，有权撤回同意，有权免受自动化决策的限制，有权更正、修改错误信息，有权删除或者享有被遗忘，有权申诉、提起诉讼并获得赔偿。这些规定作为数据人身权的具体内容，构成了数据人身权相较于传统人格权的不同内容和保护方式。有学者发现在司法实践中，个人数据受保护权是程序性权利。[①]

---

① 蔡培如：《欧盟法上的个人数据受保护权研究——兼议对我国个人信息权利构建的启示》，载《法学家》2021 年第 5 期。

就我国个人信息保护法律和各国的立法来看，个人数据保护的内容十分广泛，除了程序性的救济权利，实际上也包含了广泛的实体权利，如知情同意权利、更正权利、删除权利、被遗忘权利、可携权利等，并非简单的程序性权利，而是内含在数据人身权中的一项实体权利。

（一）知情同意权

知情同意权是由知情权和同意权两个密切相连的权利组成的，知情权是同意权得以存在的前提和基础，同意权又是知情权的价值体现。一般认为，同意权也称为知情同意，知情同意是个人信息保护的核心制度之一，从权利保护角度出发，取得用户的授权同意是开展个人信息所有活动的正当性基础。我们可以看到国外很多个人信息保护立法中都有收集、处理和使用用户个人信息需要事先取得用户同意的要求。实际上，知情同意并非个人信息保护法律制度所特有，获取同意是很多调整民事法律关系的制度基础。一般认为，知情同意权是指信息主体享有的对个人数据的自我控制并当个人数据被采集、处理和使用时的是否授权同意的决定权利。知情同意权利将个人同意作为个人信息处理合法性的首要条件，是遵循个人的自愿性原则与准确性原则方可收集个人数据，并应当明确应告知收集或者处理的数据范围。立法上，知情同意权利有两种保护规则，一种是明确同意（"opt-in"），需要个人对此作出书面确认，规定应以书面陈述（包括电子稿）、口头声明、浏览网页时在方框里打钩或其他可清楚表示个人同意的陈述行为作出同意。另一种是默认同意的用户处理规则（"opt-out"），个人没有选择拒绝即视为同意。

（二）异议权

异议权是指数据主体有权就自己错误信息向有关机构提出异议并要求更正错误信息的权利。错误信息包括：过时信息、不准确的信息或者不完整的信息。首先，数据在征得数据主体知情同意后会被收集、处理并应用，在这个过程中发挥应有的财产性价值，但这个过程中如何收集、处理以及应用暂无定论，数据主体本身处于相对的信息弱势地位，个人数据仍有很大风险被侵犯。其次，尽管赋予数据主体以数据的知情同意权，但数据本身具有无形、可复制等特点，实践中更多时候会出现未经个人知情同意即非法获取、侵犯数据的情形。因而应当赋予数据主体以异议权，在其他主体对涉及个人信息的数据做出不当处理、非法侵犯等情形时，个人可及时提出异议以保护具有较强个体性的信息进而防止人格利益受侵害。

（三）更正权和删除权

更正权最早出现在新闻领域，指的是当新闻报道损害他人正当利益或失实时，所涉及的自然人、法人或其他组织单位依法应享有的要求更正的权利。我国《个人信息保护法》第 46 条、第 47 条便规定了信息主体的更正、补充权利和请求删除权利，明确规定了 5 种请求删除个人信息的情形。我国《网络安全法》规定个人发现网络运营者违反法律、行政法规的规定或者双方的约定收集、使用其个人信息的，有权要求网络运营者删除其个人信息；发现网络运营者收集、存储的其个人信息有错误的，有权要求网络运营者予以更正网络运营者应当采取措施予以删除或者更正。实际上，尽管数据信息与新闻产生于不同的时代，具备不同的背景，但本质上具有相似性，都是对信息的传播和利用，数据同样因为其含有的信息而具有价值，数据在利用过程中同样需要具备真实性。因而数据在传递、利用过程中如果出现如失实、抹黑等侵犯个人权益的情形时，个人应有就其向有关主体提出予以更正的权利以维护自身的人格权益。

（四）被遗忘权

被遗忘权也被称为清除权（Right to erasure or Right to be forgotten），是指通过法律赋予信息主体请求数据提供者或者运营者永久地清除与其相关的个人数据及其副本、备份或者相关的链接等的权利。其实际上是一种完全的退出权，数据主体有要求数据控制者删除关于其个人数据的权利，控制者有责任在特定情况下及时删除个人数据。简单来讲，如果一个人想被世界遗忘，相关主体应该删除有关此人在网上的所有个人信息。被遗忘权是欧盟出台的《通用数据保护条例》（*General Data Protection Regulation*，简称 GDPR）被修正后增加的新型权利。在数据人身权语境下，可以将被遗忘权理解为在特定情况下，数据主体为保护个人人格利益有权要求其他的数据拥有者、控制者将有关本人的相关信息予以删除。

世界范围内现行的立法中，被遗忘权规定在欧盟《通用数据保护条例》（GDPR）第 17 条中。2013 年 10 月，美国加州颁发的 68 号法案，即著名的"橡皮擦法案"规定，加州境内的未成年人有权要求谷歌、推特、脸书等社交网站删除其自身发布的信息，但是对于其他人发布的关于自己的信息则无权删除。有观点认为在特定情况下对被遗忘权应当作出一定的限缩解释，数据本身由于被利用而具备价值，进而需要被规范，这也导致在数据领域强调所有权并非显得十分重要，数据可以由多个主体拥有，这会当然降低数据产生主体对数据的把控性，应该将特殊情形限定在一定范围内，如仅限未经主体知情同意而获取、对主体数据非法侵犯等情形下才可行使被遗忘权。个人在特定条件下还可以行使撤回同意权、限制处理权、删除权等积极的权利，进而对数据处理活动施加某种主动性的影响，乃至阻隔或退出数据处理活动。此种权能并不意味着个人对信息处理活动具备"自决权"，这一类型的权能是立法者进行立法裁量后确定的结果，基本属于立法者的形成自由与裁量空间，而非个人不言自明的、绝对的权利。[①]

（五）数据可携权

数据可携权又被称为数据持续控制权（Right to data portability），是指信息主体有权向数据控制者请求以"结构化、通用、机器可读取"的格式获取自己的个人数据并且在技术可行的条件下要求数据控制者向另外一个数据控制者实现个人数据的直接传输。首先，数据可携权允许用户将某一平台所存储的数据转移到同类平台，降低了用户的平台转换成本，进而可缓解平台对数据的垄断以及由此造成用户被锁定的情况。[②]这将使得个人可以在同类或相似服务的不同服务商之间轻松转换，从而促进服务主体之间的正向竞争。其次，数据可携权还允许用户可以把数据导入到第三方，利用这些数据有可能产生与数据本来用途具有补充性的服务和产品，如通过数据分析提供的服务。除此之外，数据可携权还有可能带来新的数据利用方式，从而产生此前无法设想的产品或服务，如个人可自主把数据交给研究机构使用。

该权利见于欧盟《通用数据保护条例》第 20 条规定之中。数据可携权包含了以下内容：在满足信息主体同意和基于合同的约定处理个人数据的情况下，且并不妨碍被遗忘权和执行公共利益或者数据控制者行使职务权限，以及不对其他人权利和自由产生不利影响的情况下。信息主体拥有以下权利：①有权获取结构化、通用化和可机读的自动化处理的个人数据；②有权将数据转移给其他数据控制者；③有权在技术允许下要求该数据控制者直接将数据转移给另一个数据控制者。数据可携权最大的功能在于突破大数据时代互联网企业中先发优势企业的"锁定效应"，通过赋予信息主体的权利对抗不正当的数据封锁，通过数据主体对数据的连续控制和方便数据的转移，实现数据的自由流动。数据的移植性有利于数据价值和财富的创造，也有利于增强数据的自我修复校准功能，减少企业决策因数据瑕疵而造成的风险。

（六）数据主体的权利救济权

数据人身权内容中，除了积极的权利保障，还包含了消极的救济权利。数

---

① 王锡锌：《国家保护视野中的个人信息权利束》，载《中国社会科学》2021 年第 11 期。

② European Data Protection Supervisor, Opinion 3/2020 on the European Strategy for Data, edps. Europa（16June2020），http：//edps.europa.eu/sites/edp/files/publication/20-06-16_opinion_data_ strategy_en.pdf.

据主体认为自己的合法权益受到侵害，或者行政机关的行政行为存在违法，有权向有关机关申诉、提起复议或者提起行政诉讼。我国和各国的法律均立法规定，个人有权对控制者或处理者提起诉讼。我国的《个人信息保护法》规定了在个人信息处理者拒绝个人信息权利的请求时可提起诉讼。例如，欧盟《通用数据保护条例》规定数据主体认为其权利受到侵害时即可提起诉讼。可以要求对行政机关的行为进行审查，对于发现行政机关违法或者不当的行为进行撤销或者确认违法，造成公民合法权益受到侵害的，应当赔偿数据主体的损失。欧盟《通用数据保护条例》规定当监管机关不处理申诉或未在3个月内将处理过程或结果告知时，数据主体在不违反其他行政或司法性救济的情况下有权在监管机构所在地以监管机构为相对方提起行政诉讼，且有权要求监管机构采取调查、更正或撤销决定；虽然《个人信息保护法》未明确个人具有对监管机构提起诉讼的权利，但是也规定了国家机关不履行个人信息保护义务等情形下的处罚规则。

第六节　数据财产权

一、数据财产权的定义

随着大数据技术和数字经济时代背景下，"数字经济（Digital Economy）"概念被提出并迅速流行，加快发展数字经济已成为各国共识。信息资产、数字资产、数据资产这三个概念本质上都是在讲数据财产。在数字经济发展过程中，数据变得日益重要，在法学视角上，亟待界定数据资产并依据法律权利的范畴界定数据财产权利的内涵和外延。数据本身并不能直接等同于财产，世界范围内，将数据纳入财产权范围的理论尝试肇始于20世纪中后期。[①]但是迄今为止，数据权属及其归属依然存在理论争议，关于数据的权利归属，存在用户所有说、企业所有说、国家所有说、公共所有说等不同理论观点。由于数据的本质属性和特殊性，加之数据赋权关系上涉及原始数据、个人数据、收集数据、使用数据、公共数据等复杂的数据主体和来源上的利益冲突。故此，需要从数据权属上对数据的财产性质的内涵和外延进行重新界定。本书认为，数据财产权是指数据主体对其数据所拥有的财产性占有和收益的权能，并对此需要承担的数据保护责任。这一概念有别于物权，也有别于传统的财产权。

---

① See Alan F. Westin, *Privacy and Freedom*, Atheneum Press, 1967, pp.324-325.

　　对数据财产权的研究主要关注数据的资源属性，学者们希望通过有效的产权分配制度，降低交易成本，促进数据交易和数据产业发展。数据产权主要集中于所有权，重点关注对数据的占有、使用、收益和处分的权利分配，即"谁的数据，归谁所有"。国外学者也倾向于关注数据产权，特别是数据所有权问题，但是，在数据的所有权内涵中，往往强调了数据所有者对数据的控制和责任，并非纯粹的财产性质的内容。例如，洛辛认为，数据所有权指的是信息的拥有和责任，所有权意味着权力和控制，信息的控制不仅包括访问、创建、修改、打包、衍生利益、销售或删除数据的能力，还包括将这些访问权限分配给他人的权利。[①]

　　实际上，数据产权或所有权与物权概念中的所有权概念并不完全相同。数据所有权概念的表述存在误区，数据所有权应该强调和具有与责任对应的内涵，数据的所有者必须对数据的质量负责，权责必须统一。例如，斯科菲尔德认为应当将数据的"所有权"一词应该更换为"管理权"，因为管理权意味着更广泛的责任，用户必须考虑对"他的"数据进行更改的后果。[②]数据所有权并非传统的所有权，数据所有权应当与数据责任、数据质量匹配起来。[③]甚至奇斯霍尔姆认为，数据所有权概念具有误导性，数据所有权只是一个类比，而非专业的术语。数据所有权可以被认为是在防止和解决特定数据集问题中的责任和义务，并推荐使用 RACI 模型（即谁执行、谁负责、咨询谁、告知谁）来精确地赋予参与数据治理各方的责任和义务。也有观点认为，由于数据责任主要依赖所有权，因此研究人员对科研数据拥有所有权很重要。[④]还有观点认为，数据所有权是不同数据主体参与过程中的一个合同事项，"数据保护法"不涵盖数据所有权的全部内容，并提出了一种名为"双钥匙"（dual-key）的控制协议。[⑤]

---

① David Loshin, *Enterprise Knowledge Management：The Data Quality Approach*, Massachusetts（US）：MorganKaufmann, 2001, pp.25-45.

② Michael Scofield, Issues of Data Ownership, http：//www.information-management.com/issues/19981101/296-1.html?zkPrintable=1&nopagination=1.

③ David Loshin, *Enterprise* Knowledge Management：*The DataQuality Approach*, Massachusetts（US）：MorganKaufmann, 2001, pp.25-45.

④ Wallis J C, Borgman C L, "Who is responsible for data?An exploratory study of data authorship, ownership, and responsibility". *Proceedings of the American Society for Information Science & Technology*, 2011, 48（1）, pp.1-10.

⑤ Tim Baker, Roger Tomlinson, Conclusions and Recommendations on Data Ownership Guidelines, http：//audiencesni.com/library/lb-downloads/reports/ACE%20 Data%20Ownership%20Guidelines.pdf.

　　在关于数据财产权的讨论中，是否实施财产权保护，也存在诸多争议。有观点主张承认数据财产权，用户享有所有权，数据企业享有的是数据用益权；[①]有观点主张数据作为公共产品，需要共享互惠，因此不主张数据财产权；[②]有观点主张将数据产权纳入知识产权范畴；也有观点主张将数据纳入虚拟财产权和财产权的保护之中。例如，汤琪在调查国内外大数据交易的法律政策与实践现状基础上，对交易过程中涉及的授权合法性、交易安全、交易成本、交易公平、隐私保护等产权问题进行了分析，为我国的大数据交易从法律政策的制定、行业法规的建立、产权环境的改善等方面提出建议，同时建议将数据纳入到虚拟财产权和财产权的保护之中。[③]

二、数据财产权的特征

　　数据财产权是可重复使用的财产权利。从法律方面来看，相对于数据生产的成本来说，数据复制的成本极低，数据的复制传播非常容易，因此要研究数据使用权对数据的所有权造成伤害的问题，合理界定数据的收集权、使用权、所有权。从会计方面来讲，一个数据集的收集和使用应归为无形资产，一个数据集的所有权应归为有形资产。

　　数据财产权是具有使用价值的财产权利。数据可以没有价值，但作为资产的数据必须有价值。因为纸质资料和电子资料在计量和规模上有着本质的不同，此处将数据界定为网络空间中的数据，以排除图书馆、档案馆的纸质资料数据资产。在将数据界定为网络空间中数据的前提下，该定义与现有的关于信息资产、数字资产和数据资产的主要定义之间不存在不一致的问题。此外，关于数据权属应考虑开发权、使用权、所有权。不同于矿山、矿藏，它们的所有权属于国家，而数据是非天然的。事实上，数据应属于数据的生产者，国家机构、社会组织、企业和自然人等主体都可以享有数据的所有权。

　　数据财产权是可计量的财产权利。无论是无形资产还是有形资产，可计量是资产化的必要条件，只有可计量才有可能进入会计报表，资产化才可能实现。数据是现实世界中万事万物的信息化，数据类型、规格、内容也多种多样，有些可以计量、有些目前还没有找到计量方法。先把能够计量的数据资产化是一个可行的做法，因此，应当把可计量的特征纳入数据资产的定义中。

---

① 参见申卫星：《论数据用益权》，载《中国社会科学》2020 年第 11 期。

② 参见梅夏英：《在分享和控制之间　数据保护的私法局限和公共秩序构建》，载《中外法学》2019 年第 4 期。

③ 汤琪：《大数据交易中的产权问题研究》，载《图书与情报》2016 年第 4 期。

三、数据财产权的类型与内容

在目前我国关于数据权利归属的主流研究中，数据权利主体作为分类标准，将数据区分为个人数据、企业数据和政务数据是通常的做法。[①] 由于数据的构成具有一定的来源复杂性和多类型，所以需要将数据加以类型化划分。数据权属保护是伴随着数据产业的发展而出现的一个新的法律概念。数据作为一种新的资产的存在，在类型和层级上具有复杂性，对传统物权的产权理论提出了新挑战。所以需要重新构建数据财产权理论，根据数据法益保护的"核心价值"和最有效的法律保护路径进行构建。

就法律的视角来看，首先需要将数据进行类型化分类。根据数据的产生来源，数据主要分为自然界数据、个人数据、企业数据、第三方平台数据和政府数据。根据数据是否经过加工和脱敏，可以分为原始数据、数据产品和数据API（Application Programming Interface，应用程序编程接口）等形式。原始数据一般归属于产生数据者享有。经过处理的数据产品、去身份信息的原始数据一般归属于对数据做出处理和分析的主体所有，数据API产品往往需要界定原始数据以及使用者的边界。

这些不同的数据的财产权归属具有不同的规则：

1. 自然界数据的归属。来自自然界的数据本身归属于公共财产，在产权界定上比较明确，基本的法律产权逻辑是"谁开发谁利用，谁归属谁所有"，谁进行收集和使用，便应当归属于谁即开发使用者。

2. 企业数据的归属。一般认为是归属于企业所有的财产权。主要有两大类：一类是有关企业商业秘密的数据，一类是企业的一般数据。

3. 政务公共数据的归属。一种是依法采集的原始数据，归政府所有。一种是政府采集备案的数据，归企业和个人所有。政府数据主要涉及公安、交通、医疗、教育、科技等政府各部门因为行政管理和监管服务形成的数据。

从数据的国家利益关系属性来看，可以划分为三个层级：第一层级是政务核心治理类数据，此类数据涉及国家安全和核心利益，主要包括安全、国防、外交等核心利益的数据，具有国家安全和国家秘密的内容。第二层级是政务实体服务或者监管类数据，此类数据主要涉及经济和社会利益。主要包括医疗、交通、教育等行政管理和监管服务的数据。第三层级是政务指导统计类数据，此类数据主要涉及社会管理的基础数据，包括工农业、文化、商业、体育、旅游、知识产权等数据。

---

① 赵磊：《数据产权类型化的法律意义》，载《中国政法大学学报》2021年第3期。

从数据的内容分类来看，可以分为五类：一是具有政府资源收集权力方能采集的数据，如资源类、税收类、财政类等；二是具有政府资源收集权力方能汇总或获取的数据，如建设、农业、工业等；三是因政府主导运行才产生的数据，如城市基建、交通基建、医院、教育师资等；四是政府因监管职责所拥有的大量数据，如人口普查、食品药品管理等；五是公共服务产生的客户级消费和档案数据，如社保、水电、教育信息、医疗信息、交通路况、公安户籍、企业工商信息等。

从数据属性来看，政务数据可以分为自然信息类、城市建设类、城市市场管理统计监察类和服务与民生消费类等。从广义角度讲，政务公共数据是政府及其公共服务机构因履行工作产生、采集以及因管理服务需求而采集的外部数据（如互联网舆论数据），为政府或者公共服务机构自有和面向政府或者公关服务机构的数据。

故此，以上数据由于不涉及个人人格利益的内容，可以赋予财产权保护方式，从而纳入信息财产权保护的法律范畴中。关于信息财产权的保护，目前也有国家通过立法加以规范和保护。

关于个人数据财产权的层级化保护。排除以上分析的具有财产权内容的数据，相对缩小其范围，最后对个人数据进行类型化和层级化的严格划分。在国内外现有的观点中，对数据的产权归属主要限定在个人信息财产权的讨论上，应当根据个人信息保护的核心利益和法律价值来确定个人信息的保护路径。

根据以上对个人数据权属的分析，本书认为个人信息的核心部分应当排除财产权保护模式，非核心部分通过类型化和层级化划分可以赋予财产权保护方式。将个人数据涉及隐私的范围与非隐私的范围加以区分，并在法律层面上进行层级化划分，突破现有的单一的法律保护框架，构建分层级的法律保护机制。"隐私应当包括绝对个人隐私和相对个人隐私。绝对个人隐私是纯个人的例如人身性数据，相对个人隐私是指由于某种关系产生的隐私，例如家庭关系。"[①]在此基础上，建立程序法上的个人数据"正当"法律保护程序。在主要层级上可以划分为三层：分别是核心隐私的个人数据、具有人格属性的个人数据和具有行为特征的个人数据。

第一层级是涉及个人核心隐私的个人数据。这类个人数据主要包含人类灵魂精神的内核的数据，大体有宗教信仰、遗传信息，基因信息，指纹、声纹、

---

① 孙志伟：《国际信用体系比较》，中国金融出版社 2014 年版，第 38 页。

虹膜、脸部定位识别等身体信息，血型，性生活信息，医疗记录，通信内容等。此类数据涉及人类生存中个体的人性特征、基本尊严和核心价值，法律必须严格禁止将此类数据财产化和商品化，数据本身不得被财产化，也不得作为商品进行交易。非基于国家安全和社会安全，以及合法执法机构基于法律规定和需要进行采集之外，该类信息原则上任何个人和单位都不得采集和利用，也不得进行交易。这个在国外的立法和我国的诸多立法中都被加以规范，我国《个人信息保护法》第 28 条规定了敏感个人信息的定义和范围，包括生物识别、宗教信仰、特定身份、医疗健康、金融账户、行踪轨迹等信息，以及不满 14 周岁未成年人的个人信息。同时立法也将容易导致自然人的人格尊严受到侵害或者人身、财产安全受到危害的个人信息纳入特别保护范围内，如《征信业管理条例》第 14 条第 1 款就明确规定"禁止征信机构采集个人的宗教信仰、基因、指纹、血型、疾病和病史信息以及法律、行政法规规定禁止采集的其他个人信息。"

第二层级是具有人格属性的个人数据。这类个人数据是个人的姓名权、肖像权、名誉权等权利主体产生的客体内容。比如个人的姓名、照片、视频、荣誉、人格信息等与人格尊严相关的信息。该类信息不得实施财产化保护，必须严格按照人格权保护模式进行保护，确保人格尊严的实施，并按照侵权责任和程序建立法律保护框架。

第三层级是具有行为特征的个人数据。这些数据是个人行为产生的客体反映，是具有社会属性的一类个人数据，比如个人的教育经历、生活经历、婚姻信息、居住信息、资产信息、借贷信息、投资信息、消费信息、社交信息、新闻信息等。在数据时代，该类数据信息具有社会属性和商品化交易的基础，可以赋予财产权保护模式。

在三个层级之外，还有一类范围交叉数据是第三方平台数据，其应当具有财产权属性。在涉及以上三个层级界定的保护方式之后，可以赋予第三方平台数据的财产权。具有原创性内容的数据和匿名化后的数据归属第三方平台所有；不具有原创性内容的原始数据归属原始所有人与平台共有。对于数据公司或者数据平台根据原始数据进行加工，产生了诸如数据库或者运用大数据形成新的数据内容的情况下，其产权需要进行深入分析。在这里，平台的数据归属于数据产权的范畴，数据产权通常是指权利人对海量数据通过智力劳动所创造的成果所享有的财产权利。按照现有通说，是指对数据财产权的一种法律规定，通常通过设置信息财产权或者知识产权加以保护。

四、以法益综合平衡为基点构建数据财产权的保护规则

通过以上的类型化和层级化划分之后，再行确定数据财产权的交易和保护规则等核心权利规则，因权利保护规则关系到数据的利用与数据利用的限制的核心关系。由此，需要结合类型化和权利规则确立数据财产权的保护规则。数据财产权法律规范应当包含了数据基本法和交易规则，需要确定数据权属以及不同主体对数据控制权利的先后顺序、数据交易的基本原则、交易过程、交易主体规则、救济方式。有观点提出利益冲突形态下对数据类型化的优化，认为基于数据全生命周期，在用户、数据企业、数据企业的同业竞争者三者间的交叉利益冲突下进行类型化，然而，由于其利益冲突关系忽略了数据产生、收集、使用、存储过程并非数据本身生命周期，或数据内容的变化，甚至基于算法的介入，数据本身的生命周期已经打断，数据生命周期已经进入重新起算阶段，故此，该观点也无法自圆其说。基于对数据财产权权属类型化和层级化的划分，可以建立以下的数据权利保护规则。

第一，应当根据不同的数据主体、数据的不同类型和不同层级划分数据权属，明确数据所有权的边界。

第二，规范数据交易的核心精神在于追求法律规制的法益平衡，追求公平和效率的平衡，即充分利用数据和防止滥用数据间的平衡，以及充分保障数据安全和降低交易成本间的平衡。根据法经济学理论中的霍布斯定理，法律权利在主体间的分配应遵循"建立法律以使私人协议失败造成的损害达到最小"的原则。财产权或所有权的分配应该是符合效率的，私法上的权利应该赋予能够最大效率执行这些权利的主体。因此数据权利边界的划分应主要遵循效率原则，兼顾公平原则。

第三，需要结合人格权和财产权的相互结合的保护原则，对于不同性质的数据、不同的交易主体、不同的交易程序等给予不同的保护方法和保护范围。对个体身份等敏感信息，应采取加强保护，规定严格的匿名化程序和追责措施；对已经去个性化的个体信息，则应采取较弱的保护，赋予数据控制者较多的权利。对侵犯隐私等人格权的数据交易提供司法和行政上可行的救济手段，以充分保障所有权的实现。国外实践中，对个体数据权利的保护，往往采取禁令等衡平补偿而不是法律赔偿。现有的保护方式主要是从个体权利的角度施行的，但大规模数据处理过程的实际客体往往是对个体数据的整合，即群体（Group）层面的数据。所以交易中对数据源的保护应该从群体层面着手，这也能减轻数据搜集者和利用者需要承担的告知成本，有利于相关产业的发展。

第七节　数据主权

主权是国家的本质特征和特殊属性。传统主权及于领土、领海、领空等物理空间，现代主权则及于网络（领网）这一虚拟空间，更及于一国之领土、领海、领空、领网管辖下的数据，后二者即网络空间主权（或称网络主权）和数据主权。[①] 进入信息时代，网络信息技术、大数据等新兴技术的发展对国家主权概念产生了挑战。为了维护国家主权在这些新兴领域的完整性与正当性，新的主权概念应运而生，数据主权就是传统主权在大数据领域顺应时代发展要求而诞生的概念。随着各国在互联网空间的竞争愈发激烈，数据主权作为保卫本国数据领域的有力武器和解决世界数据跨境流动的可能路径之一，渐渐为世界各国政府所认知和重视。

一、数据主权的产生

存储和处理某些类型的数据的能力，很可能会让一个国家在政治和技术上优于其他国家，超国家数据流动进而导致国家主权的丧失。[②] 作为网络主权的核心内容，数据主权的提出是世界各国面临已经到来的信息时代、应对全球范围内的数据洪流的必然趋势，其体现的是互联网、大数据、人工智能等技术崛起带来的新变化，具有重大的意义和价值。

从国家的层面来看，数据主权对于国家安全意义重大。某种程度上来讲，对数据的保护就是对国家安全的保护。国家安全是一国生存发展的基石。国家处于安全状态，意味着国家有稳定的社会秩序，人民可以追求和实现所渴望的理想和信仰。没有了国家安全，国家必然会失去稳定的秩序，就更谈不上经济的发展和人民的幸福。因此，维护数据主权有助于维护国家安全，维护国家安全就是维护国家的基本利益。当前，国家安全既面临着政治、军事、国土、经济等传统安全问题，又面临着网络、数据等一系列非传统意义上的安全问题，数据主权这一概念是对传统主权概念的合理发展和大胆创新，对正确处理网络信息时代下的国家安全问题具有重要指导意义。

---

① 徐凤:《网络主权与数据主权的确立与维护》，载《北京社会科学》2022 年第 7 期。

② Kristina Irion, "Government cloud computing and national data sov-ereignty", *Policy & Internet*, 2012, 4 (3-4), pp.40-71.

进入信息时代，数据尤其是电子数据已经渗透到了人们生活中的方方面面，大到生老病死，小到衣食住行，数据都在其中发挥越来越重要的作用。移动终端的普及和互联网的出现使更多的主体参与到数据活动中来，每时每刻都有海量的数据产生。这些处于联系中的数据包含着国家文化、政治、经济等领域中的重要信息，借助大数据技术可以从中对这些关键信息进行有效挖掘，完成许多以前看起来不可能完成的任务。通过大数据技术，某些看似无用的数据能够对国家政治、经济、军事等产生具有重大影响力的结果，必须加以慎重保护。

从网络空间和数据相关技术角度看，虚拟空间中的规则与物理空间中规则的联系常常是比较微弱的。在物理空间中，物和资源拥有确定的所有权人和固定的存放位置，具有清晰的一物一主权利关系和明确的管辖权行使国。而在网络空间中，数据因为其自身具有的无限复制且不减损的特性，只要技术规则允许，就可以同时被多个权利人和多个国家的计算机系统占有和使用，这与物理空间当中的权利归属判断规则显著不同。数据的收集本质上是物理空间中的资源向网络虚拟空间转化的过程，收集者与数据提供者和数据代表的事物三者在物理空间中常常处于不同国家的管辖之下，但需要服从其本国的法律体系。不同的国家、组织或个人依据不同的法律对同一份数据提出各自的不同诉求，难免会发生权力竞合。因此，数据在虚拟空间中的跨境流动属于人类生产力进步带来的新现象，在原有的法律制度下难以做出有效的调整，数据主权便是为解决这一新问题而提出的解决思路，是原有法律制度的现代发展，适应了社会和技术发展的要求，具有强大的生命力。

随着全球化的深入，国家主权越来越从"国家主义"过渡到"全球主义"。全球治理的观念对原有的国家主权的自主性造成了挑战，国家主权理论也逐渐开始更多地要求每一个国家以多边民主协商的方式承担全球治理的共同责任。协商和共治的前提是平等，主权国家的独立权和平等权在网络空间全球治理过程中更加凸显。在网络空间的治理模式的讨论中，越来越多的国家意识到数据主权和数据治理之间的关联性，只有各主权国家相互协作才有可能达到目的。网络空间并非法外之地，全球互联网的数据治理必须要构建数据主权制度。2017年，《塔林手册2.0版》推出，第1条明确否定了网络空间"全球公域说"。位于一个特定国家领土上的网络基础设施连接到网络空间，不能解释为该国放弃其主权。① 因

---

① ［美］迈克尔·施密特总主编：《网络行动国际法塔林手册2.0版》，黄志雄等译，社会科学文献出版社2017年版，第58页。

此，数据主权制度的建立十分必要，关乎国计民生，事关全球网络空间的健康持续发展。

二、数据主权的概念与特征

（一）数据主权的概念与界定

随着科技和社会的发展，传统国家主权的范围逐步扩大，主权概念的内涵与外延也相应扩充。对于数据主权的存在目前学术界基本已经达成共识，但对其具体定义尚存在分歧，并未形成统一认识，主要有三种定义思路：

1. 由传统主权概念沿袭拓展进行定义。由前可知，数据主权是传统主权在数据领域的拓展，那么由传统主权的定义加入新领域的相关属性特征便应当能够得到数据主权的定义。

传统主权概念将国家主权定义为主权即国家对内的最高统治权和对外独立权，最早是由让·博丹在《主权论》中提出的。他认为国家主权是一个国家的固有属性，是一种以国家领土为范围界限的对内最高统治权和对外独立权。国家主权以地理疆界为界限，不可转让、不可分割、不受限制。这一定义中，无论是对内最高统治权还是对外独立权，都具有最高的权威性和排他性，不受任何外部实体的制约和影响，是国家的核心利益。

由此，从传统主权的对内最高性和对外独立性出发，对数据主权的概念进行界定：数据主权即为国家对数据和与数据相关的技术、设备、服务商等的管辖权及控制权，体现为域内的最高管辖权和对外的独立自主权。对内具体体现为一国对其政权管辖地域内任何数据的生成、传播、处理、利用和交易等拥有最高权力，对外则表现为一国有权决定以何种程序、何种方式参加国际数据活动，并有权采取必要措施以保障本国的数据权益免受其他国家的侵害。

这一定义符合数据主权的演变逻辑，回归了主权概念应有之义。但不足之处在于，这一定义并未凸显数据主权的特殊之处。

2. 从数据主权行使的内容作出界定。从主权行使的范围来看，有学者将数据主权分为狭义的数据主权与广义的数据主权。狭义的数据主权指国家数据主权，广义的数据主权不仅包括国家数据主权，还包括个人数据主权。国家数据主权的主体是国家，而个人数据主权的主体则是个人。两者之间的关系可以表述为：个人数据主权的实现只能置于国家数据主权的框架之下，在国家数据主权的范围内运作，如此才能得到有效的保障。美国学者乔尔·荃齐曼曾经指出，个人数据主权的实现需要以国家数据主权为基础和前提，而国家数据主权的维护又基于个人数据主权的支撑和表达。本书所述数据主权主要是从狭义的角度来讲，即数据主权是指主体为国家的数据主权。

由上所述，从数据主权的内容来看，广义上，有学者认为数据主权指数据所有者占有、使用和处理其数据的能力。这一定义将主权国家也纳入到数据所有者的范围之内，未免范围过于宽泛，有待商榷，且未能体现主权国家的治权，即对本国疆域内的数据进行管辖的权力。狭义上，数据主权则指一国对于本国疆域内产生或存储的数据具有的所有、控制、管辖和使用的权力。

这种界定数据主权的方法另辟蹊径，直接从数据主权发挥作用的方式来定义，较为直观和简洁。不足之处在于未体现出数据主权与传统主权的内在逻辑关系，较为粗糙。

3. 与信息主权、网络主权相比较而进行界定。在传统主权延伸到虚拟空间的过程中，诞生了一系列新的概念，数据主权只是其中之一，与之相近的还有信息主权、网络主权等。通过比较信息主权、网络主权与数据主权之间的联系与区别对数据主权进行定义，可以对数据主权的独特属性形成一个较为准确的认识。

网络空间主权具有对外主权和对内主权两个方面的涵义。在对外主权方面，国家间应该相互尊重自主选择网络发展道路、网络管理模式、互联网公共政策和平等参与国际网络空间治理的权利，不搞网络霸权，不干涉他国内政，不从事、纵容或支持危害他国国家安全的网络活动；各国政府有权制定本国互联网公共政策和法律法规，不受任何外来干预；各国不得利用信息通信技术干涉别国内政，不得利用自身优势损害别国信息通信技术产品和服务供应链安全。在对内主权方面，各国政府有权依法管网，对本国境内信息通信基础设施和资源、信息通信活动拥有管辖权，有权保护本国信息系统和信息资源免受威胁、干扰、攻击和破坏，保障公民在网络空间的合法权益。

本书认为，从传统主权推理延伸得到数据主权概念的做法符合数据主权的实际演变过程，也体现了数据主权仍然是一种"主权"的本质，而比较定义能够突出数据主权与相邻概念的区别。因此，以传统主权引申的定义为基础，对其进行改进之后，得出以下定义。

数据主权是网络空间时代国家主权理论的新发展。数据具有重要的主权保护价值，数据是国家安全的战略资源，数据是国家权力的基础。大数据改变着社会生活的方方面面。[①]通过比较分析，数据主权可以定义为，国家对本国国境范围内产生和存储的数据及本国国民产生和拥有的跨境数据所拥有的所有

---

① 张红：《大数据时代日本个人信息保护法探究》，载《财经法学》2020 年第 3 期。

权、控制权、管辖权和使用权及其对数据安全的保护。在延续传统主权概念的基础上，强调关于数据的治理仍然从属于国家主权，各国有权独立自主地规制在其领土范围内收集和产生的数据，跨境数据的法律规制应维系以主权国家为基础的国际公法秩序，以尊重主权差异为原则，以联合国及其下设的国际仲裁机构和国家间司法互助协议为解决争议的主要渠道，通过各国平等参与实现跨境数据的共享共治。①数据主权是现代国家主权在数据领域的外化，以独立性、自主性和排他性为根本特征，具体体现为对内的最高数据管控权和对外的数据处理权。国家所享有的数据主权应当具有国内和国际的双重面向。数据主权的内涵实际上包括了两个方面，一方面是数据主权赋予了国家获取本国范围内整体数据的权力，另一方面也需要国家承担数据利用与数据安全的治理责任。②

（二）数据主权的主要特征

1. 具有时代性特征。主权概念随着经济社会的发展不断调整、变化，数据主权同样如此。数据主权的兴起与大数据时代的到来是分不开的，具有强烈的时代性特征。其时代性特征意味着数据主权随着大数据时代的到来而产生，伴随大数据时代的存在而一直存在，并随着大数据时代的发展而发展。数据主权的提出是大数据技术高度成熟的必然结果，数据主权的行使也必然受到科技进步的影响。数据主权的发展离不开科技进步，科技发展的程度决定了数据主权的概念、内涵、范围等的拓展程度。技术的创新与成熟是数据主权理论形成和发展起来的基础，也是行使数据主权的必要条件。③

2. 具有更强的相对性。传统主权的相对性体现在，国家主权在其疆域范围内具有至高无上性，但在其疆域外要受到一定的限制，即其至高无上性不是绝对的。数据主权的相对性不限于此，还体现在学界对其概念认识上出现的分歧与其实际的制约因素上。在制约因素上，数据主权的实现至少还面临纵横两方面的制约因素：横向是指一国和其他国家之间的数据权力关系，纵向是指国家和超国家、亚国家甚至个人之间的数据权力关系。横向上，数据主权的实现受制于国家的技术水平、经济实力等因素。发展中国家和发达国家之间存在的数据鸿沟短期内无法改变，因此不同国家之间能够实现的数据主权程度差距较大。

---

① Jack Goldsmith, "Sovereign Difference and Sovereign Deference on the Internet", 3 *The Yale Law Journal Forum* 818, pp. 818-826, 2019.

② 宋方青、邱子键：《数据要素市场治理法治化：主体、权属与路径》，载《上海经济研究》2022 年第 4 期。

③ 连玉明主编：《数权法 2.0：数权的制度建构》，社会科学文献出版社 2020 年版，第 202 页。

纵向上，数据具有强烈的流动属性，由于数据跨境流动的大量存在，为了使数据更好地流通利用，其绝对性不可避免地会发生一定程度的妥协。因此，国家在数据主权方面不能过于追求主权的对内绝对性，应给予数据的流通共享开发提供一定的便利，主权的对内绝对性受到了一定程度上的限制。

3.具有相互依赖性。数据尤其是电子数据天生带有强烈的流动性和共享性，只有在流动和共享当中的数据才能创造更多的价值。在全球化的今天，要实现绝对的独立已经越来越不可能，即使当前全球本土保护主义抬头，合作共享仍然是不可阻挡的世界趋势。与传统主权的保护思路不同，数据主权更适宜从绝对竞争走向一定程度的合作。数据本就具有无形性与流动性，单个国家很难凭借一己之力来实现对数据的绝对控制，以"相对主权理论"作为制度构建的理论指导，加强国际合作，更符合数据领域的实际情况。[①]

4.具有理论上的平等性与事实上的不平等性。数据主权的平等性是指不存在除了国际法之外的外部权威来决定主权国家的内部数据事务，这主要是从主权国家各自平等的国际法原则上来说的。作为一种特殊领域当中的主权，数据主权同样遵守这一原则。相互独立的主权国家彼此承认数据主权的平等性，各自独立地管理国内数据相关事务。主权的对外平等性意味着其他类似国家对这一政治实体的认可，意味着一种正式平等关系，相互之间没有命令与服从的权力与义务。数据主权对外的平等性是国际法上的应有之义。

但是在现实中，这种平等性只能成为一项原则，往往最终无法落地。各国看似平等的数据主权之下往往面临着事实上的不平等。这些不平等性既源于一些国家对全球网络空间的霸权，又源于各国网络空间和数据技术水平的差异。对于一些科技相对落后的国家而言，一些数据其无法利用，但其蕴含的潜在价值或政治经济利益有可能被转移到发达国家，从而在国际数据竞争中处于不利地位。这就造成了数据主权事实上的不平等问题。

三、数据主权的内容

目前我国在立法实践中，已经建立了以《网络安全法》为基本框架的网络主权维护制度，以《数据安全法》为基本框架的数据主权维护制度。按照传统国家主权理论，主权包含管辖权、自卫权、独立权、平等权等内容。数据主权作为传统主权在网络空间中的延伸，也具有相似权力内容。

---

① 肖冬梅、文禹衡：《在全球数据洪流中捍卫国家数据主权安全》，载《红旗文稿》2017年第9期。

（一）数据管辖权

数据管辖权，通常是指一国对于本国疆域范围内产生和存储、传输的数据及相关的物理设备和相关服务等享有的维护、管理和利用的权力。数据管辖权行使的主体仍然是国家，行使的对象则是数据和与数据相关的各种财产。

传统管辖权原则有四种，即属地管辖原则、属人管辖原则、保护性管辖原则和普遍性管辖原则。数据管辖权同样遵循这四项原则：①属地管辖原则是一国管辖权的基础原则，是一国独立的基础。按照属地管辖原则，一国有权对本国领土范围内从事数据生产、存储、传输的人、物和行为进行管辖。②属人管辖原仅次于属地管辖原则，指一国对本国公民在境外的某些特定行为具有管辖的权力。这一原则为国家在疆域外维护本国公民利益的行为提供了法理依据。③保护性管辖原则作为前两项原则的辅助性原则主要适用于境外对于本国公民的利益侵害行为。④普遍性原则实施范围极其有限，即使是在数据跨境流动过程中，也必须以国际法的明确规定作为基础。通常只适用于一些普遍危害全人类和平与安全、影响国际社会稳定和秩序的特定行为。

但由于数据本身没有特定的实体，其储存或具体产生地点也多存在争议，这使得在国际争端解决当中极为重要的地理位置因素难以确定。数据空间的虚拟性、全球性和无边界性等特点常常会造成数据管辖权范围的交叉和重叠，直接影响了一国对其国内国际事务的管辖，给本国司法系统的运行也提出了难题。传统管辖原则的不足在云计算大数据时代越来越充分地暴露出来，建立适用于数据空间的国际管辖原则势在必行。

（二）数据独立权

独立权是传统国家主权的基本内容之一，是指"一国完全独立自主地行使权力，排除外来干涉，无须受制于其他国家"。根据这一理念，一国的内政外交事务都应当由本国独立行使和处理，同时对他国内政不应采取任何形式的干涉和阻碍，国家之间应当互相尊重主权的独立。独立权的最终旨意在于作为国际法独立主体的国家都能够按照自己的意志独立处理其内政外交事务，而不受他国任何形式的控制和干涉。

数据独立权作为传统独立权的延伸，同样包含有上述内涵，要求一国的数据系统有权不受任何国家或组织的无端干涉。然而当前互联网和信息储存基础设施分布不均衡的现状使得这一独立权力受到威胁。美国建有全球绝大多数的根服务器，拥有强大的"制数权"。其他国家的数据独立权容易受到美国的制裁与威胁，有必要建立更加完善和安全的国际互联网秩序。

（三）数据平等权

从国际法基本原则来讲，平等权是国家的基本权利之一。国家主权对外主要表现为独立平等，平等权是一国拥有主权的基本表现。所谓平等权是指国家不论强弱和大小，也不论政治经济、文化观念、社会制度和意识形态有何不同，在国际法上的地位一律平等。同样的，数据主权也应当平等，至少在国际法地位上应当平等。

数据主权的平等性主要指一国不得对其他国家主张数据管辖权和各国平等参与国际数据合作共享的权利。国际网络之间的互联互通是以平等协商的方式进行，一国的数据主权不受管辖制约。[①] 在国际实践中，数据主权的平等表现在以下几个方面，首先是数据资源享有的平等，在不损害其他国家和人民利益的情况下，任何国家的人民都有自由使用数据并不受歧视的权利。其次是数据规则的制定平等，各国不仅在全球数据治理体系中地位平等，在制定规则时也应当提倡合作，避免侵害相关国家的利益。最后是数据空间中国家行为的豁免，这是传统国家豁免理论在大数据时代的延续，间接体现了国家主权平等。

但现实是，广大发展中国家在数据技术水平上与发达国家水平差距相距甚远，数据霸权广泛存在，实现数据平等难上加难。数据跨境流动当中的不平衡性，使得数据更容易流向技术实力雄厚、资金充裕的发达国家。发达国家在手握海量数据资源的同时，进一步扩大自己的优势，加剧了不平等现象的存在。因此，国际社会更应当大力提倡数据主权平等的理念，携手共创互利共赢的数据治理模式，为世界数据利用环境的良性发展作出贡献。

（四）数据自卫权

根据国家主权原则，各国有义务彼此尊重各方的主权和独立。因此，为了维护主权和独立，国家有权采取国际法允许的一切措施进行自我保全。自卫权指国家享有使用武力抵抗外来武力攻击以保护自己的固有权利或自然权利。数据主权的防卫权，指国家为维护网络空间完整和独立，具有对外来网络攻击和威胁进行防卫的权力。

英国著名国际法学者奥本海认为，根据国际习惯法，任何国家都没有义务在另一个国家采取有损于它的受法律保护的利益时保持消极。因此如果一个国家受到武力攻击，其理所当然有权在必要的情况下使用武力防卫自己不受攻击以击退进攻者。[②] 然而，数据攻击事件当中，攻击具有虚拟性，这一变化带来

---

① 王远：《网络主权：一个不容回避的议题》，载《人民日报》2014年6月23日，第23版。

② 龚向前：《论国际法上的自卫》，载《武汉大学学报（哲学社会科学版）》2004年第3期。

两个问题：一是数据攻击能否被看作与武力进攻等同的攻击？二是反击的手段仅仅限于虚拟手段的回击还是可以使用武力？

我们认为，对于第一个问题，大规模、程度较为严重的数据攻击可以视为武力侵犯。原因在于，数据攻击作为一种全新的作战方式，虽不以大规模的有形杀伤力作为要件，但现代战争对于数据的依赖程度已经空前提高，经济基础设施也很大程度上依赖于数据运行。数据攻击能够轻易地对敌方作战指挥系统进行干扰破坏，其威力毫不亚于一颗炮弹。海湾战争中美军正是靠着信息战的绝对优势，才能在短短几天之内击垮伊拉克军队。因此，不能仅仅因为数据攻击的虚拟性就忽略了其破坏性，应当做实质判断。对于第二个问题，对于造成损害严重的数据攻击，被攻击者可以使用武力回击，如上所述，数据攻击造成的损害不亚于传统战争当中的有形军事打击手段。而且由于数据攻击的特殊性，一国在遭受数据攻击之后，很可能无法采取对等的数据攻击方式予以还击，此时动用武力保护本国合法权益是必要且必须的。

但另一方面我们也应当注意，尽管本书主张对数据攻击可以使用武力还击，但对其行使必须有所限制，根据国际法惯例，只有在"刻不容缓的、压倒一切的和无其他手段可供选择以及无时间仔细考虑的"[①]情况下才可以实施武力还击，并且仍要遵守对等原则。否则对于数据攻击的还击很有可能演变为变相的武装报复，而武装报复是违背现代国际法的。在行使数据自卫权时必须遵循必要性原则和对等性原则。必要性原则是指只有在必须且无其他手段可以选择时才能行使自卫权。对等性原则则是指行使数据自卫权时，使用的武力程度与所遭受的损害之间应当保持相对合理的程度。

（五）数据安全权

国家安全是指国家的政权、主权、统一和领土完整、人民福祉、经济社会可持续发展和国家其他重大利益相对处于没有危险和不受内外威胁的状态，以及保障本国持续安全状态的能力。国家安全是国家的核心利益，是一国稳定发展和长治久安的前提条件，没有国家安全，便没有稳定的生存和发展环境，其他的一切就都成了空谈。当代国家安全包含政治安全、国土安全、军事安全、经济安全、文化安全、社会安全、科技安全、网络安全、生态安全、资源安全、核安全、海外利益安全、生物安全、太空安全、极地安全、深海安全等16个方面的内容，其中网络安全是国家安全顺应大数据时代发展而提出的安全观。

数据安全作为网络安全的核心内容，同样是数据主权的权项之一。主权国

---

① 欧阳超：《"先发制人"战略与国际法》，载《现代国际关系》2005年第7期。

家拥有维护国内外环境稳定与和平的权力，数据在当今世界的战略意义越发重要，保护数据安全就成为国家安全当中的重要议题。数据安全的内容主要包括：具有重要战略意义的数据本身不被恶意毁损、维护数据正常存储和传输的设备不被恶意破坏、数据不被利用进行危害本国国家安全的行动。数据安全作为国家安全的重要部分，应当予以切实的维护与建设。我国的《中华人民共和国国家安全法》（以下简称《国家安全法》）、《网络安全法》《数据安全法》《个人信息保护法》强调维护网络主权、数据主权，加强网络管理，防范、制止和依法惩治网络攻击、网络入侵、网络窃密、散布违法有害信息等网络违法犯罪行为，维护国家网络空间主权、安全和发展利益。

随着数据自治构想在实践中暴露出越来越多的问题，数据主权化正在成为国际数据治理的主要发展趋势。数据主权的主张意味着对他国权利的排斥，这加剧了围绕数据控制权的国家间竞争。然而实践中的现实情况却是，由于缺乏国际法上的划定国家主权所需的最为重要的要素——有形或无形的疆界，数据主权化与国际法上的国家主权概念还无法完全对应。

对我国而言，一方面，需要在政治话语层面坚持数据主权，强调我国数据战略自主；另一方面，也需要深刻认识到数据权利在法律层面的建构性。需要尊重他国合理的数据管辖，处理好国内法规制与国际共治的互动关系，防范绝对化的数据主权模式。探索与其他国家建立起数据跨境流动的互信机制，提高我国数据跨境流动的效率，促进数据产业的国际合作，参与构建全球数据治理体系的主动性。

思考题

1. 数据权是否是一种新型权利？提出数据权具有什么意义？

2. 数据权与物权、知识产权、债权、侵权行为等保护体系具有什么异同？

3. 数据权具有什么特征？其权利主体、权利客体和内容是什么？

4. 数据人身权有哪些内容？

5. 数据人身权的有哪些特征？

6. 如何定义数据财产权？

7. 数据财产权如何分类分层保护？

8. 数据主权是如何产生的？

9. 数据主权的概念、特征是什么？

10. 数据主权的主要内容是什么？

第二章
数据伦理理论

内容提示：伦理一词，不同于道德和法律，其是关于人类关系（尤其以姻亲关系为重心）的自然法则。伦理与道德有着一定的联系，即道德这一关乎人类关系和行为的软性规定，是以伦理作为大致范本的；但其与伦理也存在着一定的差别，甚至还常与伦理相悖。在中国文化中，伦理一词最早可以追溯至《礼记》，其曰："乐者，通伦理者也"。中国封建礼教中所倡导的"三纲五常"也正是基于伦理学而产生的。伦理学在中国最早应用于对家族长幼辈分之区分，随后才拓展应用于对社会中人类关系之划定。在西方文化中，伦理一词的词源最早可以追溯至希腊文"ethos"，其包括习惯、习俗、气质、性情和品性等多个含义。在西方哲学伦理学中"ethos"直接作为表达"伦理"一义的术语，其代表着社会中人的交往形式的生活习惯、礼俗规范和伦理价值与道德意识。

第一节　数据伦理理论概述

20 世纪 70 年代，计算机的出现为人类带来了新的技术问题和社会问题。为解决这些社会问题，学者们针对数据伦理展开了研究，其目的是督促计算机技术在道德范围内正确使用。20 世纪 90 年代，互联网的出现又为人类带来了新的社会问题。为规范与互联网有关的使用行为，学者们将与之相称的道德标准称之为网络伦理。网络伦理顾名思义是指，人们在互联网网络中所认同并需要共同遵守的道德观念及准则。[①]之后，随着信息化的发展，学者们又提出了信息伦理这一概念。信息伦理主要是从信息的角度去认识所表现出来的伦理问题，即对信息化全过程中的伦理问题的要求和规制。而到大数据迅速发展的今

---

① 参见贺延辉：《论信息伦理与我国信息法制建设的关系》，载《图书情报工作》2003 年第 4 期。

天，因数据作为信息资源的基本单位在人类经济社会中显得愈发关键，数据伦理也开始逐渐进入人们的视野。在当下的日常工作中，人们需要依靠数据进行管理并作出决策，而数据伦理要求人们必须正确地认识、使用数据，以发挥数据的最大价值。

一、数据伦理的概念

数据伦理属于科技伦理的范畴。科技伦理是指在科学技术的创新和运用实践过程中的道德标准和行为准则，是一种观念与概念的道德哲学思考。其规定了科学技术共同体所应当遵守的价值观、行为规范和社会责任等内容。科学技术的不断进步也为人类社会带来了一些新的科技伦理问题。我们需要不断丰富科技伦理这一基本概念的内涵，以有效应对新的伦理问题，以提高科学技术行为的合法性和正当性，从而确保科学技术能够真正做到为人类谋福利。

进入大数据时代，数据伦理成了当下新的热点议题。有关数据伦理这一概念的定义存在着多种说法。卢西亚诺·弗洛里迪认为，数据伦理可以被定义为伦理学的分支，其是用来研究和评价关于数据、算法和相应实践活动的道德问题，并给出支撑道德上善的解决方案。而有的学者则选择用数据伦理所涉及的内容来替代对数据伦理的直接定义。正如科德·戴维斯认为，数据伦理是由身份、隐私、所有权和名誉这四个要素组成的。还有的学者认为，数据伦理是随着信息技术不断发展而产生的关于数据的善、恶议题，故数据伦理可以被认为是计算机伦理、网络伦理，甚至是人工智能伦理等基础议题的延伸。但本书认为，大数据技术作为一种新的技术，与其他技术一样，其本身是无所谓好坏的，而所谓的善、恶全然与技术使用者有关，与技术使用者通过大数据技术欲意达到的目的有关。换句话说，使用大数据技术的个人、公司或其他集体都有着不同的目的和动机，这就导致了大数据技术的应用会对社会产生积极影响或消极影响。因此，数据伦理所关注的是因大数据技术的产生和使用而引发的社会问题，包括人与人、人与集体、集体与集体之间关系的行为准则问题。

二、数据伦理的价值取向

目前有关数据伦理问题的研究存在着数据问题与数据伦理问题区分不清的现象，其主要表现为：有些研究在论述数据伦理问题时，并未涉及伦理问题或者并未凸显对伦理价值的违背。因此，我们在研究数据伦理理论时，应当先思考其所关涉的价值是什么，换言之，数据伦理的价值取向是什么？

1. 平等。平等是人文主义所倡导的三大理念之一，也是当前人类社会最为重要的伦理要求之一。对于平等的定义，诺伯特·维纳[①]在《人有人的用处》（*The Human Use of Human Beings*）中指出，平等是指当 A 和 B 的位置相互交换时，原本对于 A 和 B 是合理的事物仍然保持着合理。可见，维纳的平等观是在对比衡量中建立起来的。而约翰·罗尔斯[②]认为，"说人们是平等的，这就是说在没有强制原因的条件下，任何人都没有受到特殊对待的权利"[③]。可见，罗尔斯的平等观是建立在人的自然能力这一基础之上的，其是基于人的原始状态和本性而来的平等。但根据功利主义的观点，平等即是以等利或等害的方式进行交换。

在众多数据伦理问题中，数据鸿沟和数据霸权代表着大数据技术应用而引发的平等问题。因为其使得不同主体不能平等地接入、使用、享用大数据，进而导致分化。是否享有大数据技术的可及权，或者是否拥有数据是数据伦理问题中平等问题的集中体现。例如，处于数据鸿沟底层的民众没有足够权利接入数据，或者没有足够能力使用数据技术，从而造成鸿沟的不断加大。数据霸权者对数据的把控使得其他企业、个人失去数据使用权甚至丧失数据所有权，同时其对数据的垄断行为还会造成行业以及整个市场的失衡。大数据技术应用引发平等问题的主要原因在于数据的过度封闭，比起开放，数据的封闭会带给数据持有者更多益处，从而更好地维护其地位与统治。

2. 自由。自由是一个政治哲学（political philosophy）概念，其是指人类可以自我支配，凭借自身意志而行动，并对自身的行为负责。自由最核心的含义是行为不受限制和阻碍。与平等一样，自由也是人文主义所倡导的三大理念之一。维纳用可能性的程度来界定自由，即某个人所能发展的他身上的可能性越大，这个人的自由程度也就越高。赫伯特·马尔库塞[④]在《单向度的人：发达工业社会意识形态研究》中指出："免于匮乏的自由是一切自由的具体实质"[⑤]。马

[①]　诺伯特·维纳（Norbert Wiener，1894 年~1964 年），美国应用数学家，控制论的创始人，在电子工程方面贡献良多。

[②]　约翰·罗尔斯（John Bordley Rawls，1921 年~2002 年），美国政治哲学家、伦理学家、普林斯顿大学哲学博士，哈佛大学教授，写过《正义论》《政治自由主义》《作为公平的正义：正义新论》《万民法》等名著，是 20 世纪英语世界最著名的政治哲学家之一。

[③]　参见［美］约翰·罗尔斯：《正义论》，何怀宏、何包钢、廖申白译，中国社会科学出版社 1988 年版，第 464 页。

[④]　赫伯特·马尔库塞（Herbert Marcuse，1898 年~1979 年），德裔美籍哲学家和社会理论家，法兰克福学派的一员，被西方誉为"新左派哲学家"。

[⑤]　参见［美］赫伯特·马尔库塞：《单向度的人：发达工业社会意识形态研究》，刘继译，上海译文出版社 2008 年版，第 3 页。

尔库塞用选择的多样性来解释自由，其认为有的选比没的选更自由，选择多比选择少更自由。而约翰·穆勒①将自由更为具象地表达出来，其认为典型的自由包括思想自由、表达和出版自由、做喜爱事情的自由、个人间联合的自由，以及更为重要的追求利益的自由等多个方面。

数据伦理问题中的隐私侵犯和数据泄露看似仅关乎安全问题，实际上其背后的核心伦理价值是人类的自由。当个人隐私被侵犯或个人数据被泄露后，个人对涉及自身信息的数据失去了掌控权，进而受制于掌握该数据的其他主体。在受制于人的情况下，个人将不再是自由的行动者，而是处在一种不为个人左右的限制之中，因此个人不能自主地决定做或者不做某事。进一步说，当自由都无法得到保证时，安全必然也会受到影响。在数据能够影射数据主体的前提下，个人数据的失控显然会影响到个人安危，即对个体的生命权、财产权等产生威胁。

3. 诚信。诚信从字面拆分来看，可谓是诚实与守信。诚实守信是中华民族几千年来一直崇尚的传统美德，"民无信不立""言必信，行必果""不信不立，不诚不行"等，均为我们留下了无数守信践诺的千古佳话。孔子、孟子等中国古代大思想家也曾对诚信作出过阐述，如《孟子·离娄上》有句话是："诚者，天之道也；思诚者，人之道也"。诚信是人类社会建构的基础。诚实信用是人们交往的基础，其体现了对交往主体人格的尊重，而这一尊重才能进一步换来彼此间的接受与认可。在当前社会，人们彼此间的沟通、合作乃至更深入的社会建构活动的进行，都需要建立在诚信的基础上。例如，在商业交易过程中，消费者所享有的"知情同意权"就涉及了诚信价值。消费者在交易前对商品事宜的了解程度，将会影响其购买意愿。为了获取更多的不正当利益，经营者极易选择违反诚信原则，隐瞒对其自身不利的商品信息，以促使交易的完成。虽然有时候经营者会采取事后告知行为，以弥补消费者的知情权，但是事后告知显然延误了时机，导致消费者在信息不对称的情况下做出实际并不公平的决定。这种含有欺诈意味的不诚信行为，会严重市场的整体营商环境。

大数据技术在应用过程中存在的数据造假行为，就是典型的违反诚信伦理的问题。数据造假，是指通过刷单、刷量、刷分、搬运原创内容等，影响消费者的决定，为商家赢得更多生意，平台也可给投资人一份好看的数据，因而数据造假已成为行业的大问题，甚至成为许多点评类网站的"潜规则"。数据造

---

① 约翰·穆勒（John Stuart Mill，1806年~1873年），英国著名哲学家、心理学家和经济学家，19世纪影响力很大的古典自由主义思想家，支持边沁的功利主义。

假行为会给人们带来假象，会导致人们基于虚假数据环境而产生错误的认知或作出错误的行为，进而导致社会建构的偏差。大数据时代下，数据真实显得尤为重要。而数据造假行为会破坏数据世界的真实基础，以及社会交往的真实环境。没有真实数据作为基础，人类将在怀疑中自我迷失，甚至倒退。

三、数据伦理相关的典型案例

数据伦理相关的典型案例包括：徐某玉事件、某麦网撞库事件、大数据"杀熟"事件、魏某西事件等。

1. 徐某玉事件。诈骗虽然不是当前社会所特有的现象，但随着大数据技术的兴起，犯罪分子实施诈骗的形式和手段均发生了重大改变，这些改变使得诈骗成为社会热点。精准诈骗是诈骗的一种类型，其不同于盲骗。精准诈骗是指在掌握受害者的有效信息之后，编造出契合目标对象的诈骗剧本。其是深度利用个人信息实施的诈骗，故该诈骗的成功率往往比较高且令人难以防范。

2016 年发生的徐某玉被骗身亡事件就是精准诈骗的典型案件。2016 年，刚结束高考的山东临沂女孩徐某玉被一通诈骗电话，骗走了 9900 元的大学学费，因郁结于心导致突发心脏骤停，经抢救最终不幸离世。据事件调查显示，黑客杜某禹是徐某玉事件的始作俑者。杜某禹作为一名程序技术员，经常利用业余时间浏览网站并测试其安全性，一旦发现漏洞便利用木马侵入内部，打包下载与用户有关的个人信息、账号、密码。而徐某玉的相关个人信息正是杜某禹从山东省 2016 年高考网上报名信息系统上盗取的。据案件侦查结果显示，诈骗分子从杜某禹处购买了 5 万余条山东省 2016 年高考考生信息，而该起诈骗案的受害者远不止徐某玉一人，经最终确认，被骗考生多达 20 余人，其中绝大多数是山东籍考生。这一切均始于诈骗分子购买了被黑客杜某禹窃取的山东省高考学生的个人信息。

在这一事件中，数据无疑发挥了重要的作用，它存在于黑客窃取和转卖个人信息、诈骗团伙设计并分工实施诈骗等诸多环节。在精准诈骗中，由于不法分子掌握了受害者的详细数据，受害者往往失去了原本该有的辨识和反诈意识，从而导致诈骗分子屡屡得手。然而，诈骗并不是大数据技术的"原罪"，透过这起案件中暴露的大数据公开与共享中的一系列隐私问题，我们可以清晰地了解到对大数据技术进行伦理探究的紧迫性。

2. 某麦网撞库事件。所谓撞库指的是，由于很多用户在不同网站使用相同的账号及密码，当黑客通过 A 网站收集到泄露的用户和密码信息，将其生成对应的字典表后，尝试批量登陆其他网站，并顺利得到一系列可以登录的用户。

黑客通过获取用户在 A 网站的账户从而尝试登录 B 网址，被称为撞库攻击。

2016 年 7 月 17 日，《京华时报》报道称全国范围内多名某麦网用户接到诈骗电话，其中造成经济损失的用户为 39 人，被骗金额总计达 147 万余元。其中一例诈骗事件是：受骗者杨女士接到了某麦网客服"+4006103721"打来的电话，对方称由于操作失误，不慎给她的账号升级了 VIP 业务，如果不取消，当晚就会从其银行卡中扣款。随后该假冒客服还精准地报出了杨女士的身份证号、手机号、所购演出票等各项信息，以打消杨女士的怀疑。深信不疑的杨女士按照对方指示，在银行 ATM 机上进行了一连串的输入操作，结果被转账9988 元。诸如此类的诈骗事件在多名某麦网用户身上发生。这一系列事件发生后，某麦网很快做出了回应并表示，某麦网不会泄露用户个人信息，此次用户信息是因为遭遇撞库而被窃取。某麦网相关负责人还表示，撞库在互联网行业比较常见，通常出现在有钱款交易和储存用户信息的网站。但是某麦网并非没有责任，其在技术监管层面存在的漏洞让犯罪分子有机可乘。

某麦网撞库事件警示我们，在数据泛滥的时代个人信息正面临着诸多的威胁，个人信息的泄露或多或少都会对用户造成一些影响，为了避免造成不必要的损失，应保护个人信息相关的数据。

3. 大数据"杀熟"。大数据杀熟被选为 2018 年度社会生活类十大流行语，其指代的是同样的商品或服务，老客户看到的价格反而比新客户要贵出许多的现象。北京市消协的一项调查显示，许多被调查者表示曾被"杀熟"，而网购平台、在线旅游、网约车类移动客户端或网站是"重灾区"。

例如，胡女士以"大数据杀熟"侵权为由，将上海某程商务有限公司诉至法院。胡女士表示，其于 2020 年 7 月 18 日在某程 APP 预订了舟山希尔顿酒店一间豪华湖景大床房，支付价格 2889 元，次日却发现酒店该房型的实际挂牌加上税金、服务费仅 1377.63 元。胡女士认为作为某程钻石贵宾客户，她非但没有享受到会员的优惠价格，还支付了高于实际产品价格的费用，遭到了"杀熟"。又如，2018 年 2 月 28 日，《科技日报》报道了一位网友自述的大数据"杀熟"经历。网友表示，其经常通过某旅行服务网站订一个出差常住的酒店，长年价格在 380 元到 400 元之间。偶然一次，网友通过前台了解到该酒店的房间在淡季的价格是 300 元左右。随后网友用朋友在该旅行服务网站的账号查询，显示该酒店的房间价格果然是 300 元，但其用自己的账号去查询仍然显示为 380 元。

大数据"杀熟"的现象在我国频繁发生。我国某媒体曾对 2008 名受访者开展调查，其显示 51.3% 的受访者遇到过互联网企业利用大数据"杀熟"的情况。调查还发现，在机票、酒店、电影、电商、出行等多个价格有波动的平台都存在类似情况，且在线旅游平台较为普遍。大数据"杀熟"总是处于隐蔽状态，多数消费者都是在不知情的情况下被滥价了。大数据"杀熟"行为实际上是对特定消费者的价格歧视，其也是因为消费者个人信息被泄露导致的。

4.魏某西事件。百度是国内最大的搜索引擎服务供应商，其已经在一定程度上形成了数据垄断。百度推广是由百度公司推出的网络营销服务，其每年可以为百度公司带来大量的营收。企业购买百度推广服务，注册提交一定数量的关键词后，其所推广的信息便会率先地出现在网民相应的搜索结果中。例如，企业主在提交"大数据"这个关键词后，消费者或网民在百度中输入"大数据"时，该企业就会在搜索结果页面的显著位置，并优先被找到。并且不管用户是否接受，在百度搜索引擎的返回搜索结果中，总会出现一些百度推广给出的营销内容。

而魏某西事件更是将百度推广这一业务推上了风口浪尖。据2016年5月2日中国之声《新闻纵横》报道，一种罕见病"滑膜肉瘤"进入人们的视野，关于百度搜索和相关医院的微信文章刷爆朋友圈。而该事件的主人公正是刚刚去世不久的年轻人魏某西。2016年4月12日，西安电子科技大学21岁学生魏某西因滑膜肉瘤病逝。他去世前在知乎网站撰写了自己的治疗经过，其写道：通过百度搜索找到了排名靠前的武警北京总队第二医院的生物免疫疗法，不仅花光了东凑西借的20多万元后，其病情仍未见好转，而且恰恰是该医院的治疗导致其病情被耽误。魏某西还写道，其随后了解到生物免疫疗法在美国早已经被淘汰。魏某西事件将百度搜索竞价排名和公立医院对外承包科室这样一些乱象，推至大众视野中。众多网友质疑百度推广提供的医疗信息有误导之嫌，耽误了魏某西的病情和最佳治疗时机，最终导致魏某西失去生命。

针对此次事件，国家网信办会同国家工商总局、国家卫生计生委成立联合调查组进驻百度公司，对互联网企业依法经营事项进行调查并依法处理。该事件也反映了百度公司利用自己对网页数据的垄断地位，在向网民呈现搜索结果时，并不是按照信息的重要性来对搜索结果进行排序，而是把一些百度推广的营销内容放在了搜索结果页面的最显著位置。魏某西悲剧正是互联网网络中繁多复杂的虚假信息造成的。

第二节　数据伦理之数字鸿沟

鸿沟是差异的一种表现。存在着不同个体就会存在着差异，这是必然的。存在差异不是问题，但是差异的过分发展所造成的不平等分化，对于社会整体的和谐发展而言是个问题。当前，数字鸿沟的加剧已然成为此类典型问题。1990 年，阿尔文·托夫勒[①]出版的《权力的转移》一书中，提到了信息富人、信息穷人、信息沟壑和数字鸿沟等概念。托夫勒认为数字鸿沟是信息和电子技术方面的鸿沟，信息和电子技术造成了发达国家与欠发达国家之间的分化。

一、数字鸿沟的概念

数字鸿沟（Digital Divide）是信息时代的全球问题。其是指在全球数字化进程中，不同国家、地区、行业、企业、社区之间，由于对信息、网络技术的拥有程度、应用程度以及创新能力的差别而造成的信息落差及贫富进一步两极分化的趋势。数字鸿沟不仅是一个国家内部因不同人群差异而造成的社会分化问题，还是全球数字化进程中因不同国家信息产业、信息经济发展程度而造成的南北问题。由此可见，数字鸿沟的实质是信息时代的社会公正问题。它涉及当今世界经济平等、对穷国扶贫和减免债务、打破垄断和无条件转让技术等诸多重大问题。也正是如此，"数字鸿沟"这一议题成了当前很多国际会议或对话的核心。数字鸿沟涉及通信技术、基础设施发展、经济发展、公共政策、社会道德等多个方面。学者们也已经从多个角度对数字鸿沟进行了研究。

数字鸿沟的"前身"是信息鸿沟。1974 年，时任美国公共广播公司研究顾问兼项目主管的纳坦·卡茨曼对数字鸿沟进行了阐述，其认为数字鸿沟理论分为以下六点：其一，新型传播技术的应用会增加社会中人们传递和接受信息的总量；其二，新型传播技术应用后，每个人都会接受更多的信息；其三，随着新型传播技术的应用，拥有高信息水平和能力的人会比拥有低水平的人获得更多信息；其四，人类处理和存储信息的能力有限；其五，与人类相比，机器几乎拥有无限的能力去处理和存储信息；其六，新型传播技术会在旧的信息鸿沟填平前创造新的鸿沟。卡茨曼对信息鸿沟概念的解析包含了有关的伦理问题，如信息的无限增加同人类有限的信息处理能力间的矛盾，信息鸿沟无法填平导致的不平等问题持续存在等。

而进入数字化时代后，信息鸿沟进一步地表现为"数字鸿沟"。学术界普遍认为，"数字鸿沟"这一概念是于 1995 年由美国商业部正式提出。1999 年美国国家远程通信和信息管理局发布的系列报告《在网络中落伍》（*Falling Through the Net*）的第三部《定义数字鸿沟》（*Defining the Digital Divide*）中指

---

① 阿尔文·托夫勒（Alvin Toffler，1928 年 ~2016 年），出生于纽约，纽约大学毕业，未来学大师、世界著名未来学家、最具影响力的社会思想家之一。

出，数字鸿沟指的是现在拥有新技术接入能力的人群和没有接入能力的人群的分割。冈克尔认为，"数字鸿沟"一词于 1996 年由时任美国副总统阿尔戈尔用来解释美国教育部门因信息技术分配不均而产生的问题[①]。除信息技术分配不均外，数字鸿沟还可以用来指代信通技术（如互联网）的机会不均衡。数字鸿沟也可以被定义为，缺乏技术途径或所有权。[②]而这正是当今信息时代富人和穷人之间的区别。布兰德茨格等人也提出，欧洲国家间的数字鸿沟是由人的本性以及人使用互联网的意图的巨大可变性造成的。

本书认为数字鸿沟指的是，信息社会中不同地域的人或不同群体的人在社会信息资源的占用、使用、收益、分配方面享有的地位、权利或者机会所存在的显著差距。这种显著差异的存在导致了信息社会中的先进技术成果不能让每个人都公平地享受到。

二、数字鸿沟产生的原因

数字鸿沟是由多方面原因导致的，主要包括大数据技术的加速、政治干预和经济差异。本书将在下文针对以上三个主要原因展开论述：

第一，大数据技术的加速。大数据技术是追求效率的。法国学者雅克·埃吕尔[③]曾表示，技术是人类在社会活动的每个领域得出的具有绝对效率的方法总和。陈昌曙[④]指出，技术使人们的劳动生产率得以不断提高，使人们能够利用同一劳动时间创造出更多的产品和价值[⑤]。从上述对技术的定义及论述可知，效率是先天内嵌在技术之中的，是技术的核心要义。效率讲究的是速度，速度又关联着加速，而加速就必然会产生差距。大数据技术作为信息技术的最新发展成果，亦是追求高效、高速的典型，从大数据技术的并行工作原理中便可知晓。然后技术加速所导致的外延后果是其可能会产生的道德问题。英国统计学家、经济学家 E.F. 舒马赫[⑥]在《小的就是美好的》（*Small Is Beautiful*）中指出，

---

① See Gunkel, D .J. , "Second thoughts: toward a critique of digital divide", *New Media Society*, Vol. 5, No.4, pp. 499-522.

② See Munster, I. L., "The digital divide in Latin America: a case study", *Collection Building*, Vol. 24, No.4, pp. 133-136.

③ 雅克·埃吕尔（Jacques Ellul, 1921 年~1994 年），法国哲学家、社会学家，人文主义技术哲学的重要代表人物之一，当代最有影响的技术哲学家之一。

④ 陈昌曙（1932 年 7 月生，2011 年 3 月 20 日于辽宁省沈阳市逝世），中国著名技术哲学家。

⑤ 参见陈昌曙:《技术哲学引论》，科学出版社 2012 年版，第 194 页。

⑥ E.F. 舒马赫（Schumacher, E .F, 1911 年~1977 年），英籍德国人，世界知名的经济学者和企业家，被后人尊称为"可持续发展的先知"。

技术不承认自身限制原则，其没有自我平衡、自我调节和自我洁净的美德。因此技术在自身不具有反制因素的条件下，一味追求速率，必然会引发道德风险。麦克卢汉[①]在《理解媒介：论人的延伸》一书中指出，媒介对现存社会形式产生影响的主要因素是加速度和分裂。麦克卢汉以媒介技术为例，阐明了技术加速对社会分裂的影响，这种影响是在今昔对比中呈现的。回到大数据技术来看，大数据所具备的规模化和速度化特征使得普通民众很难有能力驾驭它。换句话说，大数据技术的福利并非能惠及每个民众，社会弱势群体甚至难以接触该技术，久而久之弱势群体与强势群体的差距会越发明显。可以说大数据技术自身的加速使数据鸿沟得以产生，同时也使数据鸿沟成为伦理问题。

第二，政治干预。大数据技术在不同地域或不同群体间的应用会受到有关政治政策的促进或限制。各国政府考虑到自身国情、意识形态、资源配置等情况，会对大数据技术采取不同的应用态度，从而导致区域间或群体间在数据接入、数据使用方面的差异。政治权力的不同干预态度及手段会导致对大数据技术的分配不均，从而形成数据鸿沟。一般来说，当新技术的应用与现行政策相左时，政治因素往往会胜出并占据主导。需要注意的是，在全球范围内与互联网技术相关的规则几乎完全由西方发达国家，尤其是美国，主导并制定；而发展中国家几乎没有发言权。以美国为代表的西方发达国家在互联网领域内制定了一系列不公平规则，迫使发展中国家就范。[②]这是因政治因素而导致的国家之间的数据鸿沟扩大的例证。

第三，经济差异。由于不同地域、不同群体均是在自己现有的经济基础上接触数据技术，其所呈现的拥有数据技术的资质和使用数据技术的能力必然存在差异。发达地区的人群、经济基础较好的人群会比欠发达地区的人群、经济基础较差的人群拥有更好的数据技术接入条件和更强的数据技术使用能力。长此以往，数据鸿沟就会出现"马太效应"，[③]即"在信息流动和交流中，越是掌握必要的信息技术，并能够驾驭信息的人，就越能够参与到信息流动和交流之中，并能够从信息流动和交流之中获得收益；反之，越容易被信息流动和交流所遗弃"。[④]

---

① 马歇尔·麦克卢汉（Marshall McLuhan，1911年~1980年），20世纪原创媒介理论家。

② 参见汪向东、姜奇平、叶秀敏：《和谐社会与信息化战略》，商务印书馆2014年版，第212~213页。

③ 马太效应，是一种强者愈强、弱者愈弱的现象，广泛应用于社会心理学、教育、金融以及科学领域。

④ 参见刘昆雄：《信息流动与物化机制研究》，载《图书情报工作》2005年第5期。

三、数字鸿沟的表现形式

数字鸿沟有着多种表现形式，其主要包括区域间数字鸿沟和群体间数字鸿沟。

1. 区域间数字鸿沟。数据鸿沟中的区域鸿沟表现在不同地区之间数据技术发展上的差异。从国家层面来看，发达国家与发展中国家之间存在着严重的数据不平等。由于缺乏相关的信息基础设施，在信息资源、教育、生活质量以及财富等多个方面均存在着巨大差距，中国与其他国家尤其是发达国家相比，存在较大的数字鸿沟。经过多年的努力，中国已经在与其他国家缩小技术数字鸿沟方面取得了显著成就，但是仍然落后于发达国家。2013 年 1 月 15 日，中国互联网络信息中心（CNNIC）在北京发布了第 31 期《中国互联网络发展状况统计报告》（以下简称《统计报告》）。《统计报告》指出，截至 2012 年 12 月底，中国网民（指积极使用互联网的人）达到 5.64 亿，这意味着在中国互联网普及率已达到 42.1%，该数值已经高于全球平均水平。但是该数值与美国、日本和韩国（互联网普及率均超过 74%）等多个更发达国家相比，在互联网技术使用方面的差距仍然很大。[①] 再考虑国民经济信息技术投入、每万人互联网主机数量、教育程度、收入水平等指标，中国与世界的差距会更加明显。

除国家间数字鸿沟外，还有另一个层面的数字鸿沟——中国国内各区域的鸿沟。中国国内的城乡之间、城市之间以及政府机构之间的差异尤其明显。甚至中国国内某些地区间的数字鸿沟正在不断加深和扩大，特别是在发达地区和落后地区之间。中国的信息技术发展水平在东部地区相对较强，但在中部地区相对较弱，在西部地区则是最差的。数字利用，即公共和私人使用的信息技术应用水平，在东部沿海城市相对较高，但在中西部地区较低。同样的趋势也体现在互联网渗透水平上。根据中国互联网络信息中心（CNNIC）的统计，截至 2012 年 12 月底，有 8 个省市的居民超过一半是互联网用户。其中，北京和上海的互联网普及率达到了 70% 左右，与北美、西欧以及日本和韩国的许多发达国家处于同一水平；广东省、福建省、浙江省和天津市的互联网普及率在 60% 左右，辽宁省和江苏省达到 50%，与俄罗斯和巴西这两个其他新兴市场国家处于同一水平。除各省、直辖市之间的差别外，各地级市之间也存在数字差异。各地级市之间的经济发展水平以及城市行政管理水平均存在差异。经济发展水平高的城市的政府对电子政务的投入增加，促使了电子政务的迅速发展，如上海、北京、广州等城市，而经济发展水平低的城市的政府对电子政务投入严重

---

① 参见中国互联网络信息中心（CNNIC）（2013），中国互联网络发展状况统计报告。

滞后，如西部省会西宁、拉萨、兰州等城市。此外，行政级别差异也导致了城市之间的数字鸿沟。例如，尽管深圳市、珠海市、肇庆市以及梅州市同属于广东省，但这些城市之间却存在着数字鸿沟。其他省份的不同行政级别的城市也面临着同样的问题，例如江苏省的苏州市和徐州市。

2. 群体间数字鸿沟。数据鸿沟中的群体鸿沟指的是，不同的人群在拥有和使用数据技术能力上存在差异。经年累月，这种差异就会导致数据弱势群体的出现，造成新的社会不平等问题。其中较为典型的就是代际鸿沟，即产生于不同年龄人群间的数据鸿沟。相较而言，技术总是倾向于选择年轻群体，这使得老年群体被隔离在技术门外，并最终被抛弃。每一代的老年人都会抱怨过完青年时期后就没有机会享受发达的新技术，且会声称拒绝他们接触新技术是不公平的。因技术发展所导致的群体鸿沟长期存在且呈现出不同的表现形式。如今最新的智能鸿沟对老年人的割裂影响已引起多个国家的重视。这其实就关乎技术壁垒问题，技术作为壁垒会驱逐那些无技术使用能力的人。而是否拥有技术使用能力又与现实社会能力相关。技术应用情况在某种程度上是现实经济情况、社会地位的真实写照，比如，社交媒体活跃程度就是现实社交能力的呈现。通常经济状况越好，社会地位越高的人群对于技术的使用能力就越出众，相反则越低下。拥有技术的多寡，其实就是拥有权力和财富多少的映射。

荷兰学者简·梵·迪克（Jan van Dijk）在《网络社会》（*The Network Society*）中提出，尽管社交媒体和网络拥有连接在每个人之间传播信息、知识和权力的特征，但是它们也具有集中信息、知识和权力的固有性质。其还指出，社交媒体和网络更多地是为已经更有权力的人群吸引资源，而这就是'马太效应'和使用鸿沟的凸显。就个人的数字技能而言，也存在着数字鸿沟，特别是不同教育水平导致信息技术应用能力的差异。数字技能参差不齐是数字鸿沟的一个问题，其更是进一步加深了弱势群体的鸿沟。此外，职业、收入和年龄等多个因素导致了数字服务使用方面的进一步分化。中国存在着多重的数字鸿沟，包括年轻人和老年人之间、高学历群体和低学历群体之间，以及高收入群体和低收入群体之间。例如，不会使用中国铁路12306购票软件的群体，就依旧需要去火车站排队购票，不能享受互联网购票的便捷服务；没有笔记本电脑的大学生就很难完成当代高校的学位论文写作；没有智能终端设备的群体就难以参与的社会建构、难以获得社会认同。

四、数字鸿沟的危害

数据鸿沟的主要危害在于鸿沟扩大导致社会不平等问题的加剧，从而造成社会阶层的分化与割裂，此危害程度会随着时间的积累而加剧。这一问题在表象上是由数据资源占有和数据技术使用差异造成的，而实质上则是社会地位、经济实力的差异体现。具体来看，这种危害突出体现在处于底层的群体和地域。由于缺乏数据技术及其使用能力，处于底层的群体或地域会被逐渐边缘化，其将失去通过数据的方式表达自我的权利。没有智能手机的老年人、不会熟练使用微信的群体、没有便捷网络接入的地区民众等，他们无法享受到技术的功用与福利，甚至可能失去本身拥有的基本权益，例如，消费者不扫码支付就无法购买商品，商家没有二维码就无法卖出商品。这种割裂会带来孤立感和脱离感，使他们对社会产生不满。与此同时，充分享受数据技术所带来的好处的群体和区域会对这些底层的群体和区域产生歧视。长此以往，这种歧视会加剧社会的矛盾，破坏社会的稳定。大数据所代表的科技浪潮奔流而过，处于潮头和未被卷入其中的群体、地域之间的差异是显著且巨大的。在这一过程中，技术的可及与否是关键，而技术接入多寡、快慢将会影响平等的程度。但是技术仅仅是中介，起决定性作用的是现实社会地位和拥有资源的差异。数据鸿沟的表象背后所反映出来的是社会发展不均衡。

在大数据时代，信息技术的重要地位更加得到彰显，接入及使用信息技术的能力将直接影响主体的社会地位、财富累积等。一项调查研究表明，国际互联网语言使用频率从高到低依次为：英语、德语、日语、法语。国际互联网语言使用频率所体现不只是它本身的语言使用问题，还在更深远的意义上代表了语言使用国在国际互联网上的国际地位与国际影响力。以我国国内来看，截至2018年6月30日，我国网民规模超过8亿，但中国总人数已将近14亿，也就是说全中国还有近6亿人未享受到网络的便利，并因此成为信息贫民。此外数据挖掘方即掌握信息技术与数据的人，相较于大部分信息技术知识匮乏的数据生产者更具优势，更能够在社会及市场竞争中取得优势。大数据时代，网络使用逐渐普及，成为一部分人摆脱贫困的手段，但另一方面未能获得网络便利的人也将逐渐被时代所抛弃，在一定程度上加剧了整个社会的贫富差距。

值得注意的是，国家之间的数字鸿沟还会表现为数字霸权。数字霸权是大数据时代国际霸权的体现，主要表现是数据富有国对数据贫穷国在数据信息方面进行操纵、控制和干预。数字霸权会阻碍技术进步，同时还会加剧"千人千价""大数据杀熟"等问题。千人千价是一种不平等问题，其是指对于同样的商品，你的购买价格和其他人的不同。千人千价产生的原因是互联网企业通过对用户数据的分析，可以洞察用户的购买意愿、兴趣偏好、经济条件等情况，进而有针对性地进行定价销售。比如对于同一款商品，有的用户是刚需，有的用户则是可有可无。对于刚需用户商品的价格就高，对于非刚需用户商品的价格就相对便宜。

千人千价的进一步发展就是大数据"杀熟"。大数据"杀熟"是指在线上消费时，针对同一商品或服务，老用户的成交价格要高于新用户。根据北京商报网 2019 年 3 月 27 日报道，北京市消费者协会委托北京阳光消费大数据技术研究院开展了有关大数据"杀熟"的调查。该调查结果显示：88.32% 的被调查者认为大数据"杀熟"现象普遍或者很普遍，56.92% 的被调查者表示有过被大数据"杀熟"的经历。关于大数据"杀熟"侵犯了用户何种权益这一问题，83.74% 的被调查者认为侵犯了消费者的公平交易权，46.56% 的被调查者认为侵犯了消费者的知情权，40.75% 的被调查者认为侵犯了消费者的选择权。大数据伦理专家李伦把此种现象称为"楚门效应"，其表示楚门效应的实质是消费者的自主选择权在毫不知情的情况下遭到侵犯。① 以具体的网络购物场景为例进行说明：消费者通过货比三家，自以为作出了最佳选择，殊不知消费者看到的价格是购物网站通过对个人数据的收集和挖掘，针对消费者进行的个性化定制价格。由统一的标准价格，变为多样的成交价格，将会导致行业稳定性的下降。就伦理价值而言，千人千价、大数据"杀熟"侵犯了消费者的知情权、自主选择权，同时也是对自由权的侵犯。这些问题的背后是权力通过大数据技术对人自由意志的干涉。通常而言，选择项越多选择范围越大，人的自由程度就越高。而数据霸权正在迫使人们无项可选。

当前，考虑到我国现实国情和信息技术发展水平，消除数字鸿沟还比较困难。综合来说，大数据时代的数字鸿沟主要是由于伦理制度规范滞后导致的，并与大数据技术的硬件与软件的不平衡发展有关。同时现实个人主义、享乐主义及极端功利主义也是产生数字鸿沟的重要原因。为解决信息不公平难题，消灭数字鸿沟，仍需要我们从政治、经济、教育和文化等多方面努力。

第三节 数据伦理之数据隐私

隐私伦理是指人们在社会环境中处理各种隐私问题的原则及系统化的道德思考。在对隐私的伦理辩护上，中西方是有所差异的。西方学者从功利论、义务论和德行论三种不同的伦理学说中寻求理论支撑。而中国则强调，隐私问题

---

① 参见李伦：《"楚门效应"：数据巨机器的"意识形态"——数据主义与基于权利的数据伦理》，载《探索与争鸣》2018 年第 5 期。

实质上是个人权利问题。但由于中国历来偏向于整体利益的文化传统的深远影响，个人权利往往在某种程度上被边缘化甚至被忽视。

一、隐私泄露问题

大数据时代是一个技术、信息、网络交互运作发展的时代，在现实与虚拟世界的二元转换过程中，不同的伦理感知使隐私伦理的维护处于尴尬的境地。大数据时代下的隐私与传统隐私的最大区别在于隐私的呈现方式上，大数据时代的个人隐私主要以"个人数据"的形式呈现的。这也就意味着个人数据随时随地可被收集，其有效保护面临着巨大挑战。

个人隐私受侵犯问题常源于公权力和商业市场对个人信息的渴求。针对权力对隐私干涉这一问题，特伦斯·克雷格（Terence Craig）和玛丽·卢德洛夫（Mary E. Ludloff）在《大数据与隐私》（*Privacy and Big Data*）一书中提出了隐私与政府安全监管间的矛盾，这是造成政府对个人隐私侵犯的主要原因之一。在大多数国家，隐私法是落后于技术的，隐私保护方面的空白为数字入侵提供了可乘之机。此外，执法机关和情报单位均被授予广泛的权力去执行数字监控。斯皮内洛也曾指出类似的问题，其认为在某些条件下警察有权通过侦查而侵犯罪犯的隐私权，因为国家给警察职权赋予了保护公民财产和生命这一更高层次的含义。国家权力与隐私之间的矛盾实际上是价值位阶的问题。但值得注意的是，在当下隐私侵犯的对象已经不仅仅是罪犯，还包括普通民众。对国家来说，国家安全保护似乎总是比隐私更为重要。

进入大数据时代，人们就好像进入了一张巨大且隐形的监控网中，时刻被暴露在"第三只眼"的监视之下，并留下一条永远存在的"数据足迹"。利用智能技术，政府可以在无人的状态下每天24小时全自动、全覆盖地监视着人们的一举一动。人们出行走过的每一寸土地，或者上网打开的每一个网页都留下了痕迹，甚至人们的思想都暴露在"第三只眼"下。令人震惊的美国"棱镜门"事件是"第三只眼"的最典型代表。美国政府利用其先进的信息技术对诸多国家的首脑、政府官员及个人进行了监控，收集了包罗万象的数据，并从这海量数据中挖掘出其所需要的各种信息。

大数据监控具有以下的特点：一是隐蔽性。部署在各个角落的摄像头、传感器以及其他智能设备，时时刻刻都在自动跟踪采集人类的活动数据，完全实现了"没有监控者"在场即可完成监控行为，所有的数据都被自动记录，自动传输给数据使用者。这种监控的隐蔽性难以让人察觉，也使公众降低了对监控的一般防备心理及抵触心理。二是全局性，各种智能设备可以不间断地、全面地采集人们的活动数据，而传统的人为监视是无法做到的。这也是大数据监视与人为监视的本质区别。

除了被这些设计好的智能设备采集数据以外，人们在日常生活中，也会在无意中留下很多不同的数据。例如，使用网络搜索引擎（百度和谷歌等）查找信息时，只要输入了搜索关键词，搜索引擎就会自动记录下搜索痕迹并永久保存。一旦搜索引擎收集了某个用户输入的足够数量的搜索关键词之后，搜索引擎就可以精确地刻画出该用户的"数字肖像"，并从中了解到该用户的健康状况、工作性质、业余爱好等个人情况，甚至可以识别出用户的真实身份，或者分析判定用户到底是一个什么样的人。又如，在天猫、京东等网站购物浏览时，每一个鼠标点击动作都会被网站记录，用来评测你的个人喜好来更好地推荐用户可能感兴趣的其他商品，以为企业带来更多的商业价值。在QQ、微信、微博等社交软件中发布的每条信息和聊天记录，都会被永久保存下来。这其中有的数据是被系统强行记录的，而有的则是用户主动留下的。

上述这些被记录的人类行为的数据，可以被视为个人的数据痕迹。大数据时代的数据痕迹和传统的物理痕迹有着很大的区别。传统的物理痕迹，例如雕像、录音带、绘画等都可以被物理消除，彻底从这个世界上消失。但是，数据痕迹无法被彻底消除，将会被永久保留记录。而这些关于个人的数据痕迹，很容易被滥用，导致个人隐私泄露，给个人带来不良影响甚至无法挽回的伤害。

二、隐私权侵犯问题

数据研究可能会侵犯人们的隐私权。隐私权是公民的一项重要的基本权利。隐私之所以被赋予如此重要的意义，是因为它保护人们的基本自由。隐私可以限制政府和大公司的权力，让个人更好地掌控自己的生活和决定，保护个人不受剥削。有无数的例子表明，大数据研究可能会威胁到隐私。

大数据研究可能通过使用经匿名化处理的数据方式来威胁隐私。这种风险已开始显现。以涉及基因样本和基因数据的研究为例，研究参与者经常被许诺其基因数据无法被识别。然而研究人员却表明，对绝大多数人而言，已被识别的基因数据可以重新与最初提供样本的人的身份联系起来。身份与数据的重新连接可以通过公共家谱数据库创建的家谱图来完成。有研究人员开始研究，利用已被识别的基因数据来确定参与者身份的难度。尽管该研究人员基本上没有跟踪他人数据的经验，但其还是发现识别数据已被匿名处理的参与者的身份是有可能的。通过将已识别的基因数据与开源网站（GED match）的家谱图进行比对，以及社交媒体等其他工具，研究人员可以在一天之内完成这项任务。对于一个特定的人，其在互联网中的大量公开信息意味着，越来越多的原本"无法识别"的数据将会被重新识别。

除上述方式外，数据的二次使用也会给个体的隐私权带来侵犯。首先，通过数据挖掘技术，可以从数据中发现更多隐含价值信息。这些隐含价值信息会消解了积极隐私中个体对个人信息数据的控制能力，从而产生新的隐私问题。其次，通过数据预测可以预测个体"未来的隐私"。马克尔·杜甘和克里斯托夫·拉贝在《赤裸裸的人——大数据，隐私和窥视》一书中提到，未来可以利用大数据分析技术预测个体未来的健康状况、信用偿还能力等个体隐私数据。这些个体隐私数据可以有效地帮助一些商业机构制定差异化的销售策略。例如，保险机构可以利用个体身体情况及未来患有重大疾病的概率等信息，决定是否为该个体提供保险服务，以及为该个体提供怎样的个性化保险方案。金融机构则能通过分析个体偿还能力来决定为其提供贷款的额度。国家安全部门甚至还能够利用大数据预测，了解到个体潜在的犯罪概率，从而对高犯罪概率的人群实施特殊管控。人们在享受大数据带来各种便利的同时，也在经历着其对个人隐私的威胁。大数据时代的到来为隐私的泄露打开方便之门。美国迈阿密大学法学院教授迈克尔·鲁姆金在《隐私的消逝》一文中提到，人们根本没隐私，隐私已经死亡。康德哲学认为当个体隐私得不到尊重的时候，个体的自由就将受到迫害。需要强调的是，人类的自由意志与尊严，是人之所以为人的基本道德权利，因此大数据时代对隐私的侵犯，也是对基本人权的侵犯。

资本对隐私的利用是个人隐私被侵犯的另一个主要原因。保罗·欧姆（Paul Ohi）指出，重新识别技术的进步使得匿名化不再具有保护隐私的功能，而导致这一问题的根本原因在于个人数据的经济价值。有学者认为，有用的数据库不可能是完全匿名的，并且随着数据有用性的提升，隐私性会随之降低。可谓是数据要么是有用的，要么是完全匿名的，但二者是不可兼得的。从这一层面理解便可知，"完全匿名"其实代表着无用，即没有利用价值的数据才会是彻底匿名的。这是因为只要存在功用价值，即使数据是匿名的，也会被分析、去匿名以达到相应的使用目的。由此可知资本对利益的无限渴求是个人隐私遭受侵犯的另一重要原因。针对隐私保护问题，克雷格和卢德洛夫认为，阻止未经用户同意的数据收集的法律法规才会为隐私权利的合理期待提供真正的希望。

三、数据时代隐私权被侵犯的原因

数据时代，个人隐私权被侵犯的原因有多个，其中较为主要的是大数据记录功能的副作用、民众的隐私保护意识淡薄、隐私保护相关法律法规尚不完善。

1. 大数据记录功能的副作用。大数据发展的核心动力来源于人类测量、记录和分析世界的渴望。数据是记录的结果，大数据是众多记录结果的集合，而这其中自然就包含着对个人隐私的记录。在过去纸笔时代，记录的成本过高，社会往往只能对重要的事件及人物进行记录。而对于普通的事情、平凡的民众，人的记忆是其主要记录方式，而人的记忆总是会随着时间消逝的。如今大数据技术的发展使得记录变得廉价且普遍，一切事物、人物都可以被随时记录。正如维克托·迈尔-舍恩伯格 [①] 所说，在大数据时代，记忆成了常态，遗忘反而变成了例外。人类拥有两种能力——记忆和遗忘，一直以来良好的记忆力被人推崇，而遗忘则被人嫌弃。但当人类的记忆能力被大数据技术延伸后，遗忘却成了被倡导对抗无限记忆的方法。

记录技术打破了时间和空间的限制，使被记录的数据可以永远存在并广为传播。记录的后续是查阅，查阅使记录有意义。正是因此，有关人们隐私情况的记录会使个人隐私被查阅。并且随着大数据技术的日益进步，个人隐私被收集、访问、分析和应用也变得越发容易。计算机技术正在掠夺人们监视并控制有关个人信息被使用的途径的能力。大数据技术的快速发展推动了档案社会的建设，其收集消费者的日常交易数据，并将这些数据用以推断特定人的生活方式、爱好、行踪和社会关系等。可以说，这是大数据技术作为记录技术的本质属性，也是其不可完全规避的副作用，更是个人隐私遭受侵犯的客观原因。

2. 民众保护意识淡薄。隐私作为自由的前提，容易被人们忽视。从康德哲学的观点来看，把某人当作人来尊重，就必须尊重他或她的自由，而尊重他人的自由则意味着必须考虑我们自己的行为对他人所产生的影响。其还强调，我们没有干涉他人自由追求其目标的权利，但是当我们不尊重他们的个人隐私的时候，恰恰就是在干涉他们的自由。将隐私与自由相关联，是学界对于隐私概念的主要认知之一。自由是人类的根本性权利之一，以自由为本位来考虑事物，是将人还原为本初状态来思考问题，如同死亡一样。一旦"向死而生"，很多问题就不再是问题，比如权力地位、财富金钱、亲情爱情等。但现实生活中，凡事不能以死亡为原点来做出决策，就如同不能时刻以自由为根本一样。因此当隐私权与经济利益、使用满足等其他利益相矛盾时，隐私就会变得可以被放弃。这也是民众隐私意识趋于淡薄的潜在原因。百度董事长李彦宏在 2018 年

---

① 维克托·迈尔-舍恩伯格（Viktor Mayer-Schönberger, 1966 年~），十余年潜心研究数据科学的技术权威，是最早洞见大数据时代发展趋势的数据科学家之一，也是最受人尊敬的权威发言人之一。

3月26日举行的中国发展高层论坛上公开表示，如果可以用隐私来换取便利、效率，那么在多数情况下中国人都愿意这么做。

在日常生活中，隐私总是被用来换取其他权益。目前主流的隐私保护原则是，没有当事人的允许，其个人信息不能被收集、存储和分享。然而在实际操作中，如果用户不让步出自己的隐私权，其将无法换取各种应用软件的使用权。例如，很多应用软件会在用户首次使用时，询问是否许可打开手机的各种权限，如允许获取地理位置、允许录音、允许使用摄像头、允许访问通讯录等。很多情况下，一旦用户拒绝许可，将会直接无法继续使用应用软件。可以看出，应用软件这种看似给予用户选择的权利，实质上是让用户无路可选。若用户许可应用软件打开权限，就会在一定程度上出卖个人隐私；若用户不许可打开权限，则无法使用应用软件，从而可能与数据世界的福利与功用绝缘。

3. 隐私保护相关法律法规尚不完善。从政府管理层面探究大数据时代隐私遭受侵犯的原因，主要在于隐私保护相关法律法规的不完善与缺失。以美国法律为例：在美国，隐私保护的法律渊源是宪法。宪法赋予个人隐私权，具体体现在第一、第四、第九和第十四条修正案中。然而，只有第十四条修正案提供了保护个人"信息隐私"的基础，该修正案也常常被引用来保护公民免受不正当的电话窃听或其他形式的秘密监控。就美国而言有超过30个联邦法案和超过100个州法案用来保护隐私。但是这些法规过于零散，并且是在产业自我规制无效的情况下才被用来保护个人隐私。可见美国隐私保护法律的缺陷在于过于分散而约束力不强。

以我国的法律为例：保护隐私权的相关内容是涵盖在我国宪法、刑法和民法中的，《个人信息保护法》《网络安全法》《数据安全管理办法（征求意见稿）》等法律法规中也涉及了有关个人隐私保护的内容。除《民法典》第1032条明确规定了自然人享有隐私权外，我国大多法律法规均是通过保护个人信息的方式来保护隐私。但是，当前我国公民个人信息法律保护还存在相关规定极为分散、不成体系；公民个人信息管理与保护的具体格局和模式尚未形成；侵犯公民个人信息刑事犯罪的量刑标准不一等问题。同理，我国现行立法对个人隐私的保护也还存在诸多问题。

第四节　数据伦理之数字正义

党的十八大以来，以习近平同志为核心的党中央坚持把创新作为引领发展的第一动力，提出建设网络强国、数字中国、智慧社会的战略目标，推动实施数字经济、宽带中国、"互联网+"、大数据、物联网、人工智能等一系列战略行动。作为人类社会继农业经济、工业经济之后的又一新的经济形态,数字经济影响着全球未来经济格局,同时,也对数字应用如何赋能数字正义提出更高要求。何为数字正义?在 2022 年全国两会上,最高人民法院工作报告里的一组数据给出了最好的答案——全国法院 2021 年在线调解纠纷突破 1000 万件。这就意味着平均每分钟就有 51 件纠纷在诉前被成功化解,而诉前调解案件平均办理时长只有 17 天,比诉讼时间少 39 天。

数字正义应当适应时代变化和科技发展,推动在线化、智能化方式预防与化解纠纷,以最大限度便利当事人,并降低诉讼成本。全国政协委员、陕西省高级人民法院副院长巩富文表示,创造更高水平的数字正义就要求,在诉讼服务和司法审判领域更好地运用"数字技术",跨越"数字鸿沟",建立"数字信任",推动"数字治理",服务"数字经济"。① 我国司法审判系统应当牢牢把握机遇、有效应对挑战,积极推动互联网、人工智能等技术与审判工作深度融合,以更高水平的数字正义服务数字经济发展。

一、传统纠纷解决方式已无法应对

法律对于新技术并非不闻不问。自计算机技术兴起以来,法律制定者的关注焦点一直在于是否需要修改法律或者如何修改法律以适应新技术的产生及发展。例如,20 世纪 80 年代法律制定者的重心在于计算机软件是否可以得到版权保护,以及哪种方式的复制属于合法的"合理使用"。随着互联网技术的快速发展,新的法律适用问题开始涌现。比如,政府规制网络言论权力的边界与限制,哪种类型的互联网在线业务流程可以获得专利保护等。过去十年里,手机和其他移动数据设备在快速普及,同时也引发了各种新问题。比如,这些移动数据设备的使用问题,由谁控制信息流动"渠道",以及是否需要确保"网络中立"规定。社会对新型问题的反应通常是——应当制定一部新的法律来应对。但问题是一部制定法或者法规能否实现其目的,直接取决于是否存在用以提出诉求并使问题得以解决的适当基础设施。正如一古老的法谚所言:无救济则无权利。法律与互联网之间的历史一方面表明了人类社会对法律和司法审判方式革新的关注,另一方面也表明了法律对司法救济或者纠纷解决程序的忽视。eBay 网站上 6000 万起纠纷以及阿里巴巴网站上数以千万的纠纷让人们印象深

① 参见《全国政协委员:数字正义,一个也不能少》,载 http://rmfyb.chinacourt.org/paper/html/2022-03/10/content_214676.htm?div=-1,最后访问日期:2022 年 8 月 27 日。

刻的同时，也在表明司法审判机关不再是可行且优质的选项，也在表明新的科学技术的创新性使用可以更高效、更便捷地解决纠纷。无独有偶，eBay 和阿里巴巴并非个案。英国、加拿大不列颠哥伦比亚省、荷兰以及美国州立法院设立的有关在线小额索赔法庭的公共项目，以及美国和世界其他地方的私人项目，均让我们深刻地认识到新的司法制度以及程序的必要性。

奥利弗·温德尔·霍姆斯[①]曾主张，在应然层面，法律是必然落后于时代发展。尽管这种观点也不无问题，但我们确实应该好好利用在线系统的解决和预防纠纷能力，用以应对和预防人们正在面临的很多法律问题。各种各样的纠纷解决程序之间的区别仅在于信息的使用及传递方式。比如，诉讼程序的进行依赖于证据规则。证据规则决定着当事人需要在法庭上做出何种陈述，以及法官的裁判依据和裁判规则。相比较而言，调解和仲裁则更为灵活，其允许由中立第三方来决定如何管理交流并利用信息。在大数据时代，管理交流和信息处理等事宜显然也应当基于计算机技术来完成。基于纸张和现实空间的传统纠纷解决方式显然已无法满足大数据时代纠纷解决的需求。

二、在线纠纷解决机制的产生

互联网环境中充斥着误解和纠纷，但是缺乏解决问题的有效途径，此时在线纠纷解决机制（Online Dispute Resolution，以下简称 ODR）就应运而生。在线纠纷解决机制的主要模式是将替代性争端解决方式（Alternative Dispute Resolution，以下简称 ADR）的方法和经验运用到全球电子商务环境中，以解决大量出现的在线纠纷的一种机制。起初设计 ODR 的目的并不是挑战、破坏甚至取代现有的法律制度或我们熟知的 ADR 程序，而是填补因法律的缺失而产生的在线"灰色地带"，并致力于提供一个全新的、更好的方法来解决与互联网使用有关的纠纷。早期 ODR 的设计者主要是纯粹地模仿传统 ADR 纠纷解决程序，只是为其提供一种新的在线方式，即 ODR 只是试图将线下调解和仲裁的技巧和模式直接搬到线上，从而使调解员和仲裁员可以远程参与。此举表明了 ODR 的设计仅仅是利用了网络的优势和廉价便捷的在线交流能力。而计算机内核的信息处理能力的进一步升级，也对 ODR 提出了新的要求。

有学者认为，若不是因为新兴在线技术的支持，ODR 的设计初衷也只是创建纠纷解决程序的离线版本，或者说是建立面对面程序的在线镜像罢了。大

[①] 奥利弗·温德尔·霍姆斯（Oliver Wendell Holmes, Jr., 1841 年~1935 年），男，是美国诗人老奥利弗·温德尔·霍姆斯之子，他是美国著名法学家，美国最高法院大法官。

数据技术的飞速发展就要求 ODR 的设计目标转变为将现有程序精确地复制转化成为在线程序。对于政府部门的工作人员来讲，他们习惯于使用现有系统，以至于他们只能将新系统设计为离线程序的在线版本。事实证明，在互联网背景下通过复制 ADR 来设计 ODR 的路子是完全行不通的。于是，ODR 开始设计那些与传统纠纷解决机制具有明显不同特征的程序。这些程序具有以下三个特征：其一，缺少面对面的互动形式；其二，能够自动记录所有纠纷数据；其三，可以依靠智能机器帮助解决。刚开始，人们将这些特点视为缺点，是对传统纠纷解决形式的一种挑战，然而现在这些缺点恰恰成了在线纠纷解决程序的优势所在：①缺乏面对面的交流确实降低了沟通的丰富性，但同时也为那些希望采用异步沟通的人们带来了便利，因为他们需要在答复之前预留时间进行咨询或研究；②采用书面文件记录形式要比采用私下对话形式更能够提高沟通质量和提前预防纠纷；③智能机器可以通过自动化提高效率，可以助力 ODR 系统短时间内处理大量小额纠纷。

"代码即法律"这句谚逐渐被众人熟知。相比法律，软件代码常常可以更高效地组织各方行动。在大数据时代，第三方调解员和诉讼参与人所扮演的角色，同样可以被计算机软件塑造甚至取代。从这一角度便可以很好地理解"代码即程序"的说法。Dave de Bronkart 得知自己得了一种罕见的晚期癌症时，利用博客在网上向病友们求助，并且找到了一种甚至医生都没听过的治疗方法。①Dave de Bronkart 的故事仅仅是计算机技术被用来帮助患难者的一个例子。为了更好地利用计算机技术服务人们的日常生活，我们不仅需要重新定义人们的思维方式，而且还需要开发新的软件。Frank Sander 曾写道，当我们设计纠纷解决系统时应当根据纠纷特点来设计。

三、在线纠纷解决机制的特点

作为扩大解决纠纷的新途径，作为实现数字正义的新方法，ODR 为当前司法实践中纠纷解决方式带来了三个转变。

第一，从现实空间的面对面形式转变为虚拟空间的在线形式。ODR 带来的第一个转变就是当事人无须见面，甚至不需要同步沟通就能解决纠纷。传统的纠纷解决方式如诉讼、调解、仲裁等均需要，当事人在特定时间和地点进行会面，来面对面的解决纠纷。这一客观的地理条件会对纠纷解决程序产生某种

① 参见《TED 演讲 认识电子病人 Dave》，载 https://www.tingclass.net/show-8614-261490-1.html，最后访问日期：2022 年 8 月 19 日。

限制。因为用以组织和安排当事人会面的成本就变得比较高昂，其在某种程度上阻碍了当事人选择传统纠纷解决方式来解决纠纷。在线的方式所具有的便利性，如调解员或当事人通过电脑或电话就可以进行沟通，大大地降低了沟通成本，也降低了解决纠纷的门槛。也许这是 ODR 可以推动正义实现的根本原因。

第二，从调解员介入调解程序和当事人达成调解协议，转变为以软件程序辅助纠纷解决的形式。在传统的面对面纠纷解决方式中，纠纷处理的数量受到了人工及组织能力的限制。因此，从调解员调解纠纷转向由软件提供纠纷解决方案，是 ODR 所带来的第二个转变。当前大数据时代，应当将算法作为处理大量纠纷的基础，而引入算法也可以帮助我们前所未有地接近正义。与此同时，ODR 对算法也有着促进作用，ODR 的数据收集功能为开发和改进算法提供了各种途径。算法不仅可以用以识别不同的纠纷类型，如纠纷起源于卖方提供的运输方式模糊不清；而且还可以用以制定各种有效解决纠纷的策略，如算法在早期就能为当事人提供纠纷解决方案，用以预防纠纷和改善纠纷解决程序。目前，作为纠纷解决的第四方，科学技术解决纠纷的能力和范围处于非常重要的转变时期——从注重沟通和便利性的应用程序到注重应用算法和研发人工智能。这意味着之后我们将不再需要调解人员、客服代表或其他纠纷处理专员了。这就是我们所说的从人为干预到软件协助转变，从简单的信息交换程序到解决纠纷程序的转变。软件中的算法可以根据用户在交流过程中表明的选择和偏好来指导程序，也可按照一定规则帮助解决相应的纠纷。这样一来，算法也能在消费者权益保护领域发挥巨大作用。例如，某一亚马逊用户在收到烤面包机后因质量问题对其进行了投诉，该用户无须等待人工处理，算法就可以直接为其提供解决纠纷的策略。因为算法设计了不同的规则，根据一些不同条件，产生不同的处理结果。

第三，从重视纠纷解决过程的保密原则，转变为侧重于数据收集和分析利用。ODR 带来的第三个转变便是从强调调解保密原则，转变为强调数据收集、使用和反复利用，从而为纠纷解决转向纠纷预防创造新的机会。对于需要面对面的 ADR 而言，保密性是其一个颇为重要的特征。正是保密性的特征，导致了人们只能获得极少的公开文件，纠纷处理的过程和结果缺乏透明度。ODR 则可以增强程序的公开透明程度。为了改进软件设计以及对当事人决策进行质量监控，我们可以对数据进行收集，然而这种方式在法院比较少见甚至完全不可能。例如，ODR 可以依据各种不同要素，针对不同类型当事人产生的不同影响进行数据监控，并努力克服一些要素对当事人带来的不良影响，包括社会低收入人群、少数民族、女性、非英语母语人群等。此外，相关数据还可以提供比文本更易于理解的视觉化展示，例如阐释不同领域法律问题的视频教程，为原告提供程序选择的可视化图表等。

综上，ODR 带来的三个转变的侧重点各不同，分别为：第一个转变主要是指便捷性的提高，第二个转变主要是关于专业性的提高，第三个转变主要是关于解决建立信任体系所面临的特殊挑战。

第五节　数据伦理问题的治理

基于数据伦理问题的复杂性，在探讨数据伦理问题的治理对策时，单纯依靠政府、技术专家、伦理学家或者法学家均具有一定的局限性。我们应当从以下几方面着手，建立系统化的数据伦理的治理框架。

一、以马克思主义思想为指导

尽管马克思未创设专门的科学伦理学或马克思科技伦理学，但马克思主义的相关论著中蕴含着丰富的科技伦理思想。马克思主义理论对于我们构建大数据时代伦理原则具有重要的指导作用。马克思主义唯物史观认为，生产力决定生产关系，生产关系对生产力具有反作用。其还认为经济基础决定上层建筑，经济基础和上层建筑的矛盾推动社会经济发展。根据唯物史观的观点，意识形态是由经济状况决定的，因此道德也是由社会经济状况决定的。其指出日益发展的工业使一切传统关系革命化，而这种革命化又促使头脑革命化。头脑的革命化就包括道德的革命化。马克思和恩格斯在唯物史观的基础上建立了科学的道德观。也就是说，在生产力和生产关系随着科学技术的发展而不断变化的同时，与之相关的道德观、伦理观必须也要随之进行调整适应，只有这样其才可以成为科学的道德观、伦理观，从而更好地发挥其在意识形态的指导作用。除此之外，马克思和恩格斯还认可共同道德的存在。道德是社会经济基础的反映，由于所处阶级的不同，道德也就具有了阶级性。但不论是基于不同的社会背景或是不同的历史发展阶段，道德总会或多或少有相重合的地方。这些相重合的地方就是社会全体成员都普遍认同的并能够共同遵守的共同的道德。在社会经济发展、科技进步的过程中，建立全体社会成员甚至全人类普遍认可的共同道德很有必要。一方面，共同道德的建立需要从决定意识形态的经济基础入手，消除或淡化阶级之间的对立；另一方面，共同道德的建立需要有全局意识，从社会全体成员、全人类的共同利益出发，考虑共同生存和共同长远的发展。

马克思曾表示，有幸能够致力于科学研究的人，首先应当想到的是如何利用自己的学识为人类服务。马克思认为，科学家在进行科学研究时，应以全人类的幸福为目标，为全人类的解放而奋斗，还应当克服个人享受的自私思想。同时，马克思和恩格斯也指出了科学与道德是既对立又统一的关系，而这种对立关系是由资本主义生产及资本主义制度造成的。马克思曾明确表示，"在我们这个时代，每一种事物好像都包含有自己的反面"。在大数据时代的当下，一方面，科学技术与工业的发展具有不可估量的力量，是促进人类社会发展的强有力的助推器；另一方面，伴随着科学技术的进步以及工业产业的发展也产生了很多问题，比如数据伦理问题。马克思还指出，技术应用导致一系列伦理问题的主要原因是，技术与伦理的分离。想要消除科学技术应用所带来的伦理问题，就需要技术与伦理的融合，使技术朝着符合人类物质文明和精神文明的方向发展，朝着符合人类社会可持续发展理念的方向发展，确保技术可以做到真正地为人类服务。这就对科学技术的研发人员及其他工作者提出了更高的要求，要求他们放弃对个人名利与物质的追求，以解决人类难题为第一要务，把实现好、维护好、发展好最广大人民的根本利益作为工作的出发点和落脚点，真正做到科技发展是为了人民、科技发展要依靠人民、科技发展成果由人民共享。

　　坚持大数据技术的研究与应用为全人类服务，既要考虑到公众个人的利益又要兼顾集体的利益，既要考虑现在的利益又要考虑到长远的利益。大数据技术的开放者与应用者要增强责任意识，不得侵犯他人合法权益。然而实践过程中，对数据的违法使用现象时有发生。以我国为例，2016年10月，脉脉非法使用新浪微博用户信息；2019年抖音违反平台用户协议，将腾讯用户数据提供给躲闪使用；除此之外，还有许多APP不明确告知用户便收集个人信息或收集与业务无关的其他个人信息。上述企业均做出了为追求自身利益而违反道德的行为，其不仅侵犯了用户的合法权益，从长远来看，更是形成了一种不良的风气。这一不良风气不仅不利于大数据技术的发展，更是违反了技术应为人类社会服务的初衷。

二、构建数据伦理准则

　　为了规范数据技术的各种应用行为，使其更符合人类社会的道德准则及社会责任，应当明确数据技术应用行为所需遵循的数据伦理准则。具体分析如下：

　　1. 尊重自主准则。自主表现为一种不受外界影响的自我支配能力，其意味着对自我负责，是自我存在和自我价值的体现。康德及其他哲学家强调，人之所以为人的要素之一便是自主能力。该观点的核心在于所有人的平等价值和普遍尊严。所有理性人均具备这样的双重能力，即有能力做出追求自己理想生活的理性计划，也有能力尊重他人的自主决定。"自主不仅是道德义务的必要条件，而且要通过行使自主权来塑造自己的生活"。①

以大数据技术的不当应用泄露隐私、侵犯隐私权为例进行说明。隐私被泄露就会面临受制于人的危险，也意味着没有自由、没有自主可言。因此，尊重自主这一准则就要求对涉及个人隐私的数据加以保护。针对数据泄露问题，尊重自主准则要求数据主体对自身数据享有控制权。因为如果没有数据的控制权，或者不能掌握数据的删除权、携带权，那么就等同于丧失了自主。除隐私泄露问题外，针对数据鸿沟、数据霸权等不平等问题，尊重自主准则也具有一定的指导作用。数据鸿沟、数据霸权使得处于劣势的群体无法平等地享受数据技术带来的便利，而尊重自主是对平等的倡导。

2. 知情同意准则。"同意"是指某人对某事自愿表示出意见一致的意思。其中，"自愿"一词就蕴含了"同意"应当是在某人对某事"知情"（即知道即将发生的事件的准确信息并了解其后果）的情况下做出的。汤姆·比彻姆和詹姆士·邱卓思在《生命医学伦理准则》②一书中表明，知情同意是尊重自主准则的下属规则。也就是说，其认为知情同意准则可被视为是尊重自主准则的另一种表现，知情同意是对当事人知晓关系自身利益事情，包括对当事人自主能力的尊重。而理查德·A.斯皮内洛持相反观点。其在《世纪道德：信息技术的伦理方面》明确两者是彼此独立的。比起生命医学，信息伦理与大数据伦理之间的相关性更紧密，本书采用理查德·A.斯皮内洛的观点，将知情同意作为规范大数据伦理问题的独立准则进行阐述。

知情同意准则主要应用于规制大数据应用引发的信息安全问题和诚信问题。理查德·A.斯皮内洛表示，当把信息作为商品并在计算机网络上自由交换有关个人的数据时，知情同意这一准则可以作为一个限制条件。③对知情同意准则的倡导，可以有效地避免人们在不知情情况下作出同意决定的问题，其将大大降低信息安全问题和诚信问题给人们带来的危害。就知情的内容而言，数

---

① 参见［美］理查德·A.斯皮内洛：《世纪道德：信息技术的伦理方面》，刘钢译，中央编译出版社1999年版，第152页。

② 《生命医学伦理原则》是最负盛名的生命伦理学世界名著，可以说没有任何一本生命伦理学著作比它享有更广泛的声誉。该书形成了生命伦理学中的主导学派——原则主义。首次提出并论证了四大生命伦理原则：尊重自主原则、不伤害原则、有利原则和公正原则。这四大原则已成为普遍公认的生命伦理原则，成为指导医疗伦理决策和科研伦理决策的基本原则。

③ 参见［美］理查德·A.斯皮内洛：《世纪道德：信息技术的伦理方面》，刘钢译，中央编译出版社1999年版，第55页。

据主体不仅要获得关于自身的相关信息，如被采集何种数据、用于何种目的、使用的时限等；还要获得数据处理者的相关信息，如数据处理者在处理这些数据后能获得怎样的利益等。这样才能确保人们更加全面、理性地做出决定。知情同意准则要求数据处理者的透明与坦白，以消除内容不确定所带来的不良影响。知情同意准则还要求同意应尽量采用明示同意，而非默许同意。例如在涉及数据收集、数据读取、数据转移以及广告推送等内容时，数据处理者或应用程序应该在事前以明示的方式征询数据主体或用户的同意，而非以隐含、推定的方式默认同意。我国《在线旅游经营服务管理暂行规定》第 14 条规定，在收集旅游者信息时，应当事先明示收集旅游者个人信息的目的、方式和范围，并经旅行者同意。该条款是对知情同意准则的遵循与初步落实。

3. 公正准则。理查德·A. 斯皮内洛认为，"尽管各种公正理论各有不同，但大多数都坚持这个基本的形式准则：相同的情况应当得到相同方式的对待。最重要的是，公正要求公平对待和不偏不倚"。①公正的前提是平等，平等是公正的核心诉求。公正准则主要针对的是大数据应用所引发的不平等问题，包括上文所述的数据鸿沟。因发展不平等所造成的数据鸿沟割裂出了弱势区域，分化出了弱势群体，其当下大数据时代最不公平的体现。然而，如何遵循公正准则是个棘手的问题。因既成事实和现有社会地位差异的原因，做到绝对平等是很难的，这就导致了在实然的环境中公正容易成为一种口号的窘境。基于此，我们需要以公正准则为指导，在差等的具体情景中细化，保证以尽量平等的方式处理大数据应用伦理问题。

4. 有利准则。理查德·A. 斯皮内洛指出，"有利是一种积极义务，它有多种不同的表述方式。用最简单的话来说，它是指当我们有能力这样做时，应当增进他人的福祉。换句话说，我们有义务帮助他人"。②有利准则是一种涉及计算的道德思维方式，因为不可否认做有利之事是需要成本的。汤姆·比彻姆和詹姆士·邱卓思认为，与无害准则相比有利准则更为积极，其所要遵循的要求也就会更高。③对于规范各种大数据应用伦理问题，有利准则具有通用的指导作用。大数据技术不当应用所引发的平等问题、信息安全问题、数据环境问题

① 参见［美］理查德·斯皮内洛：《铁笼，还是乌托邦——网络空间的道德与法律》，李伦等译，北京大学出版社 2007 年版，第 23 页。

② 参见［美］理查德·斯皮内洛：《铁笼，还是乌托邦——网络空间的道德与法律》，李伦等译，北京大学出版社 2007 年版，第 22 页。

③ 参见［美］汤姆·比彻姆、詹姆士·邱卓思：《生命医学伦理原则》，李伦等译，北京大学出版社 2014 年版，第 161 页。

等，均可以根据有利准则这一道德准则来进行规制和整改。确定谁会在技术应用过程中受益，是有利准则发挥作用的前提。同时还需要注意的是，应当确保受益更偏向于技术应用过程中的弱势群体。以信息安全问题为例，收集用户数据是为了更好地满足用户的使用体验，增进用户福祉。但这也可能会造成对个人隐私的侵犯和个人数据的泄露，其属于应用大数据过程中产生的副作用。然而通常来说，我们不会因为大数据技术的应用会产生伦理问题而停止应用或继续研发大数据技术。因为当前从总体上看，大数据技术为人类带来的福祉是比所带来的损害大的，而这也是大数据技术存在至今的基础。但是根据有利准则的内涵，数据持有者为了牟取不正当利益，而故意侵犯用户隐私、泄露用户数据的行为，是被严格禁止的。

三、设立并保护数据主体的权利

伦理是法律的依据，而法律是伦理的保障。法律具有硬约束力，其通过强制手段所带来的成效是直接的、立竿见影的。但是任何法律制度都是落后的，我们需要通过不断调整法律制度使其更适应科技与社会的发展。当前我国关于大数据公开、数据安全和数据权利等方面的法律法规缺失，已经成为影响大数据产业发展的重要阻碍。针对隐私泄露等数据伦理问题，我国法律应当设立并保护数据主体的权利。

保护数据主体权利的重要前提是设立数据主体权利。欧盟的《通用数据保护条例》（GDPR）在此可以视作表率。欧洲议会和欧盟委员会于 2016 年 4 月通过 GDPR，其于 2018 年 5 月 25 日正式生效。GDPR 的前身是欧盟 1995 年颁布的《数据保护指令》（*Data Protection Directive*）。GDPR 对数据主体进行了界定，该界定是通过对个人数据的定义引申而来。GDPR 第 4 条第 1 款指出，个人数据是指任何关于一个被识别的或可被识别的自然人（数据主体）的信息。其还表示，一个可被识别的自然人是能够被直接或间接识别的，尤其是通过标识符的参照，例如姓名、身份证号、位置数据、网络标识，或者是其物理的、生理的、基因的、精神的、经济的、文化的、社会的身份等。该条款首先设立了个人数据的概念，即通过该数据能够识别出数据主体的就是个人数据。其次该条款定义了数据主体的概念，（个人）数据主体就是自然人，即产生该数据的可识别自然人。

通过对 GDPR 相关条款的解读可知，数据控制权的强弱程度是从数据主体到数据控制者再到数据处理者依次递减的。而这仅仅是理论层面的规定，在实际操作上还存在一定争议。有学者认为，在个人数据问题上，可以体现出"数据主体人格性的保护"与"数据控制者和数据处理者对数据权利的商业利用"之间的关系。其中，数据控制者和数据处理者之间的关系是指，两者出于自身目的对数据所有权、控制权的争夺，且两者的争夺会导致数据主体权利的减弱。而这也是导致大数据伦理问题的原因之一，因此设立并保护数据主体权利显得尤为重要。GDPR界定的数据主体的典型权利包括：修正权、删除权、数据携带权等。GDPR第16条规定了修正权，即数据主体应当从数据控制者处获得关于自身不准确个人数据的修正的权利。第17条规定了删除权，即在没有无故拖延的情况下，数据主体应当从数据控制者处获得关于自身个人数据的删除的权利，且数据控制者有义务按照数据主体的要求删除个人数据。

我国与数据相关的法规中亦包含对数据主体各项权利的规定。2017年6月1日开始施行的《网络安全法》中，有若干条关于数据主体权利的规定。其第22条规定，网络产品、服务具有收集用户信息功能的，其提供者应当向用户明示并取得同意。该条款指明了用户在被收集自身信息时，享有知情同意权。该条款对防止隐私侵犯、数据泄露等数据伦理问题具有一定作用。其第43条规定，个人发现网络运营者违反法律、行政法规的规定或者双方的约定收集、使用其个人信息的，有权要求网络运营者删除其个人信息；发现网络运营者收集、存储的其个人信息有错误的，有权要求网络运营者予以更正。还规定网络运营者应当采取措施予以删除或者更正。该条款设立了个体对其个人信息具有删除权和更正权，这与欧盟GDPR规定的数据主体的删除权和修正权具有相通之处。上述所提及的删除权、修正权、知情同意权等数据主体权利均应得到有效地保护。在这些诸多权利之中，最重要的当属删除权。因为享有删除权，才具有了数据的实质控制权。

设立数据主体权利的目的是保护数据主体权利。数据主体对数据所有权的设立享有，有助于治理多个大数据应用过程中产生的伦理问题。并且数据归属于数据主体，有助于防止数据霸权、数据垄断的产生与扩张，无形中也有助于化解数据霸权对社会政治、经济所造成的冲击。同时，数据主体对数据所有权的享有可作为维护数据主体权益的重要依据，其对隐私侵犯、数据泄露等数据伦理问题具有抑制作用。

四、加强数据流动的监管力度

数据具有流动性，并且在流动过程中，数据的价值才能够充分体现。数据的流通形式包括数据共享、数据交易、数据跨境等，涉及数据采集、存储、转移乃至销毁等多个环节。不合规范的数据流通行为往往会导致数据伦理问题，诸如上述的数据霸权、隐私侵犯、数据泄露等。各国的数据相关法律法规针对数据流动问题均进行了规定，其目的是为了在数据技术应用与数据保护之间寻求一种平衡。

就美国而言，近年来随着数据作为战略资源地位的不断提升，美国对数据保护的重视程度也日益提高。美国国会于 2019 年通过了《2019 美国国家安全与个人数据保护法案》(*National Security and Personal Data Protection Act of 2019*)。该法案旨在通过设立数据安全的要求和加强国外投资的审查等，来避免威胁国家安全的国外政府对美国公民个人数据的不良影响。其中，第 4 条规定，禁止转移数据到特别关注国家的内容。其规定企业不应转移任何用户数据或解密该数据的信息如加密密钥，到任何特别关注国家（包括间接通过非关注的第三方国家）。第 5 条规定，企业不应将任何从美国公民或居民处收集的用户数据或破解该数据的信息如加密密钥，存储在位于美国境内之外的服务器或其他数据存储设备上，或者与美国达成协议可以和执法机构共享数据的国家。由上述两条规定可知，该法案对数据流动及存储设立了近乎严苛的规定。

就我国而言，《网络安全法》第 37 条规定，关键信息基础设施的运营者，在中华人民共和国境内运营中收集和产生的个人信息和重要数据应当在境内存储。其还规定因业务需要确需向境外提供的，应当按照国家网信部门会同国务院有关部门制定的办法进行安全评估。第 44 条规定，任何个人和组织不得窃取或者以其他非法方式获取个人信息，不得非法出售或者非法向他人提供个人信息。该条款有助于规范数据的合理有序交互。

对数据流动进行规制的原因是预防数据转移过程中可能存在的风险，规范数据控制者、数据处理者等的行为，以防范各种随之而产生的数据伦理问题。值得注意的是有些问题需要细化对待，如匿名化的数据满足了数据流动的严格要求，但是因无法直接对应到数据主体，其在某种程度上也失去了价值。因此，在效用和伦理规范之间如何保持平衡，是值得我们从法律层面深入研究的。

五、明确相关主体的责任

技术哲学家汉斯·林克（Hares Link）曾指出，技术本身并不具有破坏自然、危害社会的能力。技术是人操纵的，技术给人类社会带来怎样的后果完全取决于人类如何去利用它。同理，在数据技术发展给社会或自然产生一定威胁的情况下，人类应该首先反思自己，应该为造成这样的后果承担怎样的责任。只有先明确了责任才能去履行相应的义务。

在大数据技术发展中，首先，要明确大数据搜集者、大数据使用者以及大数据生产者等大数据利益相关者的责任，并在明确责任的基础上，制定出大数据利益相关者应当遵守的伦理规范。以伦理规范来明确大数据相关者的权利与义务，来预防、制约其违反伦理规范的行为。由于数据使用者是大数据利益的最大享有者，为了确保大数据产业的健康发展，针对其制定伦理规范是最为迫切的。所以应当把数据使用者需要承担的责任纳入规范化、法律化的管理体制，这不仅需要建立完善的法律制度与法律规范，还需要强有力的执行手段以保障落实。其次，在大数据伦理问题的治理中，政府也起到了不可或缺的领导作用。政府作为数据技术研究和应用的主导者，要清晰地认识到科技发展的双重效应，其应当利用自己掌握的权力和资源，制定合理的科技政策，有效降低科技带来的风险，最大程度上保证数据技术发展为社会带来的有利促进作用。政府应当从政策、资金、人力等多个方面，对大数据技术的研究和应用进行指导、监督和管理，从而形成高效合理的发展机制，使大数据应用活动在一定的规范指引下进行。同时，政府还应当制定科学合理的奖惩制度及措施，指引大数据技术发展的正确方向。数据技术成果评奖考核标准中要加大对伦理道德等因素的权重，这样既有利于提高科技工作者的技术责任和社会伦理责任意识，又有利于激励其他科技工作者的研发、创新工作。当然，政府也要制定相应的惩罚制度措施，对那些给社会带来不良影响、只为个人利益而不顾社会利益、损害他人利益为自己牟取暴利的科技工作者加以惩罚。针对那些给社会发展造成严重不良影响的人，还需追究其刑事责任。此外，政府还需要引进科技伦理审查和评估制度，预防和减弱由大数据技术进一步发展而带来的风险。政府作为现代社会的组织者和管理者，应当做好科技研究与开发的伦理审查、评估与预警工作，尽可能地降低大数据技术研究与应用的伦理风险。

六、建立大数据行业的道德自律机制和监督平台

企业是数据技术研发及应用过程中的重要主体。行业和企业的道德自律对于解决数据伦理问题有着可观的积极作用。目前，"在相关伦理规范相对滞后的大数据发展阶段，如果不加强道德自律建设，大数据技术就有可能会引发灾难性的后果……因此，我们必须从现在开始加强大数据利益相关者的道德自律建设"。[①]政府采取政策引导，行业和企业积极响应，建立大数据行业的道德自律机制和共同监督平台，应当从以下四方面着手：

第一个方面是成立大数据行业伦理委员会。伦理委员会承担着伦理标准制

---

① 参见陈仕伟：《大数据技术异化的伦理治理》，载《自然辩证法研究》2016 年第 1 期。

定、对企业进行伦理审查评估、对从业人员进行伦理培训和道德教育等职能。

第二个方面是引入数据保护官（Data Protection Officer，以下简称DPO）制度，建立大数据行业的自我约束机制。DPO制度相当于企业的内审机制，方便企业实时地进行内审合规，强化企业的自我道德约束、法律合规等意识。

第三个方面是强化数据企业的社会责任。政府应当将遵守法律法规和伦理规范纳入数据市场的准入机制，将保护个人数据权利和数据安全纳入企业社会责任。还可以建立利益奖惩机制。严格的利益奖惩机制不仅可以有效促使大数据从业者主动遵守数据伦理行为规范，还"可以有效地促使其为了自我利益而主动践行信息伦理规范，并最终发展为主体的一种道德自觉"，① 更有益于大数据产业的健康发展。

第四个方面是促进行业内的数据开放共享。由政府主导、各个行业的龙头企业牵头引导，在已有的数据交易中心基础上成立各个行业的数据共享平台。需要注意的是，应当针对行业特征和数据应用场景制定合理的数据共享标准，以解决由于共享伦理缺失、数据主义激进思潮以及个人数据权利和机构数据权力失衡等导致的数据孤岛、数据滥用、侵犯个人数据权利等问题。

思考题

1. 数据伦理是什么？

2. 数据伦理的价值取向有哪些？

3. 数字鸿沟是什么？

4. 数字鸿沟的表现形式有哪些？

5. 数据伦理中的数据隐私是指什么？

6. 如何有效应对隐私泄露问题？

7. 传统纠纷解决机制在数字时代的弊端？

8. 在线纠纷解决机制的便捷有哪些？

9. 数据伦理所需遵循的基本原则有哪些？

10. 我国如何加强相关法律法规的规制？

---

① 参见安宝洋、翁建定：《大数据时代网络信息的伦理缺失及应对策略》，载《自然辩证法研究》2015年第12期。

· 第三章 ·
公共数据开放理论

内容提示：2020 年 3 月，中共中央、国务院印发的《关于构建更加完善的要素市场化配置体制机制的意见》将数据作为一种新型生产要素，与土地、劳动力、资本、技术等传统要素并列。数据作为数字时代的新型生产要素，对人类的经济社会生活产生了日益广泛的深刻影响。以政府为主的公共部门是实现国家统治与社会治理的组织，其在履行公共管理服务职能过程中会自然地收集、归集大量来自个人、企业及其他社会组织的数据，沉淀形成大数据资源池。政府管理的数据资源像是一座沉睡的矿产，如果合理对外开放，应用前景不可估量。例如，由英国政府资助的英国生物银行（UK Biobank）是迄今世界上已建成的最具规模的人类医学信息资源库，资源库内包含超过 50 万英国志愿者捐献的遗传和健康信息。这些数据经过匿名化处理后在全球范围内供经批准的研究人员访问，用于对常见和威胁生命的疾病进行科学研究，如癌症、心脏病和中风等，用以促进对人类疾病病因的理解，提高人类生命质量。目前，这些生物医学数据的利用已经促成了多项改善人类健康的科学发现。下面，本章将从公共数据开放的基础理论出发，讨论我国公共数据开放立法的可能性与必要性，并对立法核心要素进行展开分析。

第一节　公共数据开放的基础理论

一、公共数据的概念

我国现行政策法规中常使用"政务数据""政府数据""公共数据"等概念划定政府开放数据的对象范围。不同的概念因应不同的经济社会发展需要。本书将对三者概念的产生及其嬗变进行梳理，从历史发展趋势中探究"公共数据"

的规范含义。

第一阶段，从"政务/政府信息"到"政务/政府数据"。随着大数据技术的产生和发展，信息和数据的界分逐渐清晰。与政府公开信息保护公民知情权不同，数据资源价值的挖掘与利用成为数字政府社会治理的新理念、新方式。政策法规中"政务/政府数据"的概念就是在此背景下从"政务/政府信息"的概念演变而来。我国逐步建立起以"政务/政府数据"为核心概念的数据共享开放制度体系。如《贵阳市政府数据共享开放条例》中的"政府数据"与《政府信息公开条例》中的"政府信息"，两者定义除种类范畴不同外，其余要素基本相同。我国逐步建立起以"政务/政府数据"为核心概念的数据共享开放制度体系。值得说明的是，规范上的"政务信息"和"政府信息"的概念内涵和外延基本相同，但立法者常将二者区别对待。前者概念常用于讨论政务信息共享，如在《政务信息资源共享管理暂行办法》《昆明市政务信息资源共享管理办法》中使用了"政务信息"的概念。后者概念常用于政府信息公开的场景，如在《政府信息公开条例》《上海市政府信息公开规定》《广州市政府信息公开规定》中使用了"政府信息"的概念。而立法者在使用"政务数据"和"政府数据"的概念时，经常将二者作为相同概念混同使用，均理解为政府制作或获取的数据。如在《中山市政务数据管理办法》《安徽省政务数据资源管理办法》《贵阳市政府数据共享开放条例》中分别使用了"政务数据""政府数据"的概念讨论数据开放共享。

第二阶段，从"政务/政府数据"到"公共数据"。政策法规中的"公共数据"概念的产生并非一蹴而就，其发端于"政务/政府数据"。随着数据资源的活力与价值进一步释放，在社会对数据资源强烈需求的驱动下，数字政府致力于最大限度开放数据资源，释放数据红利。行政主体及法律授权组织在职权范围内产生的数据已无法满足社会需求。政府开放数据的范围呈现扩大趋势，扩展到公共部门管理的数据资源，超出原有"政务/政府数据"的概念外延。2015年8月，国务院印发的《促进大数据发展行动纲要》首次提出"公共数据资源开放"。"公共数据"的概念逐渐受到立法者青睐。典型如《浙江省公共数据和电子政务管理办法》《深圳经济特区数据条例》《北京市公共数据管理办法》《上海市公共数据开放暂行办法》中均使用了"公共数据"的概念。有学者提出数据立法中使用"公共数据"的概念是立法理念进步的表现。[①] 从立法实践角度，相较于传统"政务/政府数据"的概念，"公共数据"的概念具备开放性

---

① 参见郑春燕、唐俊麒：《论公共数据的规范含义》，载《法治研究》2021年第6期。

和包容性。法律规范中使用"公共数据"的概念可以使立法更具未来涵摄性，更适合于划定政府开放数据的对象范围，从而推动政府拓宽开放数据资源的范围。因此，"公共数据"将是政府开放数据立法中的主流概念。

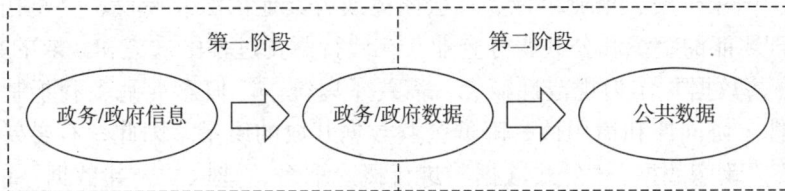

图 1　公共数据概念的形成

　　国外的政策法规对我国上述概念的演化起到一定程度的引领作用。域外政策法规中经历了从政府信息（Government Information）到政府数据（Government Data）再到公共数据（Public Data）的概念变化。美国 1966 年通过《信息自由法》（*Freedom of Information Act*，FOIA）、英国 2000 年通过的《信息自由法》、日本 1999 年颁布的《行政信息公开法》中使用了政府信息的概念。随着大数据时代到来，美国 2018 年通过的《开放政府数据法》（*OPEN Government Data Act*）、英国 2017 年生效的《数字经济法》（*Digital Economy Act*，DEA）、日本 2016 年实施的《官民数据活用推进基本法》开始使用政府数据的概念，政府对外开放的对象实现从信息到数据的形式转变。随着社会对公共数据资源需求的不断增加，日本 2017 年通过的《开放数据基本指南》、欧盟委员会 2020 年出台的《欧洲数据战略》（*A European Strategy for Data*）、2020 年生效的《美国—墨西哥—加拿大协议》（*United States-Mexico-Canada Agreement*，USMCA）中使用了公共数据的概念，澳大利亚 2019 年发布的《数据共享与公开立法改革讨论文件》（*Data Sharing and Release Legislative Reforms Discussion Paper*）中使用了公共部门数据（Public Sector Data）的概念，扩大了政府开放数据的范围。

　　目前，我国正处于第二阶段，由"政务/政府数据"向"公共数据"概念过渡。在不同地方法律文件中，"政务数据""政府数据""公共数据"三者概念共存。并非所有地方立法者都采用"公共数据"的概念。部分地方立法者为确保本地区制度体系稳定性，仍使用"政务/政府数据"的概念，体现了立法保守的面向。但为了因应政府扩大开放数据范围的需要，不同地方立法者采用了不同的立法技术。一些地方立法者采用"参照适用"的方式，将公共企事业单位管理的数据视同为"政务/政府数据"，纳入应开放的范围。如在《湖北省政务数据资源应用与管理办法》中规定水务、电力、燃气等公用事业运营单位涉及公共属性的数据参照适用该办法，相应数据也应依法进行共享与开放。还有一些地方立法中直接对"政务/政府数据"进行扩大解释，赋予二者概念更为广阔的外延。如在《福建省政务数据管理办法》中"政务数据"的概念外延涵盖了"国家机关、事业单位、社会团体或者其他依法经授权、受委托的具有公共管理职能的组织和公共服务企业"在履行职责过程中采集和获取的数据。

"公共数据"作为规范性概念，需要予以统一。概念混乱不利于制度体系的系统性、协同性和适用性，降低公共数据开放的质量。因此，有必要对"政务数据""政府数据""公共数据"进行概念取舍，选取"公共数据"的概念，并统一其规范含义。同时，应避免通过文义解释的方式机械地阐释公共数据的概念，应结合立法理论和实践。理论界认为公共数据具有公共属性，蕴含社会价值、经济价值、政治价值，是公共部门在依法履行行政职权和公共管理服务职能过程中所控制的数据。在立法实践中，"政务/政府数据"先前成熟概念可以作为界定公共数据概念的参考依据。因此，本书将公共数据定义为：以行政机关为主的公共部门在依法履行行政职权和公共管理服务职能过程中，采集、生成并以一定形式加以记录、存储的具有公共属性的数据资源。

二、公共数据开放的源起

公共数据资源的对外开放已成为世界上绝大多数国家数据治理改革的新动向。2009年，美国先后颁布《开放和透明政府备忘录》（*Memorandum on Transparency and Open Government*）、《开放政府指令》（*Open Government Directive*，OGD）。同年5月，美国开放政府数据平台（DATA.GOV）上线，全面拉开开放政府数据的大幕。2010年，美国举办开放政府数据国际会议，会上美国正式与英国、澳大利亚、新西兰等十多个国家形成数据开放伙伴关系。2011年9月，美国、英国、巴西、印尼、墨西哥、挪威、南非、菲律宾等8个国家联合建立"开放政府合作伙伴关系"（Open Government Partnership，OGP）。2012年，英国修订《信息自由法》，该法案的颁布极大程度地便利了公民获取公共信息。2012年7月，日本发布《数字行政开放数据战略》，逐步构建公共数据开放政策体系。自此，开放公共数据的浪潮席卷全球。2020年7月10日，联合国经济和社会事务部发布的《2020联合国电子政务调查报告（中文版）》显示：已建立政府数据开放门户网站的国家数量从2014年的46个增加到2020年的153个。我国政府顺应时代潮流，自1999年发起"政府上网工程"以来，政府积极实践政府信息公开和公共数据开放。特别是2001年"入世"之后，我国政府逐渐向服务型政府转型，以提供公共物品的形式提供公共服务。政府职能的转变成为开放公共数据资源的内源性动力。当下，我国公共数据开放制度的建构呈现出"自下而上、多点推进"的态势。在中央层面，先后公布《政府信息公开条例》《促进大数据发展行动纲要》《公共信息资源开放试点工作方案》《"十四五"推进国家政务信息化规划》等多部政策法规，为全面推动我国公共数据开放提供了政策供给与制度安排，特别是中央网信办、发展改革委、工业和信息化部于 2018 年联合印发的《公共信息资源开放试点工作方案》确定在北京、上海、浙江、福建、贵州开展公共数据开放试点，为其他地方的公共数据开放实践起到了示范引领作用。地方政府加快公共数据开放进程，积极建设地方性公共数据开放平台，复旦大学数字与移动治理实验室发布的《中国地方政府数据开放报告——省域（2021 年度）》显示：截至 2021 年10 月，中国已有 193 个政府数据开放平台，其中省级平台 20 个（不包括直辖市和港澳台），城市平台 173 个（含直辖市），平台总数与 2020 年相比增长超三成。同时，地方政府在制度层面进行了诸多探索，先后出台了《上海市公共数据开放暂行办法》《贵州市政府数据共享开放条例》《北京市公共数据管理办法》《福建省大数据发展条例》《山东省公共数据开放办法》等一批地方性法规和地方政府规章制度。

从互联网时代的政府／政务信息公开，到大数据时代的政府／政务数据开放，再到现今的公共数据开放。开放公共数据已成为数字政府建设的重要组成部分，其起源和发展具有一定的时代性和历史必然性。因此，有必要从公共数据开放的源起重新科学认识其重要意义。本书认为公共数据开放起源发展的原因是多方面的，可以总结归纳为政治、经济、开源文化、技术等四个方面。

第一，公共数据开放是民主政治在数据领域实践延伸的产物。随着民主政治不断发展，18 世纪的瑞典颁行的《出版自由法》成为政府信息公开的制度雏形。20 世纪 50 年代至 60 年代，美国兴起知情权运动，推动了美国政府信息公开的进程。1966 年，美国的《信息自由法》颁布，确立了政府信息公开制度，对世界各国政府信息公开立法产生了巨大、深远的影响。自此，国际上兴起了政府信息公开运动，主张公民有权了解政府公共管理活动中的具体情况。这场运动旨在维护公民切身利益，也推动了现代政府的法治化和透明化。公共数据开放是政府信息公开的升级版，其建立在知情权的基础上，让人民获得和利用的数据，从而实现政府所独占的数据资源"取之于民而用之于民"的效用，是民主理念在数据领域的延伸。

第二，开放公共数据是大数据时代数字经济发展的必然趋势。公共数据是公共物品，具有非竞争性和非排他性的一般特性。公共数据具有的非竞争性体现在其对某些人的开放并不会影响其他人对公共数据的获取利用。公共数据具有的非排他性体现在很难或成本极高将个别主体排除在公共数据开放范围之外。[①] 在数据经济形态下，基于大数据技术对数据资源进行分析和开发已成为当代社会创造价值的重要方式。由政府信息透明公开转变为公共数据开放共享，不仅体现了数字政府实践所带来的社会治理理念革新，更表现数字经济对公共数据资源价值挖掘与利用的秩序性追求。将公共数据作为公共物品进行开放，赋予专业化的市场主体和社会组织对公共数据资源进行增值性、创新性开发利用的权利，能够满足企业和个人创新发展、追求自身价值最大化的需要，激活公共数据要素的价值潜力进而促进数字经济繁荣发展。例如，政府天气大数据的处理运用可以帮助农民做出前瞻性决策，大幅提升农业效益，减少农业生产损失。政府行业监管数据对企业的产业规划、战略投资有很大借鉴意义。

第三，公共数据开放与开源（Open Source）精神一脉相承。20世纪80年代的"开源运动"以开发自由、开放的操作系统为手段，以提高软件行业效率与效能为目标的自由运动，逐渐形成包含"开放、平等、协作、共享"的开源精神。随着大数据技术的发展，软件开源运动深化为数据开放运动，逐步衍生出了公共数据开放。目前，包括美国、英国在内的大多数国家围绕CKAN、DKAN等开源系统建设国家公共数据统一开放平台。

第四，公共数据开放的出现和兴起过程与信息通信技术的发展密切相关。万维网（World Wide Web）为代表的信息通信技术的发展，为政府信息公开和公共数据开放提供了新的方法和工具，信息技术层面障碍已经不复存在。世界各国开始通过门户网站将控制的数据资源向社会开放，如美国、英国、日本的公共数据开放网站分别为DATA.GOV、DATA.GOV.UK、DATA.GO.JP。随着大数据、云计算、5G、人工智能技术的飞速发展，公共数据开放将迎来更广阔的空间。

三、公共数据开放的法理基础

公共数据开放的逻辑起点建立在公共数据的权属之上。目前，域外和国内地方立法已经在对公共数据权属问题进行立法尝试。2012年7月，日本高度信息通信技术社会发展战略本部发布《数字行政开放数据战略》，指出公共数据

---

① 参见武长海、常铮：《大数据经济背景下公共数据获取与开放探究》，载《经济体制改革》2017年第1期。

属于国民共有财产。显然，规定公共数据归全民共有不具备现实性，权属关系的模糊导致权责不明，开放公共数据会成为空谈。澳大利亚2021年10月发布的《政府间数据共享协议》中明确了联邦、州和地区政府收集、创建和持有的公共部门数据为国家资产。2016年10月，福建省政府印发的《福建省政务数据管理办法》中规定政务数据资源属于国家所有。2020年7月，深圳市司法局发布的《深圳经济特区数据条例（征求意见稿）》中规定公共数据属于新型国有资产，其数据权归国家所有。

公共数据作为一种新型资源，具有无形性、非竞争性和非排他性，并非具有独立性和排他性的有体物。因此，在所有权制度基础上难以构建公共数据开放规则，由此导致所有权制度在规范和保护公共数据开放流动陷入功能失灵状态。[①] "不求所有，但求所用。" 数据经济时代不强调对数据资源的所有和独占，而强调数据资源的开放共享。因此，在构建公共数据开放规则时的重心应从"所有权"转移到"使用权"上来。根据公共数据的客观属性和功能载荷，应将其认定为公物，政府对其具有使用权。一方面，公共数据具有无形性、非竞争性和非排他性的客观属性，能够被无限复制和使用。另一方面，公共数据是公共部门履行职责的"副产品"，开放公共数据具有正当性。公共数据的生成主要包括两种范式：个人数据—原始公共数据—衍生公共数据、企业数据—原始公共数据—衍生公共数据。公共数据是公共部门依法履行行政职权和公共管理服务职能过程中形成的，蕴含着与公共利益密切相关的重要信息，应当"取之于民，用之于民"，保障公众对公共数据的公平、普惠获取和利用。有学者认为公共数据资源利用者具有获取公共数据的主体权利，即公共数据的"公平利用权"，其对应的是公共部门开放公共数据的义务。[②] 不宜由特定主体独占使用，个人、企业并不存在处分公共数据的私权自治空间。基于大陆法系的公物理论，应当认定公共数据为公物。公众基于公用目的共同使用公共数据，政府负有提供并管理公共数据的法定义务。

四、公共数据开放的意义

开放公共数据为经济社会发展提供了重要的生产要素，具有重要的经济价值和社会价值。

---

① 参见齐英程：《作为公物的公共数据资源之使用规则构建》，载《行政法学研究》2021年第5期。
② 王锡锌、黄智杰：《公平利用权：公共数据开放制度建构的权利基础》，载《华东政法大学学报》2022年第2期。

（一）增加数据资源供给，促进数字经济繁荣发展

随着信息技术和人类生产生活交汇融合，数据已经成为大数据时代数字经济的关键生产要素。2017 年，习近平总书记在中央政治局就实施国家大数据战略进行第二次集体学习时提出，"推动实施国家大数据战略，加快完善数字基础设施，推进数据资源整合和开放共享，保障数据安全，加快建设数字中国"。2019 年，中共中央公布了《关于坚持和完善中国特色社会主义制度　推进国家治理体系和治理能力现代化若干重大问题的决定》，其中提到"建立健全运用互联网、大数据、人工智能等技术手段进行行政管理的制度规则。推进数字政府建设，加强数据有序共享，依法保护个人信息。" 2020 年，中共中央和国务院公布了《关于构建更加完善的要素市场化配置体制机制的意见》，意见明确要求，"推进政府数据开放共享。优化经济治理基础数据库，加快推动各地区各部门间数据共享交换，制定出台新一批数据共享责任清单。研究建立促进企业登记、交通运输、气象等公共数据开放和数据资源有效流动的制度规范"。

公共数据开放具有重要的经济价值，通过增加高质量的数据供给，通过赋予专业化的市场主体和社会组织对公共数据资源进行增值性、创新性开发利用的权利，能够满足企业和个人创新发展、追求自身价值最大化的需要，可以加速数字科技的创新，促进数字产业的发展。例如，开放空间地理数据，可以促进林业、畜牧业等行业的发展；开放气象数据，则可以用于指导农业生产、灾难管理等方面；政府行业监管数据对企业的产业规划、战略投资有很大借鉴意义。

（二）有利于提高政府治理能力与服务水平

公共数据开放具有重要的社会价值，推进公共数据开放是提升治国理政能力的必然要求。当前不同政府部门控制的数据并没有实现充分的开放共享，不仅阻碍了数字经济的良性快速发展，还严重制约着政府治理能力与服务水平的提高。公共数据开放不仅是适应互联网发展新趋势的要求，还是全面推进政务公开，增强"互联网＋政务服务"能力的重要途径，更是打造廉洁政府、创新政府和服务型政府的重要抓手。公共数据开放可以提升政府服务水平，包括提高透明度、打击腐败、增加信任、提升政府工作效率、节约政府运营成本、创新政府服务方式、促进和加强公众参与公共事务的能力，以及提升社会治理水平。此外，公共数据开放可以使得公众获得高质量的知识和信息，让公众得以更有效地参与政府治理的过程，进而使得政府所作出的决策质量得到进一步的提升，建构开放型的政府，提高政府治理能力与公共服务的质量。

第二节　公共数据开放政策和法律的国别考察

一、美国公共数据开放的政策和法律

在公共数据开放立法方面，美国是加强公共数据开放和国际合作共享的倡导者和实践者。1966 年，美国国会通过了《信息自由法》，该法规定了政府向民众提供政府信息的义务，并提出"政府信息公开是原则，不公开是例外"的开放原则。

2009 年 1 月，时任总统奥巴马签署的行政命令《开放和透明政府备忘录》，要求联邦与各级政府应当定时、定量在网站上开放数据。依照备忘录要求，美国总统办公室和管理与预算办公室联合于 2009 年 12 月发布了《开放政府指令》，该指令要求政府在网上开放更多的数据，提高公开信息的质量，并明确指出政府数据开放的三个原则："透明、参与、协作"。

2012 年 5 月，美国联邦政府发布了名为《数字政府：构建一个 21 世纪平台以更好地服务美国人民》(*Digital Government：Building a 21st Century Platform to Better Serve the American People*) 的报告。该报告指出，开放政府数据应成为电子政府的支撑，要以信息为中心、以用户为中心，同时保障安全和隐私，建立一个 21 世纪的共享平台。除此以外，从 2011 年开始到 2015 年期间，美国政府每 2 年发布一次《开放政府数据计划》(*Open Government National Action Plan*)，不断扩大政府数据开放领域，企业与公民可用的数据资源也逐渐丰富。

2013 年，奥巴马签署新的行政命令《使政府信息默认格式改为开放且机器可读格式》，要求所有产生的政府信息在产生的时候其格式就应当是开放的和机器可读的。

2014 年，时任总统奥巴马签署了《数字问责和透明法案》(*Digital Account-ability and Transparency Act*，DATA Act)，这是美国首个关于数据透明度的法律，要求财政部及管理与预算办公室将与联邦支出相关的非连接文件转换成开放的、标准化的数据，并在网上公布。

2018 年，美国国会通过了《开放政府数据法》，该法要求：其一，每个联邦机构需要实施开放数据计划和编制数据清单，践行"数据默认开放"的原则，通过使用标准化的、非专有的机器可读的格式，将不涉及公众隐私或国

家安全的"非公开、非敏感"数据资产作为开放数据发布。其二，各联邦机构设立一名首席数据官，负责本机构具体的数据管理实践和自评报告。其三，《开放政府数据法》要求管理与预算办公室及其设立的首席数据官委员会，负责全部联邦机构数据开放的支持、指导和评估工作，联邦审计长和国会负责监督和问责工作。

二、英国公共数据开放的政策和法律

英国 1998 年颁布的《数据保护法》(*Data Protection Act*, DPA) 明确规定：政府采集与公民自身或企业有关的信息，必须遵守资料保护的法律与相关程序，尽量减少重复收集，维护资料的安全，确保信息收集行为的合法性、收集目的的正当性、收集过程的科学性、信息内容的正确性、数据的完整性和准确性。

2000 年，英国议会通过了《信息自由法》，于 2005 年 1 月 1 日起正式实施。该法案明确指出公民享有获取政府所掌握信息的权利，在该法中详细规定了公民获取政府信息的程序、范围和实施机关，并尽力寻求个人隐私保护与政府信息公开之间的平衡，其颁布在很大程度上扫除了公众获取政府信息的障碍，延伸和修订了《数据保护法》和《公共记录法》(*Public Records Act*, PRA) 的相关内容。英国 2012 年颁布的《自由保护法》(*Protection of Freedom Act*, PFA) 正式提出"数据权"概念，要求政府部门必须以可再利用的格式并附以允许再利用许可协议来回复公众的信息请求。公民对于开放获取的数据集，可以不经过附加申请而自动取得再利用的权利。公民拥有获得与自身相关的全部信息的合法权利，并允许公民修正个人资料中的错误内容。在法律实施层面，英国司法部负责对《信息自由法》《自由保护法》进行解释说明，协同信息专员办公室 (Information Commissioner's Office, ICO) 颁布相关行为规范指导中央政府机构信息公开、接收和处理公众信息请求与申诉。内阁办公室负责颁布和修改公共部门信息公开指南，协调推动信息公开政策在政府部门间的实现。信息专员办公室负责编写《信息自由法》实施指南，要求各政府部门制定本部门的信息公开方案，并对实施情况进行监督和管理。信息专员负责监督政府机构主动公开数据和处理用户信息请求，保障公众依法查询和获取公共信息的权利。

2005 年，英国政府颁布的《公共部门信息再利用条例》(*The Re-use of Public Sector Information Regulations*) 是在欧盟《公共部门信息再利用指令》(*The Directive on The Re-use of Public Sector Information*, DPSI) 及其修订版基础上而制定的本土化样本，旨在促进公共部门的信息能够更容易地被再利用，

以发挥其政治、经济及社会效益。在信息公开方面，它赋予了公众再利用公共部门信息的权利，条例规定：如果公众提出公共部门信息利用申请，公共部门必须在规定的时间内进行答复，并且要尽可能以开放的、可再利用的格式将文件提供给申请者，并附以相应的元数据。在个人隐私保护方面，该条例仍然采用豁免的形式，明确规定以下两种情况不属于该条例规定的信息公开范围：①基于个人数据保护的需要，文档中包含根据信息获取的相关法律禁止或者限制访问的内容；②访问的文档根据相关法律可获取，但文档中包含的个人数据的再利用与法律规定的有关个人数据处理的个人数据保护条款不相符。另外，信息申请人在申请公共部门信息时必须以书面的形式注明姓名、相应的地址以及使用目的等信息，这也在一定程度上减少了个人隐私被滥用的风险。

2012 年 6 月，英国内阁办公厅发布了开放数据战略性文件——《开放数据白皮书：释放数据潜力》(*Open Data White Paper：Unleashing the Potential*)，该文件的主要内容之一是隐私保护，如政策中要求在公共部门透明度委员会中设立隐私保护专家，以确保在数据开放过程中及时掌握和普及最新的隐私保护措施，制定《个人隐私影响评估手册》，在数据开放过程中进行隐私影响评估。

2012 年 12 月，英国发布了首份《英国公共部门信息的原则》(*Information Principles for the UK Public Sector*)，为英国各政府部门提供了一套完整的信息原则，并适用于由英国政府创建、搜集、使用、共享、公开、加工的所有信息，旨在使公共部门所有组织在信息使用与管理方面越来越一致，同时使地方的政策与实践可以依据一系列共同原则与最佳方法。

2013 年 10 月，英国发布的《紧抓数据机遇：英国数据能力的战略》(*Seizing the Data Opportunity：A Strategy for UK Data Capability*) 中也明确提出保障个人隐私和数据安全、制定获取和利用研究数据的方案等内容。在战略性政策中突出个人隐私保护的内容，是英国政府数据开放政策的特点之一。

2016 年 5 月，英国政府在首相的反腐败峰会上发布了《2016 年至 2018 年英国开放政府国家行动计划》(*UK Open Government National Action Plan 2016 to 2018*)，提出了政府关于信息访问、公民参与、政府账目和技术与创新的新承诺。

三、日本公共数据开放的政策和法律

日本的公共数据开放较欧美发达国家起步较晚，但发展较快。2009 年，日本国内就出现了开放政府的相关议题，并有过试运行的网站。但真正使日本开始重视政府数据开放的事件是发生在 2011 年的"3·11"东日本大地震。这次

地震灾害使日本政府意识到开放数据在防灾减灾领域的积极作用，并成为日本启动政府数据开放的契机。2012 年 7 月，日本高度信息通信技术社会发展战略本部发布《数字行政开放数据战略》，指出公共数据属于国民共有财产，国家应加强对政策体系的构建，以促进公共数据的利用，该战略文件拉开了日本政府构建数据开放政策体系的序幕。

2013 年 6 月，日本内阁发布《创造世界最先进的 IT 国家宣言》，其中提到应当推进面向社会公众的公共数据开放。2014 年 10 月，日本政府数据开放门户网站 DATA.GO.JP 正式运行。2016 年 5 月，日本启动"开放数据 2.0"计划，以实现能够解决实际问题的政府数据开放为目标，拓宽了政府数据开放的开放主体、开放对象和适用地区等，这标志着日本数据开放建设迈入新阶段。

2016 年 12 月，日本内阁发布《推进官民数据利用基本法》，从法律层面对公共数据开放工作进行统一规定和指导，这是日本首部专门针对数据利用的法律。该法不仅详细规定了日本中央政府、地方政府和其他社会组织在推进数据利用方面应尽的义务，还设立了官民数据利用发展战略合作机关，确保数据利用的相关措施能够切实有效地被执行。2017 年 5 月，日本高度信息通信技术社会发展战略本部及官民数据利用发展战略合作机关共同通过了《开放数据基本指南》，依据日本的中央政府、地方政府，以及企业家在数据开放领域已有的尝试，归纳了开放数据建设的基本方针，成为日本公共数据开放的总指导文件。在《开放数据基本指南》中，日本政府着重阐述了开放公共数据的 3 项意义：①推进解决公共问题，刺激经济发展。日本政府期待公共数据能在社会中广泛得到利用，从而促进科技创新、改善公共服务效率，在充分适应时代价值观、技术变革及需求多样化的前提下，为日本的财政危机、少子老龄化等社会问题提供了新的解决路径。同时政府还鼓励风险企业利用公共数据进行服务和产业的创新，改善员工工作效率，促进全国经济发展；②提高行政效率，帮助循证决策。日本中央和地方政府能够利用数据开放获取对自身有用的情报，并以此为依据更好、更快地进行政策及措施的规划与设计提高行政效率；③使行政更加公开、透明，增强民众对政府的信赖。通过公开政策拟定时所用的公共数据，使民众可以充分自由地对已发布的政策进行分析和判断，加强行政的公开透明性，巩固政府信用。日本公共数据开放的具体要求主要包括开放范围、开放环境、开放形式、限定开放和有偿数据公开等方面。

2019 年 12 月，日本内阁会议决定通过《数字政府实施计划》，提出到 2025 年建立一个使国民能够充分享受信息技术便利的数字化社会，并将开放数据作为其中的重要一环加以强调。这标志着公共数据开放已成为日本向数字化社会转型的关键战略要素之一。

第三节 我国公共数据开放的现实困境

我国公共数据开放实践中，面临的困境是从以下两方面基本问题延伸的：一是什么是公共数据，即开放的对象是什么，具体包含公共数据的概念、开放范围等问题；二是公共数据如何开放，即开放的机制是什么，具体包含公共数据的内部治理、开放方式、开放面临法益冲突等问题。

一、公共数据概念的模糊影响开放工作的开展

基于中央及地方数据治理实践的不同进展，现行政策法规中"政务数据""政府数据"和"公共数据"三者概念共存，均用来划定政府开放数据的对象范围。政策法规中概念使用不统一，极易导致不同地方政府理解公共数据的含义及标准存在差异，进而导致公共数据开放范围的模糊。一方面，出于"权力本位"的考量，政府往往将公共数据占为己有，并不希望其他社会主体"搭便车"。另一方面，基于"谁开放、谁负责"的责任原则，各地政府担忧公共数据开放带来负面影响和不利后果而引发问责。因此，政府作为公共数据不予开放裁量权的主体，公共数据概念的模糊会成为政府限缩数据开放范围的"保护伞"，降低公共数据开放的质量。

二、公共数据治理机制不顺阻碍了开放的进程

公共数据开放面临数据质量低下的问题。目前，我国的公共数据资源纵向不连通、横向不共享。以政府数据为例，在科层制政府管理体制下，绝大多数政府数据开放目录编制以开放主体为架构。省政府、省直属部门及市（州）政府目录分开设置，彼此之间相互独立，省政府目录里找不到其直属部门的目录信息。不同政府部门间的数据资源采集标准、格式不统一，导致各个政府部门横向之间没有畅通的信息传输机制。政府内部数据治理的"根基"不牢，导致公共数据的聚合性、可读性和实效性较低，阻碍了全国范围内公共数据资源的规模化与综合性开放。

三、尚未形成切实有效的公共数据开放方式

《政府信息公开条例》中规定了"主动公开"和"依申请公开"两种政府信息公开的方式，公共数据开放延续了这两种方式，演进成"主动开放"和

"依申请开放"。不管通过哪种方式，公众均可获取未经加工的公共数据。但在实践中，公众直接获取公共数据存在诸多弊端。一方面，公共数据是社会生产的关键资源要素和价值载体，一旦进入开放的环境之中，将处于制度的真空地带，公共数据的开放将难以维持有序的状态。[①] 另一方面，政府直接将数据开放给公众，限于政府安全要求、技术水平等方面因素，易造成公众望数据兴叹，难以形成常态化、规模化公共数据开放生态。

四、公共数据开放与数据安全之间存在张力

公共数据开放与国家信息安全、商业秘密保护、个人信息保护之间存在张力是不可回避的话题。公共数据中涉及国家秘密和安全的，按照相关法律法规应予以保密。对国家秘密的核实甄别往往会造成开放的不及时，甚至有些公共数据在审查的过程中早已失去了时效性。一些不涉及国家安全与秘密的公共数据在大数据聚合分析后仍然可能生成包含国家秘密的衍生数据，将之开放会对国家安全造成危害。公共数据滥用同样使商业秘密和个人信息面临被侵犯的风险。追求公共数据开放不能枉顾国家利益、公共利益、商业利益和个人利益，公共数据开放和利用的治理成为保护数据安全的关键环节。

第四节　公共数据开放立法的可能性与必要性

一、立法模式

在立法论证的必要性分析里，选择何种公共数据开放立法模式是分析论证的前提。关于公共数据开放的立法模式，学术界已对国家层面统一立法达成一致，但并未对制定何种形式、何种位阶的法律规范达成一致意见，具体可以分为以下三种意见：第一种为全国人大及其常委会直接制定公共数据开放专门法；第二种为先行修改《政府信息公开条例》，再由全国人大及其常委会制定公共数据开放专门法；第三种为先行由国务院制定公共数据开放专门条例，即"公共数据开放条例"，再由全国人大及其常委会制定专门法。"政府信息公开"和"公共数据开放"属于不同概念。前者是把经过加工的数据变为有价值的信息面向公众公开，后者是把政府收集、归集的数据开放给公众。前者侧重于"公开"，是公众对政府信息的"知"。后者侧重于"开放"，是公众对公共数据的

"用"。通过修改完善《政府信息公开条例》来规制公共数据开放不可行，会造成制度适用的混乱。尽管全国人大及其常委会立法层级和效力高，但其立法存在程序长、耗时久的缺点，且立法的成本较高。从立法的成本效益视角来看，对公共数据开放立法属于具体领域内的立法，不宜通过全国人大及其常委会制定专门的法律。因此，由国务院制定"公共数据开放条例"即可实现立法目的。

二、立法的可能性

目前，我国尚没有针对公共数据开放的统一专门法规。公共数据在开放环境下将存在上文所述的诸多问题，无法满足社会对公共数据资源合理、充分利用的需求。特别是在我国《民法典》对公民个人数据权益予以确认，《个人信息保护法》对个人信息权益系统保护，《数据安全法》将国家整体安全观引入数据实践这样的规范环境下，对公共数据开放秩序的治理亟需相应的规范。因此，制定"公共数据开放条例"具有必要性。

三、立法的必要性

我国在国家层面针对公共数据开放统一立法的条件已基本具备，且时机基本成熟。多年来，我国从中央到地方、从政府信息公开到公共数据开放的实践探索可以为公共数据开放的中央立法提供大量经验素材，如国家在制定政策文件时形成的前期调研成果、政策执行情况报告以及地方政府在立法时形成的一系列立法经验，都可以在中央立法时进行"去芜存精"，实现立法的制度设计与现实情况精准对接，节省立法成本，真正立好一部"良法"。

第五节 公共数据开放立法的核心要素

下面，将围绕公共数据开放中核心立法要素进行讨论，具体包括公共数据开放的原则、范围、标准化协同治理体系、开放机制、监管制度、法律责任和救济机制等内容。

一、公共数据开放的原则

（一）"以开放为原则，不开放为例外"原则

公共数据开放的原则应是"以开放为原则，不开放为例外"。李克强总理曾于2016年在全国推进简政放权放管结合优化服务改革电视电话会议上指出："目前我国信息数据资源80%以上掌握在各级政府部门手里，'深藏闺中'，这

无疑是极大浪费。"目前，我国公共数据开放的主要问题并不是数据开放冗余，而是开放严重不足。基于《政府信息公开条例》中"以公开为常态，不公开为例外"的政府信息公开的原则，公共数据的开放也应当遵循此原则。立法机构在制定、修改以及行政机构在执行公共数据开放相关法律时，应转变思维与理念，充分尊重公民获取公共数据的权利，并致力于打造更好的公共数据服务。

（二）平等对待原则

公共数据的开放对任何人都应当是无差别对待，强调的是非歧视性。它要求以政府机关为主的公共部门不得以非正当理由排除任何实体和个人合法合理地获取、利用公共数据的权利。事实上，公共数据的开放为重塑国家和社会之间的互动关系提供了一个新的基础结构。大数据不仅是人们获得新知识、创造新价值的源泉，而且是一种改变政府与公民关系的方法。因此，在公共数据开放的过程中不能仅仅关注经济性、效率性和效益性，更需要关注个体之间的公平，避免大数据时代的数字鸿沟造成新的"数据贫富差距"问题。社会中的任何一个人都应当拥有平等获取公共数据的权利，真正实现开放的平等对待。

（三）数据安全保护原则

随着公共数据开放的进程不断推进，数据的收集、处理及利用逐渐成为社会、经济体系的一部分。公共数据开放与国家信息安全、商业秘密保护、个人信息保护之间存在张力，将公共数据中涉及国家秘密、商业秘密和个人信息的数据开放会对国家安全造成危害，也会使商业秘密和个人信息面临被侵犯的风险。追求公共数据开放不能枉顾国家公共利益、商业利益和个人利益，立法中应强化数据安全的保护，在安全有序的前提下充分利用公共数据。

二、公共数据开放的范围

需通过立法对公共数据开放范围进行清晰界定。此举是打破公共数据开放"舒适圈"，也是有效保护数据安全的防火墙。2019年9月，澳大利亚发布的《数据共享与公开立法改革讨论文件》中将传统的"予以开放"和"不予开放"数据二分法进行了发展，避免出现"一刀切"现象而阻碍数据流通，将公共部门数据分为三类：封闭的数据（Closed Data）、共享的数据（Shared Data）、开放的数据（Open Data）。第一类数据只有政府部门内部有权限访问，以负面清单的方式出现，是共享与公开的例外；第二类数据可由适当的主体出于正当理由获取；第三类数据可以由社会公众自由访问。

以此为借鉴，我国应从宏观和微观相结合的系统角度，建立统一的公共数据资源目录，确定公共数据开放范围。首先，在宏观层面"以开放为原则，不开放为例外"的全面开放原则下先行默认公共数据"应予开放"。对于"应予开放"的公共数据，政府应当无条件面向公众开放。其次，在微观层面根据公共数据分类分级标准判断是否为"依申请开放"和"不予开放"的公共数据。公共数据分类以数据属性为标准，公共数据分级以数据承载法益大小为标准。[①]目前，在地方立法中已经开始对公共数据分类分级开放制度进行探索。该制度可以实现对开放范围进行清晰界定，实现公共数据开放与法益保护能够相得益彰。例如，对于判断"不予开放"的公共数据，考虑到政府既是数据开放的主体，又是数据不予开放裁量权的主体，为防止政府滥用职权，过度扩大不予开放的数据范围，应通过法律手段对政府权力加以限制。可采取负面清单的方式将国家秘密、商业秘密、个人隐私以及政府内部事务性数据等类型的公共数据等设定为"不予开放"的公共数据。这些类型的公共数据开放后一旦经非法利用处理就会危害国家、公共及个人利益。对于判断"依申请开放"的公共数据，应以法益损害后果为标准，如果数据具有较高的公共价值，能够产生较大的经济社会效益，且被非法处理导致的法益损害后果远小于其正面效益，则应赋予政府适当的裁量权，决定是否对外开放。

三、构建公共数据开放的标准化协同治理体系

标准是特定领域统一的技术要求。标准化是制定标准、组织实施标准以及监督标准制定、实施的活动。公共数据开放的标准化体系是标准在公共数据开放领域的一系列相关标准的集合，其覆盖了从公共数据整合治理到开放的全过程。在公共数据开放中，标准具有重要意义。[②]一方面，公共数据整合治理离不开标准。公共数据来源于不同部门、不同地域，涵盖不同业务类别，常因缺乏统一的公共数据标准产生数据质量低下、数据不可及等公共数据失准问题，从而形成公共数据的"巴别塔"。公共数据标准化致力于数据质量、一致性与可用性，是实现公共数据开放的前提和数据整合的基础性工作。例如，标准可以规定公共数据的数据元素、元数据、参考数据、数据模型等内容，实现不同数据库中公共数据的命名、类型、含义的统一，以保证公共数据在不同系统间的一致性。另一方面，标准是公共数据开放的重要"基础设施"。公共数据开放包括数据采集、保存、加工、流转和利用等各个环节。每个环节都涉及专业技术问题，需要明确具体的技术要求来规范，以保证公共数据顺利开放。例如，

---

① 参见郑曦：《刑事司法数据分级分类问题研究》，载《国家检察官学院学报》2021 年第 6 期。

② 参见柳经纬：《标准与法律的融合》，载《政法论坛》2016 年第 6 期。

标准可以在公共数据开放中使不同功能、层次、技术架构的系统之间实现互联与互操作机制。

《国家标准化发展纲要》提出"标准是经济活动和社会发展的技术支撑，是国家基础性制度的重要方面"。我国立法应推动构建公共数据开放的标准化体系，形成法律为主、标准为辅，国家标准保基础、行业标准强支撑、团标企标促发展的协同治理框架。一是立法推动公共数据开放相关标准的制定，特别是强制性标准的制定。目前，我国关于公共数据开放的标准大部分为推荐性标准，不具备法律上强制力，如《信息技术 大数据 政务数据开放共享 第1部分：总则》（GB/T 38664.1-2020）、《信息技术 大数据 政务数据开放共享 第2部分：基本要求》（GB/T 38664.2-2020）。《标准化法》中规定了"强制性标准必须执行"。为更好发挥标准的规范和指引作用，应立法推动以强制性标准为主的公共数据开放标准的制定。二是立法推动公共数据开放相关国际标准的成果转化。域外实践公共数据开放较早，形成了较为完备且成熟的标准体系，如美国的POD v1.1元数据标准和澳大利亚AGLS元数据标准等。我国应积极推进吸收国际标准化成果，将之转化为国内标准，更好指导国内公共数据开放实践。三是立法推动地方政府和各相关社会团体积极参与标准制定。不同领域的专家在公共数据开放标准编制过程中充分交流，提高了标准制定的参与度，有利于标准的完善。我国现行多部公共数据相关地方标准和团体标准，后续标准数量会继续增加以因应公共数据治理与开放的规范需求。诸多地方标准、团体标准的制定和实施可以为未来国家标准的制定提供宝贵"立标"经验。

四、公共数据的开放机制

立法构建公共数据开放机制是公共数据开放秩序治理的重要方面。目前，公共数据开放主要为"主动开放"和"依申请开放"。但是不管通过哪种方式，公众均可获取未经加工的公共数据。直接开放未经加工的公共数据在实践中不仅不具有可持续性，常态化、规模化公共数据开放难以形成，也会由此侵害信息安全和个人隐私，引发系列社会风险。《国民经济和社会发展第十四个五年规划和2035年远景目标纲要》提出开展公共数据授权运营试点，深化第三方对公共数据的挖掘利用。公共数据授权运营的出发点是公共数据社会化开发利用，它是一种间接开放方式，本质上是政府与企业合作的商事活动，政府授权第三方数据运营主体运营公共数据，形成的数据结果有偿开放给公众，收益用于覆盖政府管理维护公共数据的费用和第三方数据运营主体的运营成本。相较于直接开放公共数据，公共数据授权运营实现了"原始数据不出域、数据可用不可见"的效果，降低了数据滥用的风险，较好地化解了公共数据开放与数据安全之间的冲突。可以看出，未来公共数据开放的方式将从直接开放逐渐转向直接开放与间接开放并行。

除公共数据授权运营以外，数据信托作为一种数据间接开放方式逐渐走进人们视野。2021年2月24日，《麻省理工科技评论》发布了2021年"全球十大突破性技术"榜单，其中便包含数据信托。数据信托并非普通法传统意义上的信托，而是一种支持可信赖行为的数据开放机制。数据信托将民事规则嵌入数据流动的规范架构之中，是公私法协同社会风险治理理念的有益尝试。将数据信托理论引入公共数据开放领域中，通过设立数据信托实现公共数据开放是一种切之可行的新方式。这也是有效防止公共数据被违法利用，保护信息安全和个人隐私的第二道防火墙。

信托理论与实践是相伴相生的，对于数据信托制度同样如此。数据信托属于新生事物，其理论并未深入发展，学界对数据信托的定义尚未达成共识。英国开放数据研究所（Open Data Institute，ODI）提出了"数据信托是一种提供独立数据管理的法律结构"。基于这个定义，一个数据信托必备的要素包括：一个明确目的和一个法律结构。在该法律结构中包括委托人、受托人和受益人。由委托人制定明确的信托目的。本书对公共数据信托所下定义为：以政府为主的公共部门作为委托人将特定公共数据使用权委托给受托人，由受托人为政府的利益并兼顾数据主体的权益对特定公共数据进行开发和利用的行为。

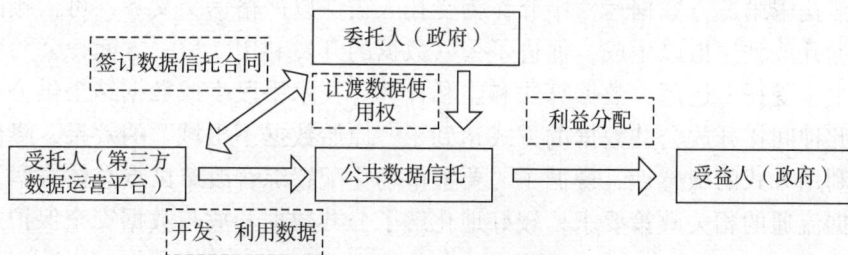

图2 公共数据信托结构图

如图2所示，在公共数据信托中，政府作为委托人与受托人签订公共数据信托合同，制定明确的信托目的，公共数据信托设立。委托人将特定公共数据的使用权让渡给受托人，同时对受托人课以严格的信义义务。受托人受委托运用大数据算法和隐私计算等技术手段对特定公共数据进行开发和利用后，将生成的数据结果出售给公众获得收益，受托人收取一定的信托报酬后，将剩余的收益分配给受益人。政府既是数据信托中的委托人，也是受益人。特别要说明的是，受托人一般是具有专业大数据分析能力的大型数据运营中心 / 公司。目前，国内的数据运营中心 / 公司一般采取市场化运作手段，大致分为三类：第一类是事业单位性质，如北京大数据中心、四川大数据中心；第二类是国有独资企业，如云上贵州大数据产业发展有限公司；第三类是国有参股企业，如数字广东网络建设有限公司。

下面，将讨论公共数据信托的法理可行性：

第一，信托关系产生的理论根基同样适用于公共部门与第三方数据运营主体。鉴于公共部门对数据享有使用权，其基于信赖将公共数据交付第三方数据运营主体。从公共数据信托的成立、受托人信义义务的产生、受托人控制权的实现、数据信托的权利配置均满足了信托关系的关键特征，两者之间存在天然的一致性与内在协调性。因此数据信托关系的产生的理论根基与信托一致。

第二，公共数据信托促进公共数据的开发利用并兼顾了国家信息安全和个人信息保护。一方面，在公共数据开放中，由作为公共数据使用者的公共部门直接运作可能存在运营能力不足、寻租风险较高以及责任界分不明等问题。通过设置可信中介可实现公共数据开放的可信治理，充分释放公共数据的价值潜力。《公共信息资源开放试点工作方案》《促进大数据发展行动纲要》等中央文件也提出建立市场化的公共数据应用机制，鼓励、依托专业机构开展公共数据增值开发活动。只有协调处理好公共部门与开发利用公共数据资源的第三方数据运营主体之间的相互信任关系，才可以更好实现公共数据的开放流通。公共数据信托中第三方数据运营中介作为受托人被课以严格信义义务，可信赖的公共数据开放秩序得以生成，促进了公共数据的开发利用。另一方面，公共数据信托中，受托人运用大数据算法和隐私计算等技术手段生成数据结果供公众购买。此种间接开放公共数据的方式达到了"原始数据不出域"的效果，降低了数据利用方式的敏感性，遵循了《要素市场化配置综合改革试点总体方案》关于数据流通的相关政策要求，较好地化解了公共数据开放与数据安全保护之间的张力。

第三，公共数据信托相较于普通的公共数据授权运营更能保护数据主体的权益。为提高公共数据的社会化开发利用水平，上海、浙江、重庆等地纷纷出台数据治理地方法规，提出建立公共数据授权运营机制。公共数据授权运营本质上是政府与企业合作的商事活动，类似于政府特许经营，双方之间签订合同，政府授权企业运营公共数据。相较公共数据授权运营，公共数据信托更具优势。凡是预先设定的合同文本都会有漏洞。第三方数据运营主体很有可能会利用这些漏洞侵害数据主体的权益。相比之下，公共数据信托中委托人被课以严格信义义务，在整个信托管理期间将政府和数据主体的利益放在首位，并承担其对数据保护达到信义义务标准的举证责任。此种举证责任比其举证履行合同注意义务要困难很多，不仅有助于第三方数据运营主体对数据主体的隐私保护投入更多精力，还有助于提高数据主体因第三方数据运营主体故意或重大过失数据侵权获得救济的可能性。

五、公共数据开放与利用的监管制度

数据安全问题是公共数据开放和利用过程中的核心问题之一。一方面，政府可以通过技术手段提升数据安全水平。如美国采用"人工合成数据"技术将公共数据中的敏感数据进行替换，从而实现数据安全。这应当是我国保障数据安全的技术发展方向。另一方面，政府还应当健全公共数据开放和利用的监管制度，通过制度手段保护数据安全。

（一）设立公共数据开放和利用监管机构

我国应在国家层面设立专门的公共数据开放和利用监管机构。一方面，设立专门的公共数据开放和利用监管机构在域外已成为普遍做法。如美国的信息政策办公室（The Office of Information Policy，OIP）、总务管理局（General Services Administration，GSA）和英国的信息专员办公室（Information Commissioner's Office，ICO）等代表性机构分别对本国的公共数据开放和利用相关工作进行指导与监督。另一方面，我国探索实践经验表明设立专门的公共数据开放和利用监管机构具有重要意义与可行性。同政府信息公开一样，公共数据开放是政府提供的一项整体性、系统性、全局性的公共服务。《政府信息公开条例》中规定国务院办公厅是全国政府信息公开工作的主管部门。在公共数据开放的中央立法中同样应明确公共数据开放和利用的国家级监管部门，以监管职能集中化和权力集约化推动公共数据资源的有效开放和合理合法利用。基于政府信息公开和公共数据开放的一脉相承性，可以由国务院办公厅作为主管部门负责推进、指导、协调、监督全国的公共数据开放工作，县级以上地方人民政府办公厅（室）作为地方性主管部门。同时强化数据安全监管，由国家网信部门统筹协调数据安全监管工作，公安部门、国家安全机关及工业、电信、交通等各行业主管部门依据各自职责承担相应数据安全监管职责，形成"央地联动、部门协同"的公共数据开放和利用的一体化综合性监管框架。

（二）建立公共数据利用者登记备案制度

这一制度并不意味着个人获取公共数据需先行备案，而是特别针对大型数据运营主体的准入制度。无论是个人还是大型数据运营主体，都是公共数据利

用者，具有平等地获取和利用公共数据的权利，有学者将此种权利称为公共数据的"公平利用权"。此项权利的行使不应受到政府的不当限制，这对应着资格准入中政府的公平对待义务。但是，相较个人零散性、偶然性地获取公共数据，大型数据运营主体大规模、持续性地处理公共数据给数据安全带来更大风险。基于数据安全或重要公共利益的考量，对大型数据运营主体实行登记备案制具有重要的现实意义。一方面，对大型数据运营主体登记备案后，其获取和利用公共数据的活动纳入统一监管，有利于实现公共数据依法安全有序开放。另一方面，对大型数据运营主体登记备案后进行公示公告，有利于打击非法的公共数据利用者，营造良好的开放环境。

六、公共数据开放的法律责任和救济机制

（一）公共数据开放的法律责任

由于政府主体的特殊性，公共数据开放的法律责任不涉及民事法律责任，主要涉及行政法律责任和刑事法律责任。关于刑事法律责任，《中华人民共和国刑法》（以下简称《刑法》）以及《最高人民法院、最高人民检察院关于办理侵犯公民个人信息刑事案件适用法律若干问题的解释》已进行相关规定。关于行政法律责任，主要是公共数据开放过程中的政府侵权责任。

1. 未保护好数据安全的政府侵权责任。在公共数据开放中，要保护好数据安全，凡含有商业秘密和个人信息的数据不能开放，除非进行匿名化。如果没有进行匿名化而开放数据的话，则可能承担侵权责任。在判断公共数据开放过程中政府是否应就其侵权行为承担法律责任的时候，应考察行政机关及其工作人员是否尽到了法律要求的数据管理义务。如果没有尽到法律要求的数据管理义务，就属于存在客观过错，要承担行政侵权责任。如果政府机关及其工作人员出于故意或过失而未作匿名化处理而导致了政府侵权，则法院应根据其过错程度、侵权行为与损害后果之间的因果关系的紧密程度因素判定其承担相应的责任。

但是，随着数据技术的快速发展，在公共数据开放的过程中即便按照相关法律规定将数据进行匿名化处理，但不同数据库之间的数据交叉印证，也可能生成包含商业秘密和个人信息的衍生数据。在公共数据开放后，数据被不法分子再识别并实施侵权行为的风险加大。但该侵权是否能全部归咎于政府匿名化工作的过错则要分情况讨论。行政机关负有对数据匿名化的义务，由于技术的发展，即便行政机关已经尽到了相应的注意义务，匿名化也并不能保证匿名数据不再被识别。仅凭技术的发展而使行政机关承担赔偿责任不免有些严苛，也

会使真正的责任人逃避制裁。此时可以结合行政机关采取的防止再识别风险的其他措施和行政机关的主观过错综合考虑。例如，行政机关建立了再识别风险评估机制，对数据使用者的再识别风险进行等级评判，对于风险等级高的数据使用者的数据使用行为高度关注，限制甚至禁止其数据使用行为，以防止再识别行为的发生对个人利益的侵害。同时可以考虑行政机关及其工作人员的主观过错。如果行政机关及其工作人员故意或过失违反匿名化义务，使数据主体权益受到第三人损害，则行政机关和第三人共同承担赔偿责任。可以根据行政机关和第三人故意、重大过失、一般过失的主观过错程度划分赔偿比例；如果行政机关及其工作人员已经尽到了足够的注意义务，尽可能地做好匿名化工作，且采取其他措施降低再识别风险，则不能认为行政机关存在过错，数据主体权益受到的损害应由实施侵权行为的第三人赔偿。

2. 开放数据造成数据使用人损害的不承担责任。公共数据开放不对使用人收取费用，即使收费，使用人支付的也不是对价而是成本，二者不构成民事法律关系，不能适用民法侵权规范。政府尽管根据数据质量原则不断提高数据质量，但也不能保证数据的完整性、准确性或适用性。公共数据因格式问题、质量问题、更新缓慢、平台本身的问题等，均可能引发纠纷。详言之，在公共数据开放过程中，相关工作人员可能存在以下违法情形：其一，不按规定采集、存储、更新公共数据，不按规定编制、更新、汇总和上报资源目录；其二，开放的数据存在真实性、准确性和完整性问题；其三，不按规定开放公共数据的系统接口或者数据库；其四，不按规定落实数据安全保护措施。即便如此，开放公共数据造成数据使用人损害的，政府不承担任何赔偿责任。这已是国内外公共数据开放的惯例。在我国公共数据开放试点工作中，很多地方政府也以声明方式明确表示对此类情况不承担责任。例如，上海市公共数据开放平台的《使用条款》有相应的"免责声明"：上海公共数据平台的运营管理单位仅对在上海公共数据平台上发布的各类信息进行形式审查。平台上各类信息服务内容所涉及的数据信息准确性、完整性、合法性及真实性以注册发布该数据信息的政府相关部门或第三方机构为准。平台不对任何因使用数据或任何衍生的分析和应用程序而造成的直接或间接损失承担责任。对于开放数据造成数据使用人损害的，政府不承担任何赔偿责任，有利于消除政府顾虑，提高开放公共数据的积极性。

3. 不予开放数据行为导致的纯粹经济损失不予赔偿。如果依据法律法规的规定，政府应予开放的数据却不开放，或已经开放的数据中断开放，由此导致的经济损失，数据使用人是否有权要求赔偿呢？

第一，根据现行《中华人民共和国国家赔偿法》（以下简称《国家赔偿法》），抽象行政行为、一般行政不作为导致的损失，以及间接损失，国家不承担赔偿责任。政府应予开放的数据却不开放，或已经开放的数据中断开放，由此导致损失，就属于抽象行政行为、行政不作为导致的损失，主要是一种间接损失，因此，国家不承担赔偿责任。

第二，公共数据开放并不赋予任何个人或企业以任何个体权利，个人或企业的权利至多是一种抽象性的获取和利用公共数据的权利，不能通过诉讼来予以救济。就此而言，当事人无法通过行政诉讼来获得赔偿救济。

第三，政府应予开放的数据却不开放，或已经开放的数据中断开放，由此导致损失属于纯粹经济损失。纯粹经济损失是指非因侵害受害人的人身、财产或者绝对权利等而产生的经济损失，具有间接性、经济性等特征。在民事侵权上，对纯粹经济损失应采取"不赔偿为原则，赔偿为例外"的规则。这主要是因为，纯粹经济损失的发生非常具有偶然性，并且不与受害人的财产或者人身损害相联系，这种损失的受害人及损害结果在多数情况下是行为人不可预见的，损失的数额和范围存在着较大程度的不确定性，因此，行为人原则上不承担赔偿责任。以此类推，公共数据不予开放导致的纯粹经济损失，政府也不应承担赔偿责任。

因此，从理论上说，政府应予开放的数据却不开放，或已经开放的数据中断开放，由此导致损失国家不应承担赔偿责任。

（二）公共数据开放的救济机制

政府在数据开放过程中，政府未保护好商业秘密和个人信息的，构成政府侵权责任，对此，可以通过国家赔偿程序或诉讼程序予以救济。政府开放数据造成数据使用人损害的，政府不承担赔偿责任。不予开放数据行为导致他人产生纯粹经济损失的，政府也不承担赔偿责任。后两种情形，既然政府不承担赔偿责任，即政府的这两种行为具有不可诉性。特别是政府不予开放数据的行为，只可复议和内部申诉，不可诉讼。

1. 政府不予开放数据行为的行政复议。以复议制度首要功能为标准，可以将行政复议制度的性质归纳为内部监督说、争议解决与权益救济功能说两种观点。内部监督说肯定行政复议首先要实现行政机关自我监督、自我纠错的功能。在这一认识之下，不予开放数据行为当然是可以复议的。争议解决与权益救济功能说将争议解决与权益救济作为行政复议制度的首要功能予以认识。

从《中华人民共和国行政复议法》（以下简称《行政复议法》）的规定来看，其采纳的是权益救济功能说。我国《行政复议法》第 2 条规定："公民、法人或者其他组织认为具体行政行为侵犯其合法权益，向行政机关提出行政复议申请，行政机关受理行政复议申请、作出行政复议决定，适用本法。"第 6 条是肯定式列举的 10 种可以复议的具体行政行为以及最后一项"兜底条款"——"认为行政机关的其他具体行政行为侵犯其合法权益的"，其最低公约数都是"侵犯其合法权益"。

从《行政复议法》的规范分析，不予开放数据行为不属于《行政复议法》第 6 条明确列举的 10 种可以复议的行政行为，也不属于该条的兜底条款的情况，因为不予开放数据行为，针对的不特定的社会公众，不属于"具体行政行为"。不予开放数据行为，更不属于《行政复议法》第 7 条规定的可以附带性审查的行政规范性文件。因此，不予开放数据行为不具有《行政复议法》规定的可复议性。

如果不是从实定法上的规范进行分析，而是从理论上进行分析，不予开放数据行为，在争议解决与权益救济功能说之下，是否应可以申请复议呢？这既取决于我们对行政复议和行政诉讼关系的定位，也取决于我们对开放公共数据的行为是否侵犯了当事人的合法权益的认定。一方面，即使是在行政复议权益救济功能说下，可复议性的范围应大于可诉讼的范围，以尽量给当事人以权利救济。因此，不宜以不可诉的分析要件来分析不可复议性。另一方面，政府有开放公共数据的义务，公众对此也有期待权，公众享有获取和利用公共数据的权利，尽管这不构成德国法上的"主观公权利"，而是一种反射性利益，但也是一种"合法权益"。因此，政府不予开放数据行为是应该可以提起行政复议申请的。未来的公共数据开放立法应保障相对人的该项申请行政复议权。

2. 政府不予开放数据行为的内部申诉机制。在境外，独立的督察机构的投诉受理功能在开放政府包括公共数据开放发挥着重要作用。经济合作与发展组织（OECD，以下简称经合组织）的一项调查发现，实际上，将近 30% 的政府已经设立了独立的督察机构，以协调政府开放战略和计划。具体而言，督察机构在开放政府中可以发挥两方面的作用：首先，督察机构作为一个国家或地区的体制框架的参与者，可以将开放政府的原则适用于其自身的运作。这不仅包括提高其活动的透明度和问责制、管理和预算，还可以促使利益相关者更有效地履行其职责。其次，作为与公民互动的机构，监督公民的权利是否得到尊重并提供政策建议，督察机构不仅可以为该国或地区的开放政府战略和举措做出贡献并提供信息，而且还可以监控和促进实施这些改革并要求政府对此负责。参与调查的督察机构中，有 96% 的机构接受并处理公民对公共管理机构的投诉，而 67% 的机构可在公民与公共管理机构之间进行调解。督察机构调解结果没有强制执行力，只能施加"软"压力才能促使双方当事人采纳其建议。督察机构向政府提交年度活动报告，以提请政府注意补救措施。

我国与此功能对等的是信访工作机构，但信访工作机构主要是解决纠纷，且经常存在着非法信访、越级上访等现象。通过扩张信访渠道来解决公共数据开放过程中的申诉或纠纷并不可取，建议通过公共数据开放网站上的内部投诉处理机制或复议制度解决这些申诉或纠纷。大多数国家的公共数据开放网站上都有申诉功能。例如，在澳大利亚，可通过 DATA.GOV.AU 或直接向持有公共数据的政府机构提出访问公共数据的请求。如果机构拒绝访问数据，则用户可以使用通过网站中的公共申诉功能进行申诉。在英国的公共数据开放网站上，也有相应的功能。用户可以提交纠纷。在美国政府数据开放网站上，用户可以提交数据开放请求、报告下载和使用过程中遇到的问题。在我国一些地方性的公共数据开放法规中也规定了内部申诉机制。如《上海市公共数据开放暂行办法》第 10 条第 3 款规定："自然人、法人和非法人组织可以通过开放平台对公共数据的开放范围提出需求和意见建议。"《福州市公共数据开放管理暂行办法》第 18 条也有类似规定："本市鼓励各级各部门、企业、科研机构等通过举办大数据竞赛、数据沙龙、大数据技术研讨会等方式，吸引国内外优秀人才共同为本市大数据发展建言献策，致力解决各行业大数据应用的痛点、难点，鼓励优秀的项目孵化落地推广。各级各部门、企业、科研机构可通过开放平台申请获取开放数据和技术支撑。"通过公共数据开放平台提交申请和投诉，适应互联网时代趋势，有利于降低申请和投诉成本，且速度快捷、方便实用。

思考题

1. 公共数据开放的源起因素有哪些？

2. 公共数据的概念是什么，与政府信息、政府数据等概念有何区别与联系？

3. 公共数据开放的意义与价值是什么？

4. 美国、英国、日本三国的公共数据开放的政策和法律有什么共同点，对我国公共数据开放政策法规的建设有何借鉴与启示？

5. 我国公共数据开放面临哪些现实困境？

6. 公共数据开放的立法模式有哪些？

7. 我国公共数据开放立法应坚持什么原则？

附录：

表　我国关于公共数据开放的地方立法

序号	法律名称	立法主体	文件性质	公布日期
1	《福建省政务数据管理办法》	福建省人民政府	地方政府规章	2016.10.15
2	《浙江省公共数据和电子政务管理办法》	浙江省人民政府		2017.03.16
3	《成都市公共数据管理应用规定》	成都市人民政府		2018.06.06
4	《上海市公共数据和一网通办管理办法》	上海市人民政府		2018.09.30
5	《重庆市政务数据资源管理暂行办法》	重庆市人民政府		2019.07.31
6	《南京市政务数据管理暂行办法》	南京市人民政府		2019.08.07
7	《上海市公共数据开放暂行办法》	上海市人民政府		2019.08.29
8	《山东省电子政务和政务数据管理办法》	山东省人民政府		2019.12.25
9	《无锡市公共数据管理办法》	无锡市人民政府		2020.02.26
10	《中山市政务数据管理办法》	中山市人民政府		2020.05.15
11	《浙江省公共数据开放与安全管理暂行办法》	浙江省人民政府		2020.06.12
12	《宁波市公共数据安全管理暂行规定》	宁波市人民政府		2020.09.25
13	《济南市公共数据管理办法》	济南市人民政府		2020.09.30
14	《安徽省政务数据资源管理办法》	安徽省人民政府		2020.12.30
15	《湖北省政务数据资源应用与管理办法》	湖北省人民政府		2021.01.25
16	《贵阳市政府数据共享开放实施办法（2021 修改）》	贵阳市人民政府		2021.07.23
17	《贵阳市政府数据共享开放考核暂行办法（2022 修改）》	贵阳市人民政府		2022.12.19
18	《贵阳市政府数据资源管理办法（2022 修改）》	贵阳市人民政府		2022.12.19

序号	法律名称	立法主体	文件性质	公布日期
19	《贵州省大数据发展应用促进条例》	贵州省人大		2016.01.15
20	《天津市促进大数据发展应用条例》	天津市人大		2018.12.14
21	《海南省大数据开发应用条例》	海南省人大		2019.09.27
22	《山西省大数据发展应用促进条例》	山西省人大		2020.05.15
23	《沈阳市政务数据资源共享开放条例》	沈阳市人大		2020.08.14
24	《贵州省政府数据共享开放条例》	贵州省人大	地方性法规	2020.09.25
25	《吉林省促进大数据发展应用条例》	吉林省人大		2020.11.27
26	《山西省政务数据管理与应用办法》	山西省人大		2020.11.27
27	《安徽省大数据发展条例》	安徽省人大		2021.03.29
28	《贵阳市政府数据共享开放条例（2021修正）》	贵阳市人大		2021.06.07
29	《山东省大数据发展促进条例》	山东省人大		2021.09.30
30	《浙江省公共数据条例》	浙江省人大		2022.01.21

第四章

数据流转理论

内容提示：数据流转是数据要素市场的核心环节。作为一种新型的生产要素，数据已然参与到社会生产活动的各个环节中，数据价值的实现正是基于数据的流转，数据在流转中实现二次开发，流转可以最大限度地释放数据红利。正因如此，数据的流转理论是数据法最重要的部分。数据的流转分为数据的转让和数据的共享，其中，数据交易是数据转让的最主要形式。数据在流转过程中需主要遵循数据流转自由、数据流转安全、数据流转合法三原则。

第一节　数据流转理论概述

数据资源作为重要生产要素，蕴藏巨大的价值，被认为是 21 世纪的"黄金"或"石油"。"生产要素"级别的数据定位深层次地凸显数据价值，撬动数据要素的价值倍增，推动数据的进一步流转。经济基础决定上层建筑，数据流转易生态在推动生产方式、生活方式变革的同时，也要求现代法学去直面数字经济的发展，进行数字立法，发展数据流转的法治新路径。因此，在数据为王的时代，数据的流转法律关系是法律的重要调整对象，数据立法及数据政策的核心目的也在于促进数据的流转。

放眼国际，欧盟的《通用数据保护条例》中第 1 条第 1 款明确提出：本条例旨在确立个人数据处理中的自然人保护和数据自由流通的规范。聚焦我国，2021 年发布的《国民经济和社会发展第十四个五年规划和 2035 年远景目标纲要》提出，发展技术和数据要素市场，激活数据要素潜能，建立数据资源产权、交易流通、跨境传输和安全保护等基础制度和标准规范，推动数据资源开发利用。《"十四五"数字经济发展规划》进一步提出到 2025 年初步建立数据要素市场体系。《网络安全法》《数据安全法》《个人信息保护法》均存在数据立法的规范。其中,《数据安全法》第 19 条规定:"国家建立健全数据交易管理制度,规范数据交易行为,培育数据交易市场。"

一、数据流转的含义与形式

(一)数据流转的含义

数据流转源于数据的价值,数据的流转反过来使数据进一步增值。数据的流转使数据深入参与人类的生产活动,孤立、单一的数据经过集合、加工、分析和输出等多道工序的"淬炼",产生新的关联,并衍生出新的数据。

数据不同于其他物品,其他物品的使用以实际占有为前提条件,因而一方对其他物品的使用往往影响到他方的使用。而不同持有人可以同时对相同数据享有互不排斥的权利。仅依据数据物理上的占有、使用状态,并不足以判断数据是否发生流转、流转到哪一主体处。应基于数据控制权转移与否及即转移方向来区分数据的流转。因此,我们可以将数据的流转主要分为控制权完全转移的流转和控制权未完全转移的流转,前者是数据的转让,后者是数据的共享。

综上,本书认为,数据流转是指为实现数据的增值,在不同主体之间转让、共享数据的行为。向他人提供数据的一方叫数据提供方,接受和使用数据的是数据接收方。

(二)数据流转的主要形式

按照不同的标准,可以将数据的流转划分为不同的形式,以流转的主体为标准,数据流转可以分为行政组织之间的是数据流转、私有组织之间的数据流转、行政组织与私有组织之间的数据流转三种。根据数据是否有偿为标准,可以将数据的流转划分为有偿的数据流转和无偿的数据流转。按照数据流转的方向,数据流转可以主要区分为数据转让和数据共享。根据数据的来源及流转的环节为标准,可以分为一级流转和二级流转。后两种流转是相对常见的数据流转形式,因此本书着重介绍这两种数据流转形式。

1. 数据转让与数据共享。数据转让是指将数据控制权由一方转移至另一方的过程。提供方转出数据的控制权,接收方取得数据的控制权。数据转让表现为数据的单向流转,数据在提供方与接收方之间单向转移。最常见的数据转让形式是数据交易。数据交易是指数据提供方与数据接收方将数据视为交易的标的,进行互付对价的行为。数据的可转让性不同于传统财产权的可转让性。权利法定类型化为该类型的权利中所包含的对世性和排他性权素的有效转让提供法律基础,法律将特定权利类型化,赋予可转让性,实质上就认可了通过合同转让该类型权利中所包含的对世权和排他性权素的有效性。转让是基于该类型的对世性与排他性等权素。因此，物的转让表现为占有的转移。然而数据并非物，不具有排他性，数据的转让通常不同于一般的财产权的转让。数据是可以复制的，即使完成数据的流转，数据的转移并不通过占有表现出来，而是以数据控制权的流转表现出来。数据的接收方实现对该转移的标的——数据从"无控制权"到"有控制权"的转变，所以数据的流转本质是数据控制权的流转，而非数据的占有主体、占有状态的变更。需要说明的是，数据的控制权转移有两种情况，一种情况是数据的提供方在转移数据给接收方之后仍保持数据的控制权；另一种情况是，某些数据交易中，数据提供方在向数据接收方提供数据后，将彻底丧失数据的控制权。

数据共享是某一系统内部各组成部门之间对其所享有数据进行的分享行为。数据共享实质上是在特定范围内让渡自己的数据使用权，而交换其他主体的数据使用权的一种数据交换机制。[①] 数据共享是双方相互交换数据的行为，是一种"双向"的数据流转行为，数据的提供方同时是数据的接收方，数据的接收方同时是数据的提供方。数据共享既包括归属于同一组织之间的数据流转，也包括不同组织之间经过投融资或者合作的方式组成一个联盟，在联盟组织内部进行的数据互通。

数据共享不等于数据转让。其一，数据流转的方向不同。数据的转让是一方转让数据，一方接收数据，是一种"单向"数据流转的过程。而数据共享是部门之间共同分享数据，更多指向的是多个数据主体向同一个平台中提供数据，同时也可从该平台中获取其他方的数据分享形态。因此，数据共享是一种"双向"的数据流转过程；其二，数据接收方获取的数据控制权的权能大小不同。数据转让后，数据接收方取得数据控制权，该控制权的权能更大。通常情况下，在不违反法律和社会公共利益的情况下，数据的接收方可以充分地处分该数据。但是基于数据共享获取的数据，数据接收方不能随意处分该数据，除非获得数据主体及数据提供方的同意。

此外，与数据共享、数据交易相关的，还有数据开放这一概念。世界银行将数据开放定义为：能被任何人出于任何目的不受限制地进行自由利用、再利用和分发，并最大程度保持其原始出处和开放性的数据。《贵州省政府数据共享开放条例》将政府数据开放定义为行政机关面向公民、法人或者其他组织依法提供政府数据的行为。因此，可以将数据开放定义为某一组织向组织外部有选择地提供组织所掌控数据的行为。

---

① 高富平：《大数据知识图谱——数据经济的基础概念和制度》，法律出版社 2020 年版，第 87 页。

数据共享、数据开放、数据转让的区别在于所流转数据的属性与数据流转的主体范围上。对于具备公共属性的数据，在组织体系内部流通属于数据共享，如政府机构之间的数据交换；在组织体系外部流通属于数据开放，如将公共数据向社会公众开放。对于具有私有属性的数据，在组织内部的流转属于企业数据共享，如企业部门间的数据交换；在组织外部的流转属于数据转让，如不同企业之间的数据交易。

2. 一级流转与二级流转。数据的一级流转指的是数据控制者从数据主体手中获取数据的过程。数据的一级流转解决的数据原始积累的问题，可以是有偿的，也可以是无偿的。此过程通常是数据的转让，而非数据的共享。

数据的二级流转指的是数据的控制者通过等价交换的方式向第三方转让、共享数据的行为。在完成数据一级流转过程的基础上，才能进行数据的二级流转，数据的二级流转通常是在数据交易所进行的数据交易行为及数据组织内部的数据共享行为。

数据一级流转和二级流转的区分存在一定的意义。两种流转类型遵循的规则存在巨大差异。数据一级流转属于数据的"收集端"的流转，是某组织从数据主体手中收集数据的行为，此过程主要涉及数据主体与数据收集者两方，着重关注数据主体的安全维护问题，因此相关立法侧重于规制侵害数据主体权益的行为。然而，数据的二级流转是数据"流通端"的流转，此过程不仅仅涉及数据主体与数据收集者（通常是二级流转中的数据出让者），还涉及二级流转中的数据获取者、数据交易中介平台等，这一流转类型的相关立法是极其复杂的，需要进行多方因素的利益衡量，不仅需要关注数据主体的数据权益维护，还需要关注数据持有者的权益维护、数据流通价值的最大限度释放等方面的考量。因此，在立法中，不能仅侧重于一方权益的维护，而是需要通过对数据二级流转的各方当事人进行科学的权义配置，以求实现多方利益的平衡。

二、数据流转的基础要素

数据并非天然就能实现流转，数据的流转需要一定的前提要素。数据的财产属性使数据具备一定的经济价值，这是数据流转第一大基础要素。数据流转是对数据公共属性的应然回应，公共属性是数据流转的第二大基础要素。数据流转依托于特定的场景，因此场景是数据流转的第三大基础要素。

（一）数据的财产属性

关于数据是否具有财产属性的问题，存在两种对立的观点，第一种观点主张数据不具有财产属性。譬如梅夏英教授主张：数据本身并不是财产价值之源，它依赖于一个庞大的工具和行为系统才能产生经济价值，甚至数据在其中并不是决定性的因素。具体来说，首先，数据本身不具有独立的经济价值，它依赖于载体、代码和其他诸种要素才能发挥工具性作用；其次，抽象强调数据的财产性会忽视信息层面上的交易性和人格权保护的理论冲突，并导致过分商业化的恶果；最后，在缺乏信息保护法律外衣的情形下，数据依赖于操作主体的控制而实现自身利益。①

第二种观点主张应赋予数据财产权属性。系统提出数据财产化（data propertization）理论的，当属美国的劳伦斯·莱斯格（Lawrence Lessig）教授。其在1999年出版《代码和网络中的其他法律》（*Code and other Laws in Cyberspace*）一书中系统地提出了数据财产化的理论。该理论主张赋予数据财产权属性，通过给数据创建合法财产权的方式，强化数据本身的经济驱动功能，以打破传统法律思维之下对隐私的绝对化保护而阻碍数据流通的僵化格局。②此后，有作者修正了该理论，主张：莱斯格的理论虽然赋予个人信息以财产化的私权构建，却仍属于立足数据主体权益的单边构建，排斥了数据从业者应有的财产地位和利益诉求。③龙卫球教授亦提出，数据经济及其数据资产化趋势，推动了数据财产化的发展，一种新型财产权形态呼之欲出。数据新型财产权从体系上说，应该在区分个人信息和数据资产的基础上，进行两个阶段的权利建构：首先对于用户而言，应在个人信息或者说初始数据的层面，同时配置人格权益和财产权益；其次对于数据经营者（企业）而言，在数据资产化背景下，基于数据经营和利益驱动的机制需求，应分别配置数据经营权和数据资产权。④

个人数据蕴含潜在经济价值，让我们不可否认亦无法否认其存在的财产属性。首先，数据主体可以将其持有的数据转化为金钱等物质性利益。财产系指由具有金钱价值的权利所构成的集合体。所谓具有金钱价值，指的是获得对价而让与，或得以金钱表示者。因此，数据主体可以将数据转化为金钱等物质性利益，即表现出数据具备财产属性；其次，数据上的控制权具有可转移性。个人信息转移权以信息和数据、人格与财产、个体与市场二分为原则，让信息与人格归于个体，让数据与财产归于市场，实现了逻辑清晰和功能简化，各方围

---

① 梅夏英：《数据的法律属性及其民法定位》，载《中国社会科学》2016年第9期。类似观点如吴伟光：《大数据技术下个人数据信息私权保护论批判》，载《政治与法律》2016年第7期。

② 参见［美］劳伦斯·雷席格：《网络自由与法律》，刘静怡译，商周出版社2002年版，第396页。

③ See Schwartz, Paul M., "Beyond Lessig's Code for Internet Privacy: Cyberspace Filters, Privacy Control and Fair Information Practices", *Wisconsin Law Review*, 2000, p.746.

④ 龙卫球：《数据新型财产权构建及其体系研究》，载《政法论坛》2017年第4期。

绕数据的纠纷自然消弭。① 由此可见，由于数据的可转移性，需将个人信息和数据进行分离，剥离信息的人身属性并彰显数据的财产属性，满足社会经济数字化转型中对数据更深层面的需求。最后，数据的确权即体现了对数据财产属性的肯认。确权是为确定权利的归属，确权的前提是需要认同数据之上具备一种财产性的权利。

赋予个人数据以财产权品格的设计，便于数据的顺畅流转，这主要基于：

第一，数据的财产属性直接回应了数据流转的需要。数据的财产性，一方面体现为其承载的信息具有使用价值，另一方面也体现为信息流通带来的交换价值。② 在数字萌芽初期，网络信息在财产上的意义尚未充分显示出来，因此在当时，信息的流转其实并不发达。但是，随着商业化数据活动如火如荼地展开，单纯的个人信息人格权的规范模式表现出"捉襟见肘"之感，在这种情况下，与其扭捏赋予个人信息中的人格权商业化品格，不如直接采取赋予其财产权的方式，这样更加顺畅也更加合乎时宜。③ 可以说，作为一种生产资料，数据流转表面为信息的转移，但是实质上是财产的流转。

第二，数据流转有赖于数据的财产确权。正因此，数据流转制度以数据财产确权为前提，以确权形成的数据信息财产为标的。只有明确了归属和交易的权利，才能够保证数据生产者对于数据产品的收益权，赋予了数据近乎于所有权的财产属性之后，数据主体对其数据才可以在财产上享有占有、使用、收益和处分的权能。权利归属的确定具有促进经济生产和财产交易的重要作用，明确数据财产生产者对数据产品的占有、使用、收益、处分权能不仅是避免数据领域"公地悲剧"的基本要求，④ 也是满足数据交易的需要。当不存在数据的财产确权时，人们即可通过先行占有、野蛮夺取等无偿方式获取数据，而无需以交易、共享等更复杂且需要支付相应对价的方式获取数据。

（二）数据的公共属性

数据从低质量、碎片化的原始形式，到最终成为可流动的数据资本，需要经历复杂的价值化动态过程。⑤ 数据需要在流动中产生价值，那就意味着其公

---

① 许可：《诚信原则：个人信息保护与利用平衡的信任路径》，载《中外法学》2022 年第 5 期。

② 席月民：《数据安全：数据信托目的及其实现机制》，载《法学杂志》2021 年第 9 期。

③ 龙卫球：《数据新型财产权构建及其体系研究》，载《政法论坛》2017 年第 4 期。

④ 王茜：《商法意义上的数据交易基本原则》，载《政法论丛》2022 年第 3 期。

⑤ 金骈路、陈荣达：《数据要素价值化及其衍生的金融属性：形成逻辑与未来挑战》，载《数量经济技术经济研究》2022 年第 7 期。

共性需要得到充分重现。[1]

数据的公共属性源于以下三个维度：其一，进一步转化为数据的个人信息具备可识别性，可以加深社会主体的相互了解以及人对物的认知，这就使得某些数据应当处于可以为他人使用的公共领域，而不能仅由特定主体独揽；其二，数据的储存和传输决定了数据本身的非独占性。数据有赖于某些系统进行储存和传输，因此数据通常都会涉及第三方共享的问题；其三，数据是数字经济时代社会发展的重要资源，其蕴含的不仅仅是单纯的私人人格利益，也体现了公共利益属性。

简而言之，数据具有一定公共属性，并且在大数据时代该属性愈加彰显。可以说，数据是高效社会管理系统的运作工具，在数字经济时代，即便是个人信息，均已溢出私人法益的范畴，具备公共性权利属性。此数据的公共属性催生了数据流转的需求。如上所述，数据的公共属性体现为数据应当处于可以为他人使用的公共领域，不能仅由特定主体独揽。正因为数据需要进入多个主体使用的共享领域，才产生了数据在多主体间流转的需求。

（三）数据流转的场景

场景理论本是城市发展研究的范式之一，主要探讨城市场景的功能及其对城市发展作用。[2]但是随着时间的推移，场景理论逐渐被其他学科吸纳并被用来作为解构一些群体性行为的理论。场景理论也可以用于解释数据流转行为。因为数据的流转也是多主体间的行为，依赖于数字利用的场景。美国学者海伦·尼森鲍姆（Helen F. Nissenbaum）提出场景公正理论，[3]主张保护隐私和个人数据的关键不在于隔绝信息，而在于确保个人信息流动的语境公正，在特定的语境下，数据的流动应当符合预期，特定化的信息流动应当与特定的场景信息模式匹配。[4]

数据的流转需要置于特定的场景中。在场景理论中，场景包含了五个要素：①相邻关系（Neighborhood）；②物质结构（Physical structures）；③人物背景，包括种族、阶级、性别和教育情况等（Persons labeled by race, class, gender, education, etc.）；④前三个元素的组合（The specific combinations of these and activities）；⑤合法性、戏剧性和真实性（Legitimacy, Theatricality

---

① 何渊主编：《数据法学》，北京大学出版社 2020 年版，第 31 页。

② 吴军：《城市社会学研究前沿：场景理论述评》，载《社会学评论》2014 年第 2 期。

③ Helen F. Nissenbaum, *Privacy in Context*, Stanford Law Books, 2010, p.3.

④ 王磊：《个人数据商业化利用法律问题研究》，中国社会科学出版社 2020 年版，第 78 页。

and Authenticity）。[1] 在这五大要素中，第一个是相关性要素，第二个是物质要素，第三个是主体要素，第四个是组合要素，第五个是文化要素。数据的流转需要一定的关联因素、基础设施、参与人员、支撑技术、地域范围、文化认同等场景要素。在这些要素的作用下，同一数据在不同场景中的流转机制是不同的，甚至在缺乏某些场景要素的情况下，数据是不能流转的，譬如，在缺乏关联性要素的情况下，数据将不能体现出价值，绝大部分主体并不愿意就这些数据进行流转；在缺乏基础设施、技术要素的情况下，数据流转在客观上无法实现；在缺乏数据流转的文化认同的场域内，缺乏促进流转的制度因素、价值观念等，将使得该地域范围的主体产生数据流转排斥。因此，场景应当被视为数据流转的基础要素之一。

三、数据流转的前提条件

数据流转需要满足特定条件。《民法典》第 1038 条第 1 款中规定，未经自然人同意，信息处理者不得向他人非法提供其个人信息，但是经过加工无法识别特定个人且不能复原的除外。是故，数据的流转需要满足同意前提或者匿名化前提。此外，当数据处理者发生合并、分离等事实时，亦可以进行数据的流转而无需同意或者匿名化。

（一）获得同意

通常，数据的流转需要经过数据权利人的同意。数据主体对其数据享有权益，因此，如同所有权人对其所有物享有处分权一样，在未获得数据主体的同意之前，其他任何主体均不能获取、使用该数据，更不能将该数据投入流通领域。《个人信息保护法》第 13 条规定，取得个人的同意，个人信息处理者方可处理个人信息。

《个人信息保护法》第 14 条第 1 款进一步对何为"同意"作出规定："基于个人同意处理个人信息的，该同意应当由个人在充分知情的前提下自愿、明确作出。法律、行政法规规定处理个人信息应当取得个人单独同意或者书面同意的，从其规定。"首先，数据主体的同意必须是明确的同意，且需要在数据主体知晓其数据将被流转至何处以及将要用于何种目的后才做出同意的决定。其次，数据主体的同意必须是基于自愿的同意。数据收集方不能以不同意获取数据即排除数据主体享有权益为手段，迫使数据主体不能不放弃其数据权益，同意数据收集方收集其数据并将该数据投入流转市场中。当前，很多数据平台在

---

① Clark，Terry，*The Theory of Scenes*，Chicago：University of Chicago Press，2013，p.12.

适用协议中约定，数据主体如欲使用该平台，必须同意平台收集其相关数据、获取访问其手机权限等，此情形难以被视为是数据主体对平台流转其数据的同意情形，除非所流转数据是平台办理该数据主体的相关业务所必须的。最后，除非法律、行政法规规定处理个人信息应当取得个人书面同意，否则获取数据主体同意的方式包括口头的同意，也包括书面的同意。

（二）匿名化处理

《民法典》第1038条对未经同意不能进行数据流转的情形作了除外规定，即经过加工无法识别特定个人且不能复原的除外。是故，虽然向他人提供个人信息数据通常需事先征得数据主体的同意，但若个人数据经过匿名化的处理，即使没有取得数据主体的同意，数据的持有者亦可以转让数据。简而言之，数据流转过程中，对数据的匿名化处理可排除"告知＋同意"规则的适用。

数据的匿名化处理指的是数据经过处理后无法识别出特定主体，并且该匿名化不能复原。因此数据流转的匿名化前提需要满足两个要件：

第一，无法识别特定主体。何为"无法识别特定主体"？随着大数据技术的发展，数据的关联性愈加紧密及数据的再识别技术不断精进，通常情况下，无论是否进行深加工处理，凭借强技术手段均能破解个人数据的匿名性，因此，数据的识别已经不再主要体现识别的可能性问题，而是识别的难度问题。易言之，"可识别性"实际关涉的是一种程度要求而不是有无状态。是故，《民法典》第1038条中的"无法识别"的精确表述应当为具备行为能力的主体无法通过搜索引擎、询问等日常可利用的资源识别出特定的个体。

第二，无法再复原。某些数据即使经过了建模分析、清洗之后，仍然很容易再识别，即绝大多数主体均可以通过日常的搜索软件将该数据进行再识别。此种情况下，数据匿名的意义将大打折扣，因此，立法在匿名后的结果要件上进行一定的限缩，要求进行匿名处理的数据不能再复原。当然，为保证立法解释的体系化，此处的不能再复原，并非是绝对不能复原，而应当作限缩解释，即解释为凭借日常技术手段难以复原。

（三）发生合并、分立等特殊事由

《个人信息保护法》第22条规定，个人信息处理者因合并、分立、解散、被宣告破产等原因需要转移个人信息的，应当向个人告知接收方的名称或者姓名、联系方式。接收方应当继续履行个人信息处理者的义务。接收方变更原先的处理目的、处理方式的，应当依照《个人信息保护法》规定重新取得个人同意。由此，当数据的处理者出现合并、分立、解散、被宣告破产事由时，可以未经数据出让方的同意而转让数据，但是需要履行通知义务，即需向数据主体告知其转移数据的接收方名称或者姓名、联系方式。但是，当变更数据处理的目的和处理方式时，仍需要经过原数据主体的同意。

（四）法律、行政法规规定的情形

除了获得数据主体的同意、进行匿名化处理、符合特殊事项情形外，如法律、行政法规存在关于可流转数据情形的，应当遵循该规定。《个人信息保护法》第13条中即对数据可流转情形进行相关规定。根据该条规定，除了取得个人的同意外，个人信息处理者在下列情形中可处理个人信息：其一，为订立、履行个人作为一方当事人的合同所必需，或者按照依法制定的劳动规章制度和依法签订的集体合同实施人力资源管理所必需；其二，为履行法定职责或者法定义务所必需；其三，为应对突发公共卫生事件，或者紧急情况下为保护自然人的生命健康和财产安全所必需；其四，为公共利益实施新闻报道、舆论监督等行为，在合理的范围内处理个人信息；其五，依照本法规定在合理的范围内处理个人自行公开或者其他已经合法公开的个人信息。

第二节　数据流转的原则

流转机制是数据信息产生价值的基础和源泉，也是数字经济发展的必备要件，数据流转制度的完备性决定了数据产业本身的价值。[①] 数据流转制度的完备性要求数据在流转时遵循一定的原则。数据流转的原则指的是贯穿于数据流转过程的始终，所有数据流转行为均需要遵循的根本准则。数据流转原则是数据流转过程中需要遵守的根本准则，在数据流转制度不健全的情况下，可以发挥填补漏洞的功能。

一、数据流转自由原则

数据流转的首要功能在于"把蛋糕做大"，即充分发挥数据的价值。因此需保证数据充分、自由地流转。数据的自由流转肇始于民法的意思自治原则。私法自治原则是对个体在法律关系形成过程中的"自己意愿"的认可，只要得到法律秩序的认可，私法自治形成法律关系除基于当事人自己意愿以外，无需其他理由。[②] 因此，数据流转自由原则强调数据的权利主体可以依照自己的意志，自由流转数据，不受非法干涉，立法应当为数据流转自由创造空间，排除

---

① 王茜:《商法意义上的数据交易基本原则》，载《政法论丛》2022年第3期。
② ［德］维尔纳·弗卢梅:《法律行为论》，迟颖译，法律出版社2013年版，第7页。

对数据流转的非法干涉。自由流转原则主要解决的是流转效率的问题。流转自由，可以加快数据流转，提升数据价值。可以说，数据流转自由是其他数据流转原则发挥作用的前提条件，只有保证数据流转自由，打破数据孤岛，形成有效的数据流转机制，才能更有效率地保护数据安全。正因此，欧盟 GDPR 第 1 条第 3 款规定，个人数据在欧盟境内的自由流通不得因为在个人数据处理过程中保护自然人而被限制或禁止。

　　基于数据自由流转的原则，需要在以下几个方面建构数据的秩序规则：

　　第一，建立打破数据垄断的法律制度。数据的融合产生边际递增效应，使数据的价值进一步呈现。数据流转自由要求充分尊重数据交易当事人的意思自治，防止数据垄断，破除某些数据持有者凭借市场优势地位对数据流通进行的不当限制。健康的数据流转市场应当是数据要素充分流动的市场，但在一些情况下，某些平台经营者在通过数据共享行为聚集大量数据后，达成垄断协议、滥用市场支配地位或实施排除和限制竞争的经营者集中，损害数据流转市场的竞争秩序和利益相关者的福利，为此需要制定打破数据垄断的法律规则。

　　第二，数据流转自由确立在数据主体权益维护基础上。辗转腾挪于三方之间的个人信息转移权，必然包含多元利益和价值之间的竞争。[1] 其中必定包括了数据主体的权益维护与数据的流转效率之间的价值冲突。现有的数据立法框架几乎完全聚焦于个人数据保护制度上，主要考虑数据主体的权利（益），而几乎不会考虑数据流动、数据共享和数据交易。[2] 其实，数据主体和数据控制者、数据处理者应当处于双赢的位置。在数据天平的两端中，数据主体与数据控制者（数据处理者）的权利应当是平衡的。由于相对缺乏数据专业知识和数据控制能力，数据主体相较于数据控制者和处理者来说，处于劣势地位，数据主体的数据权利往往相对易受侵犯。如果数据主体的权益易受侵犯，真正的数据自由也不可能实现。在数据主体的利益难以保障的情况下，会产生"市场失灵"下的"隐私价格歧视"等问题，即数据的控制者会根据用户对其个人数据潜在价值的不同偏好来区分消费者，并支付不同的对价或者对部分消费者不支付对价。[3] 因此涉及商业秘密、个人隐私等建立在他人权利之上的数据在流转时应当受到一定限制。

---

[1]　参见王锡锌：《个人信息可携权与数据治理的分配正义》，载《环球法律评论》2021 年第 6 期。

[2]　何渊主编：《数据法学》，北京大学出版社 2020 年版，第 18 页。

[3]　Schwartz, Paul M.Beyond, "Lessig's Code for Internet Privacy: Cyberspace Filters, Privacy Control and Fair Information Practices", *Wisconsin Law Review*, 2000, p.46.

第三，建立数据要素市场化下的分配机制。数据的自由流动建立在市场在资源配置中起到决定性作用的基础上，这要求构建经济社会各主体多元参与、协同联动的数字经济发展新机制，探索建立与数据要素价值和贡献相适应的收入分配机制，激发市场主体创新活力。具体而言，建立数据要素市场化下的分配机制，需要加快构建数据要素市场规则，鼓励市场主体探索数据资产定价机制，逐步完善数据定价体系；严厉打击数据黑市交易，营造安全有序的市场环境；保持数据交易标准的开放性和确定性，充分尊重数据交易过程中形成的习惯；并且在制定数据流转规则时，立法主体应同市场主体充分协商，使交易规则能够满足市场主体对于公平市场环境的需要，避免脱离商业实践。

二、数据流转安全原则

如果数据流转安全不能保证，数据的自由流转就无从谈起。数据流转的原则、价值、理念决不能单纯着眼于"效用"，纯粹的功利主义将使得数据流转的终极意义被抹杀。数据的自由高效流转的终极追求无非就是为了满足人类对美好生活向往的需求，是故，数据交易的根本目标是在市场化条件下促进数据流转，并最终促进数据信息的利用与保护。其中，数据流转需要数据交易符合工具理性，而数据信息的保护与利用则要求数据交易遵循价值理性。[1] 因此，数据流转自由并非是无限制的。自由放任的数据市场只是神话，无法形成自生自发的自然秩序。[2] 因此，应当实现数据自由和数据安全的平衡，在考量数据流转自由的同时，也要强调数据流转安全的原则。

数据安全原则是保证数据主体之间信任的有效途径。市场经济讲合作，讲契约，但是无论是合作还是契约，最终都归结于信任，因为信任而合作，因为缺乏信任而产生契约，信任是市场经济的基石。数据的有效流转依赖于市场经济，因此，数据的有效流转靠信任来支撑。而我国数据流转中面临的一大障碍，就是数字企业的信任危机。无论是行政机关、私有组织还是个人，均对数据流转的下游方秉持怀疑和担心的心态，数据流转道路艰难。维护数据流转安全，防止数据不当泄露现象出现，应给予数据主体和数据交易相对人一个"定心丸"，使其对数据交易存在信任，进而加大数据交易主体的交易意愿，最终才会吸引更多的主体愿意加入数据流转市场，增加数据主体来源的多元化，活跃数据流转市场。

---

① 王茜：《商法意义上的数据交易基本原则》，载《政法论丛》2022 年第 3 期。
② 何渊主编：《数据法学》，北京大学出版社 2020 年版，第 5 页。

　　数据流转安全是指数据在流转过程中持续处于一种被有效保护而不受侵犯的状态。在数据流转过程中，也会存在技术风险，危及数据主体甚至是公共利益。因此，在无处不数据的当今社会，数据的流转突破了传统时空、行业的限制，这些变化对个人的数据安全、产业安全、国家安全提出更高要求。数据交易安全原则不仅关注数据自身的安全，还涉及数据交易对外部安全秩序的影响。因此，数据流转的安全微观上表现为数据主体、数据持有者等私主体的数据安全；中观上表现为数据产业的安全；宏观上表现为整个国家的数据安全。因此，该原则要求当事人在数据交易的全过程中保障数据信息的安全，防止数据交易对国家利益、社会公共利益与他人合法权益造成损害。为了实现数据流转的安全，需要从以下三方面着手：

　　第一，做去标识化处理和匿名化处理。去标识化指的是通过技术手段，使转让的数据达到无法识别的程度。除非取得用户个人的同意，否则，数据的转让者在转让数据之前，必须进行去标识化的处理。匿名化（脱敏）被认为是平衡个人数据保护以及数据交易价值的关键制度。[①] 有学者认为，由于个人数据与隐私高度关联，对于进入数据交易市场的个人数据，应当经过严格的脱敏处理，且数据提供方需要对此类数据出具个人数据安全风险评估报告，才能够进行交易。[②] 随着数字经济的不断深耕，匿名化技术的成熟，也倒逼了反匿名化技术的快速进步，被匿名化的数据再识别风险攀升，应当对再识别风险进行评估，并根据风险的高低进行分级规制。法律应当为那些希望通过匿名化将个人数据商业化的公司提供清晰的路径，为个人资料的安全、稳妥和有效匿名化制定规则，以保障数据的有效共享。[③]

　　第二，设置数据流转的例外情形。为维护公共秩序与他人在数据之上的合法权益，应对合理划定可流转数据的范围。上海数据交易中心发布的《数据流通清单》中列出禁止流通的数据类型。为实现数据的安全交易，应当将如下三类数据排除在可交易数据信息范围之外：其一，损害国家利益、公共秩序的数据不得交易，具体情形包括危害国家统一、宣扬犯罪行为、扰乱社会秩序、散布低俗信息、危及国家秘密等。其二，涉及特定个人权益的，譬如未经个人授权的可直接识别到特定个人的身份数据、敏感数据、财产数据等情况。其三，个人生物识别信息原则上不应共享、转让。数字交易的重点是数据承载内容的

---

　　① 徐玖玖：《数据交易适用除外制度的规则构造》，载《电子政务》2021 年第 1 期。
　　② 张敏、朱雪燕：《我国大数据交易的立法思考》，载《学习与实践》2018 年第 7 期。
　　③ 武长海主编：《数据法学》，法律出版社 2022 年版，第 14 页。

交互与共享。由于数据的可复制性和易传播性，如所流转的数据背离良善价值、危及国家安全和社会公共秩序或侵犯个人权益，将不利于数据市场的有序健康发展。故而，应当设立数据流转的例外情形，将某些数据排除出可流转数据类型之外。

第三，要建立高效权威的协同预警机制。数据在流转的各环节均存在的重大风险，数据监管部门、数据企业等需加强风险监测，共同分析、研判、预警数据风险，形成风险报告，消除数据隐患。因此，《数据安全法》中规定，国家建立集中统一、高效权威的数据安全风险评估、报告、信息共享、监测预警机制。国家数据安全工作协调机制统筹协调有关部门加强数据安全风险信息的获取、分析、研判、预警工作。此外，重要数据的处理者应当按照规定对其数据处理活动定期开展风险评估，并向有关主管部门报送风险评估报告。

三、数据流转合法原则

整个数据法的核心在于确立数据从生产到使用的合法性，逐步探索和建立数据使用领域的具体规则，并试图解决数据相关利益和其他法律的协调适用。[①] 在数字经济发展过程中，会产生许多问题，譬如产生"数字悖论"，[②] 即由于数字化经验的缺失、方法不当等方面的问题，导致市场各类主体在进行数字化变革中产生数据化资源的浪费。又如平台实施数据垄断的事件频发。这些均需要通过法律制度保障各类主体的权益，设定相关主体的义务，以实现数字化社会的规范建设。因此《数据安全法》第 7 条规定，国家鼓励数据依法合理有效利用。为实现数据的合法流转，应当主要在以下几方面提供制度供给。

1. 在进行数据流转时，应当采取正当、合法的流转方式。《数据安全法》第 32 条规定，任何组织、个人收集数据，应当采取合法、正当的方式，不得窃取或者以其他非法方式获取数据。根据《个人信息保护法》第 34 条的规定，国家机关为履行法定职责处理个人信息，应当依照法律、行政法规规定的权限、程序进行，不得超出履行法定职责所必需的范围和限度。《民法典》第 1035 条规定，处理个人信息的，应当遵循合法、正当、必要原则，不得过度处理。因此，国家机关在进行流转等处理行为时，应当遵守立法的规定，不得超过必要的限度。

---

① 何渊主编：《数据法学》，北京大学出版社 2020 年版，第 29 页。

② 数字悖论源于信息悖论，即信息技术没有同步创造出预期商业价值，实践中信息公司安装了昂贵的信息系统，但是人们不知道如何利用他们，组织管理依然保持原样，经营效率仍然未有增长。

2.设立强行性的义务规范保证数据主体的权益。存在权利的享有主体，必然存在对应的义务主体。在数据流转过程中，为了保证数据主体、数据产品持有者相关的法定权利不遭受侵犯，数据立法也应当设立强制性的义务规则来维护各主体的权益，以保证在进行数据流转时，各主体能够规范自身行为，减少危害国家安全、侵犯其他主体权益的现象出现。当然，为了让相关法律长出"牙齿"，设立的强行性规范中应当包括法律责任的内容，若数据流转主体在转让、共享数据时，违反相关的立法规定，则应当承担相应的法律责任。

第三节 数据交易理论

云计算、人工智能的发展，均有赖于体量庞大的数据。原始状态下挖掘自身长期沉淀积累的数据已经不能满足现阶段社会发展对海量数据源的供给需求，需要通过动态的交易机制获取外部的数据供给，从其他来源获取数据的渴求催生了数据交易。

一、数据交易的概述

（一）数据交易的概念

数据交易是数据流转的最主要形式。数据交易是一种商事活动，强调交易主体平等、等价有偿，充分发挥价格机制、竞争机制、供求机制在资源配置中的作用。《安徽大数据交易中心交易规则》将数据交易定义为有偿的数据流转行为，强调数据与货币的等价交换。《数据资产管理实践白皮书（5.0版）》中对数据交易进行一定的界定：数据交易是指交易双方通过合同约定，在安全合规的前提下，开展以数据或其衍生形态为主要标的的交易行为。因此，在一定程度上，数据交易是指具有经济理性的主体，受到经济利益的驱动，而将数据的控制权进行让与的行为。数据交易是市场化的数据流转行为。其特殊性在于，其交易通常不同于一般的商品交易，实现物品所有权以及占有状态的转移。通常情况下，数据交易后，转让主体仍然可以保留对数据的占有。

（二）数据交易的模式

按照交易平台是否参与数据交易过程，数据交易分为收取佣金模式以及赚取差价模式。在收取佣金模式中，交易平台本身不参与数据交易，而仅仅充当"撮合者"的角色。作为中介，交易平台本身不存储和分析数据，仅对数据进行必要的实时脱敏、清洗、审核和安全测试，并作为交易渠道，通过API接口形式为各类用户提供出售、购买数据的使用权服务，并且从在本平台进行交易的主体上收取佣金；在赚取差价模式中，交易平台参与到数据交易中，交易平台先买入数据，后将数据卖出，以赚取差价。在该模式下，企业可以利用自身的数据优势为客户提供定制化的数据交易服务。

根据卖方对数据资产加工整合的精细程度，数据交易可分为直接交易模式和间接交易模式。直接交易指卖方直接提供未经加工的原始数据，如消费者的年龄、收入等数据，这是大多数潜在客户开发公司和一些金融数据销售公司采用的方式。间接交易指的是卖方通过对数据的整合再加工，形成一定程度的标准品或数据资产组合。直接交易可通过交互式协议进行动态机制设计，当数据产品的价值能预估时，可以采取直接交易方式。当数据的负外部性相对较小而买方的异质性过大时也可考虑直接交易。而间接交易主要适用于数据的网络负外部性较强的情况。①

以数据交易实体的角色为依据，将数据交易模式分为数据提供者模式、数据市场模式、数据管理系统模式三种。该分类是西班牙的 Santiago Andrés Azcoitia 和 Nikolaos Laoutaris 对来自欧美亚 22 个国家的 97 个数据产品公司进行调研后所作的分类。第一类是数据提供者模式，此类模式下，数据产品提供者将其从互联网上收集的数据或者从第三方获得的数据卖给数据消费者，但不会向消费者披露数据的来源。第二类是数据市场模式，该模式下目的地管理系统是平台，数据交易平台是与买家和卖家打交道的双边平台，为数据买卖双方提供信息，并且管理他们的数据交换。这种数据交易通常也包含某种经济交易，买方要么通过法定货币支付，要么通过由平台创建和控制的加密货币支付。第三类是数据管理系统模式，数据管理系统模式下数据交易实体专注于管理数据主体拥有的信息，旨在收集、组织、存储、组合和丰富其组织内的信息或个人数据，允许在组织内进行安全的数据交换，并从第三方供应商那里获取数据来丰富其企业信息库。②

（三）数据交易的定价

数据交易的重要环节是数据的定价，目前存在不同的定价规范，主要包括自主定价法、要素定价法等。

自主定价法即从事数据交易活动的主体自主协商如何进行定价。譬如，《上

---

① 熊巧琴、汤珂：《数据要素的界权、交易和定价研究进展》，载《经济学动态》2021 年第 2 期。
② Santiago Andrés Azcoitia, Nikolaos Laoutaris, A Survey of Data Marketplaces and Their Business Models, https://www.researchgate.net/publication/260795184_The_Data_Marketplace_Survey_Revisited.

海市数据条例》第 57 条规定，从事数据交易活动的市场主体可以依法自主定价。市相关主管部门应当组织行业协会等制订数据交易价格评估导则，构建交易价格评估指标。

要素定价法即依据数据品种、时间跨度、数据深度、数据完整性、数据样本覆盖、数据实时性等数据要素来确定数据价格。《贵阳大数据交易所 702 公约》第 12 条约定，不同品种的大数据价格机制是不一样的，实时价格主要取决于数据的样本量和单一样本的数据指标项价值，而后通过交易系统自动定价，价格实时浮动。交易所将针对每一个数据品种设计自动计价公式，数据买方可以通过交易系统查询每一类数据的实时价格。

此外，还有成本定价法、收益定价法、市场定价法等。成本定价法，即卖方生产的数据产品需要多少成本，在此基础上进行调整定价；收益定价法，顾名思义，即根据买方使用该产品之后获得多少收益来决定最终的价格；市场定价法，即按照产品多次交易后形成的稳定交易价格来进行定价。

二、我国数据交易的规范现状

数据交易的规范呈现出由"中心—边缘"的拓展结构，即由法律为中心的规范模式正逐渐走向"国家规制、平台自治、行业共治"的多主体协同规制模式。目前，数据的交易规则主要包括以下几种：①国家立法及地方法规；②数据交易中介平台自行针对数据交易达成的规则；③由数据交易企业、数据交易中介平台组成的行业自律组织制定的行业自律规则。

（一）央地法律规则

数据交易需要外部法律制度的保障。对于新兴的数据市场交易机制需要适配地建立健全监管体系，从数据交易审批、数据交易信息披露到平台职责与权限明晰，再到数据用途管制，均需通过立法予以明确。

国家立法方面，三大数据立法均为有关于数据交易的相关规定，《网络安全法》作为我国网络数据安全的立法框架，其中第 44 条规定，任何个人和组织不得窃取或者以其他非法方式获取个人信息，不得非法出售或者非法向他人提供个人信息。《数据安全法》第 19 条规定，国家建立健全数据交易管理制度，规范数据交易行为，培育数据交易市场。并且该法中第 33 条、第 47 条均为关于数据交易的立法规定。《个人信息保护法》第 22 条直接规定了个人信息因合并、分离等情况需进行信息转移的处理方式。此外，其他相关立法也有关于数据交易的规定，《民法典》第 111 条规定，自然人的个人信息受法律保护。任何组织或者个人需要获取他人个人信息的，应当依法取得并确保信息安全，不得非法收集、使用、加工、传输他人个人信息，不得非法买卖、提供或者公开他人个人信息。刑事立法方面，《刑法修正案（七）》第7条增设了出售、非法提供公民个人信息罪。

地方立法方面，为最大程度促进数据流通和开发利用，进一步激发市场主体活力，不少地方条例具有以制度创新引领改革发展的鲜明特点。作为首部地方大数据法规的《贵州省大数据发展应用促进条例》第18条和第19条均为关于数据交易的规则。上海市发布《上海市数据交易场所管理实施办法（征求意见稿）》，规范本市数据交易场所运营，防范和化解数据交易风险，促进数据要素市场健康发展。为引导培育天津市大数据交易市场、规范数据交易行为、激发数据交易主体活力、促进数据资源流通，天津市发布《天津市数据交易管理暂行办法（征求意见稿）》。《天津市促进大数据发展应用条例》第29条、第45条均是关于数据交易的规定。《深圳经济特区数据条例》第65条到第68条均是关于数据交易的规定。《安徽省大数据发展条例》第7条、第26条、第38条、第39条均是关于数据交易的规定。

（二）平台自治规则

数据社会化流通既需要实现数据提供方与需求方的匹配，即市场和价值磨合机制，又需要使数据流通可控制、责任可追溯和流通行为可监督，于是数据流通交易多通过第三方数据交易服务机构来进行。[①] 随着数据交易的发展，专门为数据交易搭建平台的数据交易所逐渐兴起。作为数据交易的平台，数据交易所有充分的动机实现自我规制。因为维护平台的交易秩序可以提升平台的吸引力，这正是交易所经营利益所在。数据交易平台为数据交易搭建安全的基础设施，建立合理的流程和安全管理制度，对平台上实施的数据交易的合法性和安全性实施必要的审查，实现数据交易的自律管理。平台的自我规制是自我治理理论的体现。自我规制的吸引力在于赋予规制对象相当程度的裁量权，当规制问题过于复杂，某个行业存在较强的异质性，或者该领域正处于动态演进之中时，则更适合选择自我规制。

目前，我国存在不少平台自治规则。贵阳大数据交易所发布《数据交易安全管理条例》，从技术角度出发，在用户安全管理、系统安全管理、数据安全管理三个方面作了详细规定，为数据交易安全保驾护航；北京国际大数据交易所发布了《北京数据交易服务指南》，其中囊括架构、方式、机制、安全等数据交易服务细则；上海数据交易所出台《上海数据交易所数据交易规范（试

---

① 高富平：《大数据知识图谱——数据经济的基础概念和制度》，法律出版社2020年版，第89页。

行）》《上海数据交易所数据产品登记规范（试行）》《上海数据交易所数据交易合规管理规范（试行）》《上海数据交易所数据交易安全规范（试行）》《上海数据交易所信息披露规范（试行）》等规范，以维护数据交易秩序。华东江苏大数据交易中心通过了《数据交易"四不准则"》，其中规定，绝不交易涉及国家机密、商业秘密、个人隐私的数据；绝不交易底层数据，而是交易经过分析、清洗、脱敏、脱密后形成成熟的数据产品；绝不交易未经合法授权或授权失效的数据；绝不交易缓存数据。

（三）行业自律规则

数据交易市场的行业自律是为了协调同行业利益关系、维护行业间的公平竞争和正当利益、促进行业发展，各类数据联盟通过签订数据相关的自律公约来约束、规范行业行为的一种治理模式。为推动我国大数据产业健康持续发展、规范市场秩序、保障数据权益、保护用户隐私、促进数据流通、开发数据价值，中国信息通信研究院、阿里巴巴（中国）网络技术有限公司、北京百分点信息科技有限公司等数据企业共同发起《数据流通行业自律公约（2.0 版本）》。其中第 4 条约定个人数据的采集、共享、交易、转移等应明确告知用户，并经用户同意或取得其他合法授权。并且该自律公约专设第 3 章就数据流通进行规定。为建立大数据行业自律机制、规范大数据行业从业者行为、促进大数据行业健康发展、提升企业数据治理能力，共同建设数字中国、倡导数据伦理、探寻数字文明，中关村大数据产业联盟制定了《中关村大数据产业联盟行业自律公约》，其中第 7 条约定会员不交易违反国家法律法规规定，以及未经用户授权的数据信息。由贵阳大数据交易所聚合了相关大数据企业、行业协会、投资机构、科研院所、政府部门等共同制定《贵阳大数据交易所 702 公约》，推动制定与推行大数据交易标准、交易安全、监管监察等规则。

三、数据交易各方的权义配置

数据交易的各方关系通过协议来建立和维系，而数据交易协议的效力通过协议各方权利义务的配置来体现。数据交易主要涉及数据出让方、数据接收方以及数据交易中介方，由此构成了三方权义配置结构。

（一）数据出让方的权义

数据出让方指在数据交易过程中，转让数据的控制权并获取相应对价的主体。其在数据交易过程中享有支付对价请求权、监督权等权利和承担交付数据、瑕疵担保等义务。

1.数据出让方的权利。数据的出让方享有的权利主要包括：其一，要求受让方支付对价。支付对价请求权是数据出让方享有的最主要权利。数据交易盖因数据转让方欲获得相应的对价,此为数据交易建立的不可或缺的驱动因素,由此支付对价请求权应当被作为数据出让方的首要权利。当数据出让方转移数据的权益后,有权要求数据的接收方按照合同约定支付价款;其二,监督数据接收方的权利。监督数据接收方既是数据出让方的权利也是其义务,相对于数据接收方来说,此为数据出让方的权利,但是相对于数据主体来说,此为数据出让方的义务。当数据接收方违反法律规定、合同约定而不正当使用数据时,数据出让方有权要求数据接收方停止不当行为、采取补救措施,必要时可以要求数据接收方删除相关数据。

2. 数据出让方的义务。数据出让方的义务主要包括两个层面,第一层面是对数据交易合同的相对方(即数据的接收方)承担的义务。具体包括:①数据交付义务。数据的出让方需将符合合同约定质量的数据产品在履行期届满前交付给买方。②瑕疵担保义务。数据产品出让方应当对数据享有完整的支配权,并且还需要保证出卖的数据产品不存在危害国家安全、侵害公共利益、侵犯自然人的隐私权及企业的商业秘密等。

第二个层面是对数据主体承担的义务。具体包括:①获取数据主体同意的义务。数据的出让方需向个人信息主体告知流转个人信息的目的、数据接收方的类型以及可能产生的后果,并事先征得个人信息主体的同意。②约束数据接收方的义务。数据出让方应当通过合同等方式约定数据接收方的义务;③记录义务。数据出让方应当准确记录和存储个人信息的共享、转让情况,包括共享、转让的日期、规模、目的,以及数据接收方的基本情况等;④监督数据接收方义务。数据的出让方发现数据接收方违反法律法规或双方约定处理个人信息的,应立即要求数据接收方停止相关行为,且采取或要求数据接收方采取有效补救措施(如更改口令、回收权限、断开网络连接等)控制或消除个人信息面临的安全风险。必要时数据出让方应解除与数据接收方的业务关系,并要求数据接收方及时删除从数据出让方处获得的个人信息;⑤责任承担。如果因共享、转让个人信息发生安全事件导致数据主体合法权益遭受损害的,数据转让方应当承担相应的责任。

(二)数据接收方的权义

数据接收方指的是在数据交易过程中接收、获取数据,并且支付相应的对价的主体。其在数据交易中主要享有数据交付请求权、赔偿请求权等权利及支付价款义务及合理使用数据的义务。

1. 数据接收方的权利。数据接收方的权利主要包括:①数据交付请求权。

促成数据接收方愿支付对价来参与数据交易的动因乃基于其欲获取相关的数据，因此，数据交易请求权为数据接收方的首要且核心的权利。数据的接收方有权请求数据的出让方按照合同约定交付相关数据；②赔偿请求权。当数据出让方对所出让的数据不存在完整支配权，或者转让的数据存在侵犯他人权益等瑕疵时，可以请求数据出让方进行赔偿。

2. 数据接收方的义务。作为数据的获取者，数据接收方的义务主要包括：①支付价款的义务。既为交易，则数据交易是有偿的行为，因此数据的接收方需要就出让方转移数据的行为支付一定的对价，并且需按照合同约定的时间、地点、方式等支付价款；②合法使用所接收数据的义务。作为数据的获取方，应当承担合法、合理使用数据的义务，不能将所接收的数据用于违法事项；③数据维护义务。接收数据之后，数据的接收方即获得数据的控制权，应当采取措施维护其获取的数据不被泄露、非法篡改等。

（三）数据交易中介方的权义

数据交易中介指的是在数据交易中充当中介方，为数据交易双方进行交易提供便利的主体。数据交易平台为典型的数据交易中介方。数据交易中介方在数据交易法律关系中主要享有中介费支付请求权、规则制定权、知情权等权利以及检查、记录、安保等义务。

1. 数据交易中介方的权利。数据交易中介方的权利主要包括：①规则制定权。数据交易中介方可以制定中介规则，并要求所有在此中介平台进行交易的对象遵守规则，按照这些规则进行交易；②中介费请求权。数据交易中介方为了数据交易的双方当事人提供了交易撮合服务，因此数据交易中介方可以按照合同约定请求在此平台进行交易的双方支付中介费用；③知情权。数据交易中介方可以要求数据提供方如实告知该数据的情况，保证数据来源合法、合理、正当。

2. 数据交易中介方的义务。数据交易中介方主要承担以下义务：①查明数据来源、保存数据记录的义务。《数据安全法》第33条规定，从事数据交易中介服务的机构提供服务，应当要求数据提供方说明数据来源，审核交易双方的身份，并留存审核、交易记录。②安保义务。数据交易平台经营者应当依法依约履行产品和服务质量保障、消费者权益保护、数据安全与个人信息保护、劳动者权益保护、公平竞争等方面的义务，建立健全平台规则、投诉举报等制度。

四、数据交易立法面临的困境

我国贵阳、武汉、北京等地均设立数据交易所，但是由于平台定位不清、交易规则缺乏统一标准、未能充分有效唤醒"沉睡"的数据等多种原因，诸多数据交易中心陷入运营困境。据 2021 年 7 月《证券时报》报道，贵阳大数据交易所建成之后，不断下调交易额预定目标，从日交易额百亿元变更为年破亿元。现实是骨感的，数据交易未如想象中的活跃。这需要在立法上给予制度保障，但是由于我国的数据交易仍处于起步阶段，数据交易实践的不充分阻滞了数据交易立法的进程。此外，根据路径依赖理论，人们一旦选定某种制度，无论该制度优劣，经过越长时间，就越依赖该制度，甚至陷在该制度的语境中，难以脱离。因此，人们总是寄希望于通过原有的交易制度来建构数据交易体制，抑或通过对原有交易制度进行温和式改良后将其适用于数据交易中，而拒绝实行创造式地制度革新来建构新的数据交易机制。然而，原有的交易制度在应对数据交易时呈现出无能为力之感，表现为数据交易在走向法治化进程中面临以下几个主要的"元问题"：

（一）产权不明晰

在数据交易勃兴的繁华下，仍滋生诸多盘根错节的冲突。数据权属及其分配规则不清，已成为数字经济发展的最大制度障碍。[①]数据确权难题仍待破解。《慎子·内篇》中记载：今一兔走，百人逐之，非一兔足为百人分也，由未定也。数据的产权明晰才可定纷止争，数据确权是解决数据交易过程中产生的冲突和纷争的基础条件。数据的交易首先得明确产权问题。产权制度的基本功能是给人们提供一个追求长期利益的稳定预期和重复博弈的规则。法律最重要的义务是对个人的产权给予有效保护，从而使人们积极建立信誉。尊重产权，就是尊重人们的自由签约权。[②]因此，如果不能破解数据确权之困，当下数据交易机构最多只能发挥数据登记、交易渠道等功能。至于转让方是否拥有数据的支配权，何时应当被视为数据转让完成、交易安全如何维护等问题均未能解决。目前，《个人信息保护法》《数据安全法》《刑法》《中华人民共和国反不正当竞争法》（以下简称《反不正当竞争法》）等主要是保护数据不被非法窃取和不当利用，但是无法界定数据流转过程中的权利归属问题。在数据交易市场中，交易双方往往通过合同自治的方式实现数据财产权利的分配，这时通常由缔约能力强的当事人取得数据的实际控制权，进而很容易导致缔约能力弱的主体的权益遭受侵犯，挫伤数据交易弱势方进行交易的积极性，最终不利于数据经济的发展。

（二）数据定价机制难题有待破解

作为生产要素新形态，数据难以估值且数据的边际成本趋近于零，导致传

---

① 申卫星：《论数据用益权》，载《中国社会科学》2020 年第 11 期。
② 张维迎：《信息、信任与法律》，生活·读书·新知三联书店 2003 年版，第 58 页。

统商品定价机制失效，因此数据交易面临的又一难题集中于数据的定价机制板块。数据交易的核心价值在于减少数据资产的变现时间，以及降低机会成本，所以不能简单以交易量估值，而是应当以整合分析产生的增值程度为评价标准，然数据又具有反复交易后的无限增值特性。因此，各交易所就数据定价机制始终未能达成基本共识，这将是数据资产走向证券化的最大"掣肘"。理想状态下，数据产品可以通过需求函数或者根据数据的使用量来计价。然而，在不同的场景中价值波动大，数据价值因人而异、因地而异、因时而异，存在极大的不确定性，难以对数据资产进行统一标价，这就导致传统的资产定价模型在对数据资产进行定价时无法脱离场景找到普适的"价值—价格"关系，[①]从而无法对数据资产进行科学定价。

（三）数据交易潜在的法律风险难以消解

现行立法体现出了对数据权利主体的倾斜性保护。但是即使如此，数据交易的潜在法律风险仍然难以消解。数据交易平台"井喷"式增长的同时，也驱动了数据"黑市"交易的日趋活跃，因数据的质量不符合约定或存在篡改、造假等问题而使购买者无法实现购入目的、因数据采集不合法或数据脱敏不彻底导致数据主体权益遭侵害的现象频出。数据交易的标的应当是经过清洗的数据，且应当禁止涉密数据被当成商品交易。然而，目前数据交易前的脱敏、清洗等环节缺乏统一有效的技术监管标准，数据交易之后的问责纠错机制不健全。因此，当下数据交易有赖于数据交易双方的磋商交易能力，且交易中占主导地位的一方往往就责任豁免做出声明，导致数据交易的风险往往难以监管。

五、数据交易法律制度的完善路径

由于数据源分散、数据需求多样化，需要确保存在良好的运行机制以满足不同应用场景的多元数据支撑，实现数据资源高效地流转至不同场景的应用需求。因此，对于上述问题，需要从立法方面给予规制：针对数据要素市场制度的构建，从界定数据权属、明确可交易数据类型、构建数据交易定价规则等多维度进行制度设计。

（一）界定数据权属

数据确权是数据交易的前提和基础。数据确权就是针对不同类型的数据在产权归属上给予法律确认。数据确权能确保数据交易的正外部性溢出，降低信

---

① 金骋路、陈荣达：《数据要素价值化及其衍生的金融属性：形成逻辑与未来挑战》，载《数量经济技术经济研究》2022 年第 7 期。

息不对称的影响。虽然数据是一种生产要素，但是从法律关系构造上看，数据并非传统民法理论上的"物"，当下的物权理论中对所有权的界分，无法融洽地适用于数据。

对于数据确权路径如何选择的问题，有学者主张，数据产权立法须构建数据用益权体系，引入用益权制度解决数据权属问题，不仅能够实现用户和企业之间的权限分配，而且能够调和不同数据企业之间的利益冲突，从而为数字经济发展搭建清晰的权属框架。更重要的是，目前国内外均已出现数据交易市场和共享平台，为促进数据权益的通畅流转，确保各方交易安全，构建数据用益权以及相关的配套制度变得更加重要。"所有权＋用益权"的协同格局能确保数据所有权和数据用益权各安其位、各守其界、各行其道。①

界定数据的产权，需要着重把握两点：第一点，权利归属不等于所有权归属，而是明确某项权利的权利人是谁。个人拥有产生于个人的数据，该拥有不是基于所有权的拥有，而是表现为个人对该数据享有法定的人格权和财产权。财产权并不必然体现为对私人既得财产的法律确认，更多表现为法律直接赋予主体一定的利益范围，这种权利更多涉及对主体享有某种资格的确认。② 所有权的客体只能是物，数据并不是物，在数据之上不能建立所有权制度，只需要明确信息的权利人即可判定信息的归属。第二点，数据的确权建立在数据分层分类基础上，不同类型的数据采取不同的界权规则。按照数据的构成要素，可以将数据分为四层进行构造：

第一层数据是底层数据。底层数据是所有数据的源泉，包括纯粹的数字、字母、符号等。这层数据仅是事物自然属性和社会属性的表达，未被特定主体赋予价值判断，未打上任何主体的烙印，人人都可以获取之，具有非排他性。盖尤斯将公有物界定为：被认为不归任何人享有，实际上它们被认为是集体的。③因此，这类数据不能被任何民事法律关系主体所私有，而应由全社会共享。

第二层数据是个人数据。该类数据建立在第一层数据之上，通常被特定主体赋予特定含义，往往具有识别性，该类数据之上会有姓名权、隐私权等人格权，体现出很强的人格权属性。当然，该层数据也能体现一定的财产权属性。如同个人对自己的生命健康、隐私享有权利一样，人对产生于自身的信息也应该享有一定权利，因此，该层数据的权利归属应当属于产生该数据的主体。如

---

① 申卫星：《论数据用益权》，载《中国社会科学》2020 年第 11 期。
② 梅夏英：《财产权构造的基础分析》，人民法院出版社 2002 年版，第 68 页。
③ ［古罗马］盖尤斯：《法学阶梯》，黄风译，中国政法大学出版社 1996 年版，第 82 页。

果将该层数据权利人认定为是数据的收集者，其在使用该数据时往往不顾数据来源者的利益而任意利用。

第三层数据是经过人工汇编而成并具有独创性的数据集合。该层数据是将前两层数据进行汇编之后生成的。如果权利人在汇编过程中付出了劳动并且使劳动成果具有独创性，该数据就成为知识产权的客体，则编纂人可以成为该第三层数据的权利人。如果该汇编数据无法达到成为知识产权客体的条件，则仍需适用汇编之前的数据权属规则。

第四层是衍生数据。这层数据与第三层数据最主要的不同不在于量上，而在于该层数据是在第三层数据基础上实现海量数据之间的价值关联进而挖掘出的新型数据。形象的说法是，该层数据是通过数据的"联姻"而孕育出的新数据。该层数据需要经过收集、汇总、编排、脱敏、分析等过程才生成，在该过程中，数据的处理者付出了绝大多数劳动，且经过脱敏后的数据难以识别出特定个人，因此该层数据的权利应当归属于数据处理者。

（二）明确数据交易的规则

在解决权属这一数据交易的前提性问题之后，需要讨论数据交易过程中的规则建构问题。数据交易规则的构建主要包括数据分类规则、数据定价规则、数据的权利保护规则三部分。

1. 构建数据分类规则。数据的分类不仅关乎数据的确权问题，亦关乎数据相关风险的监管。数据的分级分类规则的建构既能够有效防范因数据交易产生的个人信息权益被侵犯的风险，亦能够打消数据交易各方对于法律风险的顾虑。因此，在规范层面，需以数据产品的科学性、稳定性、适用性等作为分类标准，对可交易的数据类型作出原则性规定。对与人格属性联系紧密的个人数据，应当禁止或限制交易，而对于经过匿名化处理后的个人数据，应当根据其再识别风险以及数据的使用场景进行分级分类管理。

2. 建构科学的数据定价规则。对于不同类别的数据，其生产成本不同，信息使用价值、适用范围也各不相同，一刀切的定价方式、计量方式难以平衡数据价值链中各参与者的权益。并且同一数据被用于不同目的、不同用途，会导致数据价值具有不确定性，因此，建构科学的数据定价规则能够提高交易各方的积极性以及数据流转的效率。数据定价规则的建构需要考虑两个面向：一方面，数据定价的影响因素。数据定价的影响因素是多元的，主要的因素有数据成本、数据质量、数据类别等。数据成本对数据定价的影响体现为数据在收集、加工、储存、交付等环节所产生的各种成本越高，数据的价格可能越高。数据质量对数据定价的影响体现在数据的价格与数据的时效性、准确性、真实性、完整性、相关性、投资回报性等可能呈正相关性。数据的类别对数据定价的影响体现为衍生数据、匿名数据等类别通常比基础数据、未匿名数据的价格更高。另一方面，在综合考量各种影响因素的基础上，运用一定的定价方法对数据的价格进行核算。公共数据的定价不应以可得利润为标准，而应以调用频次为基础，适当弥补开发成本；对于联盟数据（不同的主体之间通过联盟的方式建立数据平台，进行数据共享，该数据平台上的数据为联盟数据），有约定，按照约定，如无事先约定，应在充分考量各成员贡献度的基础上，制订差异化的定价方案；作为服务对价的数据，侧重市场主体合意定价，借鉴市场法，以同类交易服务费作为数据定价的参考。①

3. 对"告知＋同意"的规则进行适当修正。大数据只有流通使用起来才能真正体现其价值。在立法对个人权益进行倾斜性保护的情况下，应当适当关注数据流转的效率问题。"告知＋同意"已经是世界各国个人数据权益保护的通用模式。但是该模式一定程度上阻碍了数据的流转与利用。当然，一味地否定"告知＋同意"模式也不见得完全合理，绝大多数被收集者也不会赞同，毕竟自身的信息可被不特定的主体随意获取而自身却对该信息的去向不甚了解，谁都不会感到安全。因此，一方面，可以对"告知＋同意"模式进行一定的修正，对于涉及人身安全、国家安全、社会秩序等信息，在收集之前应该获得被收集者的明示同意，其他的数据在收集之前只需要获得被收集者的默示同意即可。另一方面，为克服"告知＋同意"模式的修正带来的弊端，立法者可以着眼于在责任端上加重数据侵权人的责任承担。收集信息固然重要，但远远不够，因为大部分数据的价值在于它的使用，而不是占有本身。②收集者每次收集数据前都要告知被收集者其收集数据的情况，且还得征得同意，这会给收集者带来巨大的麻烦。大数据时代，很多数据在收集时并不会知晓数据将会被如何使用？而且数据如此庞大，客观上难以在短时间内全部获取许可。因此，立法者应该将目光聚焦于数据侵权人对其侵权行为的责任承担上，而非聚焦在收集人在收集环节是否获得同意。

（三）强化数据交易平台的规范建设

在分散交易模式下，数据交易的成本巨大，缺乏第三方对数据来源的合法性、真实性进行审查，并且集中交易更利于对数据交易进行监管，因此，我国

---

① 包晓丽、齐延平：《论数据权益定价规则》，载《华东政法大学学报》2022年第3期。

② ［英］维克托·迈尔-舍恩伯格、肯尼思·库克耶：《大数据时代》，盛杨燕、周涛译，浙江人民出版社2013年版，第156页。

各地的数据交易平台纷纷成立。数据交易平台是为数据出让方和数据接收方进行数据交易提供撮合服务的主体，独立于数据交易双方。其建设程度对数据要素交易市场的发展起到至关重要的影响，需要从"进入—运行—责任承担"三环节规范数据平台。

1.设立特殊的监管准入制度。在股东的身份认定上，数据的交易权应由国家所有，数据交易所可以是政府直接出资，也可以是国有的数字化企业投资，或者在股权设计上可以采用多元化股权、混合所有制结构。总之，数据交易所一般应该由国家控股管理，国家资本控股可以保证数据安全，杜绝灰色数据交易；在注册资金要求上，数据交易具有金融化的趋向，数据交易所应当如金融机构一样，满足注册资金实缴的要求。

2.规范数据交易平台的运行。数据交易平台的规范运行，有赖于立法从以下几方面规范数据要素交易平台的内部治理体系建设：其一，设置数据交易平台的隔离义务。数据交易平台应当在保障组织和撮合交易职能的基础上，对自营数据业务设置隔离区，明晰营利性和公益性的边界，防止利益冲突。其二，设置数据交易平台的审查和留档义务。《数据安全法》第33条规定，从事数据交易中介服务的机构提供服务，应当要求数据提供方说明数据来源，审核交易双方的身份，并留存审核、交易记录。其三，设置数据交易平台的信义义务。作为数据交易的载体，数据交易平台应当承担特殊的信义义务要求，譬如，不得私自篡改交易数据、保证数据存储的安全责任以及对管理人员离职后的离任审计等。

3.明确数据交易平台责任机制。《数据安全法》第47条对数据交易平台违反审核、留存义务的责任进行规定：从事数据交易中介服务的机构未履行本法第33条规定的义务的，由有关主管部门责令改正，没收违法所得，处违法所得1倍以上10倍以下罚款，没有违法所得或者违法所得不足10万元的，处10万元以上100万元以下罚款，并可以责令暂停相关业务、停业整顿、吊销相关业务许可证或者吊销营业执照；对直接负责的主管人员和其他直接责任人员处1万元以上10万元以下罚款。但是，除了此规定外，数据交易平台仍需要承担上述提到的业务隔离义务、保证数据存储安全义务、离任审计义务等，立法中需要进一步明确这些义务的责任。

第四节　数据共享理论

数权归属和数据利用的高度分离是数权制度应确立共享制度的根本理由，

互利是共享制度能够独立存在的现实基础。① 由此，基于数据本身的非独占性及不同主体之间互利的需求，数据共享逐渐成为人们分享数据的方式。

一、数据共享的概述

（一）数据共享的概念

"共享"一词出自《东周列国志》第七十一回，（齐）景公曰："相国政务烦劳，今寡人有酒醴之味，金石之声，不敢独乐，愿与相国共享。"此时共享的含义是具备共同的目的向度和利益取向的主体之间分享利益的行为。但是随着数字经济的兴起，共享范式发生转变，更多地将共享作为一种消费方式和生活方式，更加强调通过契约实现社会多元主体的资源共享，由此产生了新的名词"共享经济"。数据共享是共享经济下的一种共享类型。这个共享不同于传统意义上物的共享，是属于虚拟世界的共享。

对于数据共享，存在有不同的界定。广义说认为数据的共享包括了数据的开放和数据的转让两种形式。广义的数据共享主张共享的基本特征是拥有数据资源的组织让渡资源使用权的行为。这一定义对数据共享的范围并不做出限定。在广义的数据共享定义下，数据交易也是数据共享的形式。

狭义说的数据共享是组织内部不同部门之间的数据分享行为。《数据资产管理实践白皮书（5.0 版）》中将数据共享定义为打通组织各部门间的数据壁垒，建立统一的数据共享机制，加速数据资源在组织内部流动的一种数据流转方式。在《浙江省公共数据条例》第 22 条中，对公共数据共享进行界定：公共数据共享是指公共管理和服务机构因履行法定职责或者提供公共服务需要，依法使用其他公共管理和服务机构的数据，或者向其他公共管理和服务机构提供数据的行为。《贵阳市政府数据共享开放条例》规定，政府数据共享是指行政机关因履行职责需要使用其他行政机关的政府数据或者为其他行政机关提供政府数据的行为。由此可知，数据共享这一概念存在更狭义的界定，仅指组织系统内部的数据分享。当然，不同主体间通过协议组成一个数据共享的系统，也可以认定为是一个组织内部的数据共享。本书采用的是狭义的数据共享，指的是某一系统内部各组成部门之间对其所享有的数据进行分享的行为。

数据共享是面向组织内部之间的数据流动。数据共享应当是安全的、合乎道德的、符合数据立法的。政府部门之间的数据流转形式，通常是共享，而非

---

① 连玉明主编：《数权法 2.0：数权的制度建构》，社会科学文献出版社 2020 年版，第 49 页。

数据交易。数据在不同主体之间的共享并非当然属于商事行为。例如，政府部门将执行公共事务中收集的公共数据进行公开和共享，属于政府治理下的公共数据开放，相关数据的采集、存储、传输受到行政法治原则和框架的约束。数据共享是组织内部因履行职责、开展相关业务需要使用内部掌控的数据的行为。其主要目的是通过打破组织内部壁垒、消除数据孤岛，实现数据的重复利用，并提高数据供给能力、提升运营效率、降低组织运营成本。因此，数据立法的设计应当是为了让个人、企业更容易分享有用的数据，以支持增长和创新。缺乏有效的数据共享只会使权力集中在少数几家大企业手中，并扼杀创新、产品质量提升和价格下跌。

（二）数据共享的主要形式

按照共享的主体作为标准，数据共享的形式可以分为政企共享、政政共享、企企共享三种形式。需要说明的是，此处的"政""政府"均为广义的范畴，泛指具有行政管理职能的行政组织、具有司法职能的司法机关等一切公权力机关。

政政共享是目前数据共享的主要形式，是政府组织内部各组成部门通过建立互通数据库进行的数据共享行为。2014年最高人民法院、中国证券监督管理委员会联合公布《关于加强信用信息共享及司法协助机制建设的通知》，2016年最高人民法院、公安部联合公布《关于建立快速查询信息共享及网络执行查控协作工作机制的意见》。这些都是政府部门之间建设数据共享的政策文件。并且我国部分省市还通过政府数据共享立法，以规制政府的数据共享行为。贵阳市通过《贵阳市政府数据共享开放条例》，其中对数据共享的概念、遵循的原则、经费来源、程序、法律责任等方面进行规定，并且设第四章专门就数据共享作出规定，将数据共享分为无条件的数据共享和有条件的数据共享。无条件共享的政府数据，应当提供给所有行政机关共享使用；有条件共享的政府数据，仅提供给相关行政机关或者部分行政机关共享使用。

政企共享即政府和企业通过签订一定的数据合作协议（并非数据交易协议），组成一个同盟，在该同盟内部进行一定范围内的数据共享。2015年，浙江省高级人民法院与阿里巴巴集团签署战略合作框架协议，合作建立"审务云"平台，以此平台为依托，打造智能生态圈，实现当事人信息共享、文书送达、化解纠纷、预防金融犯罪等，法官可以通过"审务云"检索当事人的账户信息，并根据案件执行情况冻结涉诉人员资产。阿里巴巴集团也可以在该平台获取各类主体的涉诉数据。参考域外，欧盟委员会通过《公共部门信息再利用指令》，该指令主张以更高的质量提供更多的公共部门数据和公共研究数据，以提高可重用性。此后，欧盟委员会又发布《修改〈重复使用公共部门信息的指示〉的建议》，以规范、指引公共部门与私营组织之间的数据共享行为。

企企共享为某一私有组织内部各组成之间的数据共享，包括了某一企业内部各职能部门之间的数据共享、某一集团内部各关联公司之间的数据共享，还包括不同私有组织体之前通过签订协议组成一个组织，在这一新的组织之间进行的数据共享。譬如，《淘宝联盟法律声明及隐私政策》中约定：通常情况下，淘宝联盟组织将与关联公司（如与淘宝同属于阿里巴巴集团下的支付宝）、合作伙伴（如通过协议达成合作的金融机构）共享其收集的个人数据。

二、从剩余价值理论到共享价值理论

马克思主义剩余价值理论阐明，剩余价值就是商品价值超过消耗掉的产品形成要素及生产资料和劳动力的价值而形成的余额。[1] 产品的价值在生产环节形成，在交易环节实现。随着大数据、人工智能等新一代信息技术的兴起，在生活、生产和管理过程中沉淀下来的数据信息参与到资源配置，提高了传统资源的使用效率，减少了商品和资源的过度生产，降低了外部依赖性，从而产生共享价值。因此，共享价值理论逐步兴起。

共享价值理论主张，以共享为主要特征的数据利益分配机制促进数字经济与共享经济深度融合。现有的产权理论强调产权是经济所有制关系的法律表现形式，这过分强调产权的完备性，不利于资源的自由流动。然而，共享权的创立为人类提供了一条无需通过占有就可完成原始数据积累的路径，通过共享的方式增加消费者剩余，打通了数据供需双方的鸿沟，实现数据供需双方精准、自由、有序匹配，降低了机会成本与消费者所支付的实际数据价格，为微观参与主体创造了更大的数据增值价值，从而增加了数据消费者剩余。[2]

个人数据的多元利益属性和多方权属主体为信息共享权利体系提供了现实基础。个人数据是企业开发和运营数据产业的生产原料，通过深度挖掘个人数据的功能，数据产品和服务不断推陈出新，数字经济的市场竞争呈"白热化"状态。按照共享价值理论，信息共享权属问题的解决需要厘清各方利益相关人对信息的权利性质和权能种类。信息主体对个人信息虽然享有权益，但不享有绝对的控制权，其各项权能被不同程度地限缩。传统所有权制度的

---

① 中共中央马克思恩格斯列宁斯大林著作编译局译:《马克思恩格斯全集（第23卷）》，人民出版社1972年版，第235页。

② 张玉明等:《共享经济学》，科学出版社2017年版，第429~431页。

绝对控制性在大数据时代已然不存在生存土壤。在此前提下，其他主体对信息的使用、处理和收益的权利源于数据主体对数据权利部分权能的让渡，体现了个人私有权利向社会共用权的转化，从而形成企业与数据主体、国家机关与数据主体、企业与国家机关之间的权益制衡关系。概言之，个人信息权的产生、行使、管理和保护实则取决于多方主体在信息使用和收益中的制度分配，也就是共享权模式下多种权利的优先关系和平衡规则。在制度设计上，应采纳个人数据权益的双重规制模式：对于数据主体侧重设立保护机制，建立系列数据权利保障体系；对于数据控制者则重在设置管理义务，对应设置一套行为规范体系。

三、数据共享的三重授权原则

（一）三重数据授权原则的概念

在我国"告知＋同意"规则建构的数据立法体系下，个人信息的共享需要遵循三重授权原则。三重授权原则是在新浪微博诉脉脉不正当竞争案件中由二审法院提出的，该原则要求数据共享需要经过三重授权：第一重授权来自数据主体对数据持有者的授权，即允许数据持有企业向企业接收企业共享数据；第二重授权来自数据持有者对第三方的授权，即数据持有企业允许数据接收企业获取数据；第三重授权来自原数据主体对第三方的授权，即数据主体允许数据接收企业获取其数据。

三重授权原则包含以下几点内涵：

第一，该原则对数据持有企业的数据利益进行肯认。数据获取企业在获取数据时，需要数据持有企业的授权，此为对数据持有者就其所持有数据享有权益的肯认。数据权劳动成本激励理论秉持的是以劳动报酬激励数据流转利用的思维，但是三重授权原则之下，更多强调的是对持有者而非对数据付出劳动者给予权益。

第二，三重授权原则以数据主体的权益保障为基础。尽管三重授权原则强调对数据持有企业享有权益进行肯认，但是这建立在对数据主体的权益进行保护的基础上。因此在进行数据共享前，无论是数据持有者抑或是数据的接收者，均需获得数据主体的授权。

第三，三重授权原则以意思自治为建构前提。既是授权，则为尊重授权者的意思自治，其可以自由地决定是否或者以何种形式赋予对方权利。可以说，三重授权原则试图去构建一种以合同为基础，基于数据主体和数据持有企业充分意思自治的数据安全保护机制。

（二）三重数据授权原则的局限和调适

三重授权原则旨在加强数据主体的权益保护以及数据持有企业的竞争利益维护，其初衷固然是好的，但是实际上，三重授权原则仍然存在一定的局限：其一，在三重授权原则中，第二重授权即数据持有者对数据接收者的授权其实并无充分的法律依据。在"三重授权"中，数据主体的"双重授权"是受到法律明确支持的。我国《个人信息保护法》第 13 条至第 15 条肯定了数据主体对其数据的充分决定权。但是目前我国并没有任何立法直接对数据持有人因持有行为而对数据享有决定权作出规定；其二，三重授权原则可能不利于数据的进一步流转。就数据流转而言，经过越少数的人的同意或者授权，流通的效率越高。如果在数据主体授权之上，还需要数据持有者的授权，则加大了数据共享的门槛，甚至数据持有企业的单独授权恰恰可能成为提高同行业数据要素市场的准入壁垒，或者成为数据持有者提高数据共享代价的手段，这些对数据流转来说不见得是一件好事。

对此有学者主张对数据共享的三重授权进行调适。①可识别个人数据的流转必须经过数据主体同意但并不必然要求数据持有企业同意。可识别的个人数据属于原始数据，其本质是数据主体的数据。尽管在个人数据的收集过程中，数据持有企业付出了一定的投入和运营成本，但这无法从根本上改变数据的权属问题。对于通过共享模式获取大量数据的爬取行为，数据获取方也通常基于"已经获得用户授权"这一"正当理由"而证成其行为的合法性。作为爬取对象的个人数据，无需数据持有企业的同意，也不必经其授权，不适用"三重授权原则"。②衍生数据的流转必须经过数据持有企业的同意但并不必然要求数据主体同意。[①]对于衍生数据，数据的持有主体在进行数据的分析、脱敏时必然会付出大量的智力劳动和其他的成本，其对此类数据应当享有权益。但是对于衍生数据，数据中并不存在可见的个人信息，不牵涉数据主体的人格权保护问题，因此，其流转也无需数据主体的同意。

思考题

1. 何为数据流转？
2. 请简述数据流转的形式。
3. 请论述数据流转的基础要素。

---

① 刘辉:《个人数据携带权与企业数据获取"三重授权原则"的冲突与调适》，载《政治与法律》2022 年第 7 期。

4. 数据流转的前提条件包括哪些?

5. 请论述数据流转的原则。

6. 如何实现数据流转自由?

7. 何为数据交易?

8. 数据交易的模式包括哪些?

9. 请简述数据交易立法的困境。

10. 请论述数据交易主体的权义配置。

11. 何为数据共享?

12. 数据共享与数据交易有何区别?

13. 请论述数据共享的三重授权原则。

第五章
数据竞争法理论

内容提示： 数据竞争法理论主要涉及数据权属问题、数据竞争行为问题、数据竞争责任问题和数据竞争救济问题。数据权属问题的本质就是数据资源独占与共享、数据资源控制与使用之间的潜在矛盾。数据竞争行为问题包括数据不正当竞争行为和数据垄断行为。数据竞争责任是基于目前的法律规定，理清数据竞争行为所涉责任的内容。数据竞争救济构建数据竞争行为的救济措施，在遵循程序法定原则的基础上，以最大程度维护利益相关方的合法权益，促进数据市场竞争，维护程序正义。

第一节　数据权属概述

一、数据权属的产生

数据权属，即数据的权利归属，回答"数据属于谁"的问题。谈数据保护问题归根结底是谈数据权利的归属问题。实现数据权利的有效利用与开发，仍然需要解决数据权利的归属问题。目前，数据权属一直是理论界和实务界争论比较大的问题。由于数据权属的界定属于立法空白，以至于缺少建立起数据规则和数据秩序的前提条件。因此，实现数据保护与利用的平衡，必须明晰数据的权利归属，并实现数据权属的合理安排，建立良好的数据竞争秩序。

"数据权属"问题产生的原因：

1. 数据的市场利益属性。事实上，作为科研工具的数据早期不具有经济性，它被定义为公共产品，人们可以自由的开发和利用。[①] 但是，随着相关技

---

① ［奥］维克托·迈尔-舍恩伯格、［德］托马斯·拉姆什：《数据资本时代》，李晓霞、周涛译，中信出版集团 2018 年版，第 23~24 页。

术的发展，数据已经对企业的发展产生了深远的影响，其价值的属性也日益凸显。例如，个人利用数据进行智能化的"私人定制"；企业利用数据进行科学智能化的经营决策；政府利用数据可以加强对经济增长的监控。因此，当数据积累到一定程度，它便会产生相应的市场利益。换言之，基于市场利益的驱动，数据稀缺性和价值性便成为关键。一方面，数据竞争市场已然产生；另一方面，数据本身具有巨大的经济价值。

2. 数据财产化理论的推进。"数据财产是指企业过去的交易或者事项形成的由企业拥有或者控制的预期会给企业带来经济利益的数据资源。"[1]因此，数据财产论的学者认为，数据要成为数据财产，一个必要条件是能够给企业带来预期的经济利益。事实上，以"知情同意"为前提的数据使用规则已经无法适应当前社会的治理情况。因此，突破传统的法律框架，数据财产权作为一种新的方案，也逐渐在学术界推进。著名学者莱斯格首先提出"数据财产化"。[2]他主张通过赋予数据财产化的权利，以突破相关信息人格权属性的保护，同时促进数据大规模流通和交易。[3]同样，国内相关学者也相应地推进了该观点。例如，吴晓灵指出，数据是一种重要资产，明晰数据所有权体系是建立数据流通规则和秩序的前提条件。[4]另外，龙卫球支持建立用户数据财产权体系，同时强调重视数据经营者应有的财产地位和利益诉求。[5]

二、明确数据权属的必要性

目前，大数据已经成为各国重要的生产资料和核心资源。相关数据资源一旦进入市场流通领域，必然会出现对数据权利的再分配。如果没有相应的分配机制，就会出现各种利益纠纷。一旦发生利益纠纷，将对数据资源的保护、开发和利用产生很大的负面影响，直至威胁国家利益。因此，明确数据权属是十分必要的。

1. 数据资源的有效开发和利用。①数据表现为资源。在社会实践中，数据能够被人类开发和利用、满足人类生产生活的需要，同时具有使用价值和价值。

---

① Alan Westin, *Privacy and Freedom*, The Bodley Head Ltd., 1970, p. 34.

② Paul M. Schwartz, "Beyond Lessing's Code for Internet Privacy: Cyberspace Filter, Privacy-Control, and Fair Information Practices", *Wisconsin Law Review* 105, 2000, p. 746.

③ Paul M. Schwartz, "Beyond Lessing's Code for Internet Privacy: Cyberspace Filter, Privacy-Control, and Fair Information Practices", *Wisconsin Law Review* 105, 2000, p. 747.

④ 吴晓灵：《大数据应用：不能以牺牲个人数据财产权为代价》，载《清华金融评论》2016 年第 10 期。

⑤ 龙卫球：《数据新型财产权构建及其体系研究》，载《政法论坛》2017 年第 4 期。

②数据资源具有动态属性。从历史的角度看，资源的范围和类型随着人类发展能力的变化而变化。因此，随着数据处理技术的发展，无法处理的原始数据经过处理发现了能够满足人类需求的价值。③数据是国家的重要战略资源。例如，数据已被我国、美国等国家列为国家重要战略资源。

2. 数据相关主体间的利益协调。在数据资源应用的过程中，关于利益协调主要有两个层次。①个人之间的利益协调。数据资源的应用涉及多个主体，包括数据主体、使用主体、处理主体等。如果这些主体的利益不能协调，就会导致另一些主体的退出，最终失去相应的社会价值。②个人利益与社会利益的协调。它是指个人利益与社会利益之间的平衡机制。在实现个人利益最大化的同时，社会利益不能为负。在数据应用和开发过程中，既要追求个人利益的最大化，又要保证社会利益的最大化。

3. 激励数据应用开发技术的需要。知识与技术的创新是经济发展的核心。目前，数据开发利用过程中出现了个人数据安全、国家主权安全、企业数据纠纷等问题，基本上都是由于权利归属不清造成的。例如，数据开发利用过程中的纠纷，在司法层面往往依据合同法、知识产权法和反不正当竞争法来解决。但是，由于上述法律制度有其特定的立法目标和保护对象，因此无法实现数据纠纷裁决的公平正义。最终，绝大多数企业只能通过协商途径来解决。这极大地影响了企业在数据开发和技术研发方面的投入和相应的积极性。因此，只有确定数据权利的归属，才能保护和激发数据资源生产者和开发者的积极性与创造性。

三、数据权属的四种观点

（一）数据归个人所有

数据权属的第一种观点是数据属于用户个人。①欧盟确立的数据携带权可以佐证。基于《通用数据保护条例》（GDPR）的规定，"可携带权"是指数据主体向数据控制方提供其数据后，并且有权获取其提供的数据，同时有权将其数据转移给其他控制方的权利。也就是说，数据从源头属于用户个人。②以"今日头条和微博案"为例，"今日头条"的观点可以佐证。今日头条认为，微博对用户数据没有任何权利。只要"爬虫"[①]是在用户授权下进行的，即使头条违反了微博的"机器人协议"[②]，该行为并不违法。当微博用户特别是大V用户

---

① 网络爬虫（又称为网页蜘蛛，网络机器人，在 FOAF 社区中间，更经常地称为网页追逐者），是一种按照一定的规则，自动地抓取万维网信息的程序或者脚本。

② 机器人协议即 robots 协议，它并不是一个规范，而只是约定俗成的协议，所以并不能保证网站的隐私。

在微博平台上发布内容并授权今日头条使用时，微博就可以起诉并请求法院判定此类行为属于违约。事实上，如果加强用户数据的个人所有权，将用户对个人数据的权利更多地视为人格权而非财产权，或者将这些权利视为合法的消费者权利，那么微博设定的用户协议可能从一开始就是失效的。一旦个人对数据的所有权被视为一项不可剥夺的人格权，数据采集者和使用者就不能限制该项数据权利的自由行使。

（二）数据归平台所有

数据权属的第二种观点是数据属于平台。这种观点最典型的体现是今日头条与微博纠纷爆发后，微博发布的"新用户协议"。该"用户协议"规定，"用户在微博上发布的信息包括但不限于文字、图片、视频、音频等，无论其微博内容是否构成著作权法意义上的可保护对象，用户同意不可撤销地授权微博平台作为微博内容的独家发布平台，用户发布的微博内容将独家展示在微博平台上。"这一新的"用户协议"实质上将数据所有权定义为平台所有。当然，这一协议遭到了用户和媒体的猛烈抨击，微博便对该协议进行了澄清和修改。更新后的用户协议规定，用户对自己发送的内容拥有著作权。微博作为发布平台，只拥有一定范围的使用权。用户可以根据自己的意愿在其他平台发布完全相同的内容，无需经过微博的批准、认可和同意。但即便如此，修改后的"用户协议"仍然强调，未经微博平台同意，授权、允许和协助第三方非法获取已发布的微博内容属违约行为。因此，调整后的微博用户协议，意味着微博相对于用户不享有数据权利，而相对于其他平台享有数据权利。

（三）数据个人与平台共有

数据权属的第三种观点是数据属于个人与平台共有。上述观点是我国法院判决中的普遍观点。例如，法院在"新浪微博诉脉脉不正当竞争案"中认为，数据公开的前提是获得用户和平台双方的授权。此外，法院还提出了"用户授权"+"平台授权"+"用户授权"的"三重授权"模式，即数据提供者首先取得用户同意采集数据。因此，法院的判决意味着个人和平台都对数据拥有一定的权利，数据在一定程度上由个人和平台共享。

（四）数据归公众所有

数据权属的第四种观点是数据属于公众所有。概括而言，数据一旦进入平台就意味着数据具有公共属性，不为任何私人或企业所有。其中，哈佛大学法学院的教授劳伦斯·却伯（Laurence Tribe）认为，数据与信息的访问权是一种言论自由的权利，言论是可以流通和共享的，数据也是可以流通和共享的，因此数据具有公共属性。同样，网络法学者奥林·科尔（Orin Kerr）教授认为，互联网的一般原则是允许世界上任何人发布信息或数据，任何人都可以在没有身份验证的情况下访问这些数据。以上都可以佐证数据属于公众所有。

四、数据竞争的实质是数据权属问题

随着互联网、大数据、人工智能和实体经济的融合，数据已经成为企业竞争的重要因素。此外，以数字平台企业的竞争为代表的数字经济领域的竞争也越来越激烈，而这些运营商将重点放在数字资源的竞争和利用上。在现实生活中，一方面，一些经营者擅自抢夺、使用他人数据，导致不正当竞争；另一方面，互联网巨头占据相关市场的大部分数据份额，挤压真实或潜在的竞争对手，形成数据垄断。然而，市场竞争已等不及法律的成长，顺丰与菜鸟的大数据之争，腾讯与华为的数据之争，都暴露了数据产业竞争的混乱。虽然国家政府部门及时介入，使上述"数据战"戛然而止，但如果不在数据所有权、保护机制和流通权限等方面做出创新性安排，未来的数据竞争只会愈演愈烈。因此，研究数据所有权与保护的法律问题已成为大数据时代亟待解决的一个基本理论问题。

数据竞争纠纷的实质是数据资源独占与共享、数据资源控制与使用之间的潜在矛盾。[①] 因此，数据权属和数据竞争规则在本质上具有共通性。从数据权属赋权的角度，目的是使得数据主体的合法权益不受侵害；而对于数据竞争规则的研究则是为他人的数据获取和利用行为设定行为标准，属于一种反向保护。

总体而言，数据竞争行为包括：数据的不正当竞争行为和数据垄断行为。这两种行为的背后，体现了数字市场竞争的乱象。主要原因在于数据权属问题仍然处于空白状态，数据从业者之间竞争的边界不清晰。因此，需要相关的立法介入，以维护整个互联网行业和数字经济健康有序的发展。

第二节　数据不正当竞争行为

一、数据不正当竞争行为缘起

数据不正当竞争行为，是指经营者通过不正当竞争手段获取他人数据，损害经营者和消费者的合法权益，严重扰乱数据市场公平竞争秩序的行为。互联网的蓬勃发展，将数据推向了顶峰。数据已然成为一种重要的资产。而且数据直接关系到互联网经营者在市场竞争中的竞争优势。在此背景下，一些企业纷

---

① 何渊主编：《数据法学》，北京大学出版社 2020 年版，第 138~139 页。

纷转向数据市场，并据此进行大规模地数据争夺。正是因为如此激烈的数据争夺，才导致依靠正当竞争方式获取并利用数据的行为越来越少。因此，突破法律底线的不正当竞争行为在市场竞争中也就越来越多。

数据不正当竞争行为产生的原因：

1. 数据资源具有经济性。如今，数据的重要性愈渐凸显，有学者称其为"企业提升竞争力的核心资产，仅次于石油"。[①]数据资源体量大、动态性和多样性的特征可以产生巨大的经济价值。随着数据技术的不断发展，其产生的"新特征"也表现为巨大的经济价值。①数据的海量性。互联网数据包括用户单独的个人信息、浏览记录、发表的动态、评论以及用户行为产生的衍生数据。②数据产生后脱离原始主体。互联网数据主要集中在互联网企业平台的手中，而目前关于涉数据不正当竞争纠纷的案件亦是因互联网企业平台而起。其涉及的主要问题是：经个人同意后搜集的个人信息及其衍生信息以及经加工后的全新信息是否可以经平台使用。因此，就出现了互联网企业平台所拥有的数据与原始主体分离的情况，因而便导致数据的权属之争。本书认为这是互联网领域数据不正当竞争的根本原因。

2. 数据对互联网企业平台起到了推动竞争的作用。互联网企业平台是以庞大的用户群为基础的。通过对用户数据进行分析和利用反作用于生产和经营。比如，购物平台不仅会满足用户搜索商品的需求，还会利用用户的浏览痕迹向其推荐相关商品。近年来发生的无论是违反 robots 协议"非法抓取信息"，还是对数据的"过度复制"的案例，均涉及互联网平台之间数据权属争议的问题。

总而言之，数据是互联网企业平台运营的核心。在互联网企业竞争中具有举足轻重的地位。又因数据权属不明，一时无法根本解决，致使目前互联网企业平台间的数据不正当竞争问题层出不穷。因此，如何解决互联网企业平台间的数据不正当竞争问题是研究的关键。

二、数据不正当竞争行为的类型

（一）有许可协议时的不正当竞争行为

该类行为是指，当经营者之间存在许可协议时，被许可方超越许可协议约定的范围获取、使用数据或者未经许可向协议以外的第三方提供数据的行为。从合法性层面来看，许可方与被许可方之间存在协议，应坚持诚实信用原则，遵守协议内容的规定。否则，必然得到法律的否定性评价。从正当性层面来看，

---

① "The World's Most Valuable Resource Is No Longer Oil, but Data", *The Economist*, May 6, 2017.

被许可方必须依照协议约定的具体方式从约定的范围内获取、使用数据，否则该行为很难被评价为具备正当性。例如，在新浪微博诉脉脉不正当竞争案中[1]，法院认为，脉脉获取、利用数据的行为，手段不正当，违反诚实信用原则、背弃商业道德，扰乱公平的市场竞争秩序，损害了经营者的利益，缺乏合法性与正当性，故法院认定脉脉的行为构成不正当竞争。[2]

（二）无许可协议时的不正当竞争行为

该类行为是指，当经营者之间不存在许可协议时，行为人非法获取、使用数据或将非法获取的数据提供给第三方使用的行为。数据时代，数据是企业制胜的关键。因此，很多经营者不断投入资金、技术等进行数据资源的挖掘，以此获取更多的、更有价值的数据。目前经营者获取、利用数据有两种合法的途径：一是经营者通过投入技术、资金、人员进行自主开发；二是与其他已经掌握相关数据的经营者签订协议获取所需的数据。然而，在实践中，一些经营者通过非法手段获取、使用数据，或者将非法获取的数据提供给第三方，从而从中牟取高额利润。例如，在大众点评诉百度案[3]中，百度公司所获取的大量点评信息，是通过直接复制大众点评上的数据信息获得的。因此，百度公司运用非法手段获取他人的已有数据并加以利用，不仅剥夺了经营者的竞争优势，更扰乱了公平的市场竞争秩序，损害了经营者的合法利益，使得该行为缺乏合法性与正当性。因此，法院对百度公司的竞争行为认定为不正当竞争。

三、数据不正当竞争行为的认定

在数据财产权益保护规则缺位的背景下，《反不正当竞争法》发挥了对涉数据不正当竞争行为的认定和规制功能。那么，认定数据不正当竞争行为的考量因素有哪些？对此，结合已有的涉数据不正当竞争纠纷案件，来判断涉数据

---

[1] 参见北京市海淀区人民法院（2015）海民（知）初字第 12602 号民事判决书、北京知识产权法院（2016）京 73 民终 588 号民事判决书。

[2] 双方合作时签订了《开发者协议》，根据协议内容，在双方合作期间，脉脉有权从新浪平台上获取微博用户的相关信息，如头像、性别、用户名称等，但其获取数据时须以征得用户的同意为前提。在该案中，被许可方获取、使用数据是基于双方签订的《开发者协议》，根据协议被许可方脉脉必须以约定的方式、范围收集、使用数据，即首先要征得微博用户的同意，才能获取其头像、性别、用户名称等相关信息。但事实上，脉脉在双方合作期间，抓取了超越协议约定范围的微博用户的相关信息，如用户的职业及教育信息，在双方合作终止后，仍然继续从新浪平台上获取用户数据并在本平台内使用。

[3] 参见上海市浦东新区人民法院（2015）浦民三（知）初字第 528 号民事判决书、上海知识产权法院（2016）沪 73 民终 242 号民事判决书。

市场竞争行为是否具有不正当性时，主要依据新修订的《反不正当竞争法》第2条。[①] 但是，还需要考虑如下因素：①所涉数据是否具有市场价值，是否产生市场竞争优势；②所涉数据积累的难易程度以及相应的成本；③对所涉数据的获取和使用是否正当，是否属于"不劳而获"；④所涉数据的获取是否存在"搭便车"的行为，是否违反商业道德和法律规定；⑤竞争对手使用数据的方式和范围如何。[②] 除了上述应该考量的因素外，以下内容更为重要：

违反"三重授权原则"收集和使用数据在涉网络的数据收集和利用过程中，始终存在着两组矛盾。一是个人希望最大程度控制自身信息与网络经营者渴望获得更多的个人信息之间的矛盾。二是数据财产权益保护和促进数据开放与利用之间的矛盾。目前，为了妥善调和上述两组矛盾，我国法院主要通过对相关典型案例的裁判作出相应的制度安排，即"三重授权原则"。该原则是经由"新浪微博诉脉脉案"的终审判决所确立的。"如果企业违反该规则爬取他人数据信息，或者未经平台授权抑或未经用户同意，获取、使用他人数据信息，很可能会被认定为不正当竞争行为"。

【典型案例】新浪诉脉脉不正当竞争案 [③]

【基本案情】

微梦公司经营新浪微博，既是社交媒体网络平台，也是向第三方应用软件提供接口的开放平台。二被告北京淘友天下技术有限公司、北京淘友天下科技发展有限公司经营的脉脉软件是一款移动端的人脉社交应用，上线之初因为和新浪微博合作，用户可以通过新浪微博账号和个人手机号注册登录脉脉软件，用户注册时还要向脉脉上传个人手机通讯录联系人，脉脉根据与微梦公司的合作可以获得新浪微博用户的 ID 头像、昵称、好友关系、标签、性别等信息。

微梦公司后来发现，脉脉用户的一众人脉中，大量非脉脉用户直接显示有新浪微博用户头像、名称、职业、教育等信息。后双方终止合作，但非脉脉用

---

① 经营者在生产经营活动中，应当遵循自愿、平等、公平、诚信的原则，遵守法律和商业道德。本法所称的不正当竞争行为，是指经营者在生产经营活动中，违反本法规定，扰乱市场竞争秩序，损害其他经营者或者消费者的合法权益的行为。本法所称的经营者，是指从事商品生产、经营或者提供服务的自然人、法人和非法人组织。

② 曾雄：《数据不正当竞争纠纷的司法实践——现存问题与解决路径》，载《信息安全与通信保密》2018 年第 11 期。

③ 参见北京微梦创科网络技术有限公司诉北京淘友天下技术有限公司、北京淘友天下科技发展有限公司不正当竞争纠纷案，北京知识产权法院（2016）京 73 民终 588 号民事判决书。

户的新浪微博用户信息没有在合理时间内删除。微梦公司提起本案诉讼，主张二被告存在四项不正当竞争行为：其一，非法抓取、使用新浪微博用户职业、教育等信息；其二，非法获取并使用脉脉注册用户手机通讯录联系人与新浪微博用户的对应关系；其三，模仿新浪微博加 V 认证机制及展现方式；其四，发表言论诋毁微梦公司商誉。微梦公司为此主张停止不正当竞争行为、消除影响、赔偿 1000 万元经济损失等。二被告否认存在上述不正当竞争行为。

【案件焦点】

北京淘友天下技术有限公司与北京淘友天下科技发展有限公司使用新浪微博用户信息的行为是否构成不正当竞争行为。

【法院裁判要旨】

北京市海淀区人民法院经审理认为：二被告通过经营脉脉软件，要求用户注册脉脉账号时上传自己的手机通讯录联系人，从而非法获取这些联系人与新浪微博中相关用户的对应关系，在这些人未注册脉脉用户的情况下，将其个人信息作为脉脉用户的一度人脉予以展示，同时显示有这些人的新浪微博职业、教育等信息。而且，双方合作终止后，二被告没有及时删除从微梦公司获取的新浪微博用户头像、名称（昵称）、职业、教育、个人标签等信息，而是继续使用。二被告的上述行为，危害到新浪微博平台用户信息安全，损害了微梦公司的合法竞争利益，对微梦公司构成不正当竞争。同时，二被告发表的网络言论，对微梦公司构成商业诋毁。法院驳回了微梦公司主张的模仿新浪微博加 V 认证机制及展现方式的请求。

一审法院判决二被告停止不正当竞争行为，消除影响，赔偿经济损失 200 万元及合理费用 20 余万元等。后二被告提起上诉，二审法院经审理后维持了一审判决。

在该原则的出处——"新浪微博诉脉脉不正当竞争案"中，庞大的新浪微博用户的数据信息是微梦公司的重要商业资源。用户信息作为社交软件提升企业竞争力的基础及核心，新浪微博在实施开放平台战略中，有条件地向应用开发者提供用户信息，始终遵循"用户授权＋新浪授权＋用户授权"三重授权原则，其主要目的在于保护用户的个人信息及隐私，同时维护新浪微博自身的竞争优势。在未经用户和微梦公司授权的情况下，北京淘友天下技术有限公司、北京淘友天下科技发展有限公司径直抓取新浪微博用户的相关信息，并且将这些信息展示在脉脉提供的"人脉详情"中，此举通过侵害微梦公司数据资源的方式获取了竞争优势，已经超出法律所容许的范围抑或说正当的边界，被认定为构成不正当竞争行为。

四、违背商业道德复制、抄袭他人数据

在涉及网络不正当竞争纠纷中，商业道德是指特定行业的经营者普遍认同的、符合消费者利益和社会公共利益的经营规范和道德准则。商业道德在具体的数据不正当竞争行为纠纷中的认定，可以从北京市高级人民法院审理的"韩华网诉五八案"[①]中得出。在该案中，商业道德是指在依靠信息量、用户量进行竞争的行业领域，经营者不得使用不正当手段复制抄袭竞争对手的数据信息，抑或利用同一行业竞争对手的数据信息吸引用户，以此谋取不正当利益。[②]

五、所涉数据产品或服务存在实质性替代关系

"实质性替代"是指在涉数据的不正当竞争纠纷中，当事人利用信息或者数据与提供的相关产品或服务之间具有实质性替代关系。从域外司法实践来看，实质性替代同样是判定所涉行为构成不正当竞争的重要因素。最具代表性的案例 Jewelers' Circular Pub. co. v. Keystone Pub. Co. 案[③]所确立的额头出汗（Sweat of The Brow）原则。虽然网络平台在数据信息内容选择、编排上的投入不太明显，更多的是为用户提供一个数据信息的发布、存储功能。但事实上，网络平台在数据信息的创建和传播的过程中，的确投入了一定的人力、物力和财力。正是因为这些投入，广大用户才能够享受高效、便捷的网络产品和服务。例如，在"淘宝诉美景不正当竞争案"中，实质性替代关系的表现为：通过爬取淘宝"生意参谋"这一大数据产品中的数据信息，美景公司实际上以"咕咕互助平台"替代了"生意参谋"。最终，挖走了原本属于淘宝公司的现实客户或者潜

---

① 参见青岛韩华快讯网络传媒有限公司诉北京五八信息技术有限公司不正当竞争纠纷案，北京市高级人民法院（2018）京民申 2624 号民事裁定书。

② 在该案中，法院之所以认为韩华网从事了复制、抄袭他人信息数据的违背商业道德行为，主要理由在于，"韩华公司经营的'奋韩网'与五八公司经营的'58 同城韩国站'均是通过互联网发布分类信息的网站，韩华公司和五八公司构成具有竞争关系的经营者。韩华公司的'奋韩网'论坛版块中，中国在韩留学生发布的租房信息等内容是该网站的经营资源，此类信息数据可以为'奋韩网'增加用户量、广告收入等。五八公司未经许可在其经营的网站中使用了'奋韩网'论坛版块中的涉案帖子，实质上系使用了能够为韩华公司增加交易机会和竞争优势的网站内容，使得消费者就此类信息的获得可以不再访问'奋韩网'。综上，法院认为五八公司的上述行为违背了公平竞争原则、诚实信用原则以及商业道德，损害了韩华公司的合法权益，扰乱了正常市场经营秩序，属于不正当竞争行为。"

③ Jewelers' Circular Pub. Co. v. Keystone Pub. Co.274 F.932, at 934（S. D. N. Y.，1921）.

在客户，导致淘宝公司丧失交易机会，从而遭受利益损失。

【典型案例】淘宝诉美景不正当竞争案 [①]

【基本案情】

淘宝（中国）软件有限公司（以下简称淘宝公司）系淘宝网运营商。淘宝公司开发的"生意参谋"数据产品（以下简称涉案数据产品）能够为淘宝、天猫店铺商家提供大数据分析参考，帮助商家实时掌握相关类目商品的市场行情变化，改善经营水平。涉案数据产品的数据内容是淘宝公司在收集网络用户浏览、搜索、收藏、加购、交易等行为痕迹信息所产生的巨量原始数据基础上，通过特定算法深度分析过滤、提炼整合而成的，以趋势图、排行榜、占比图等图形呈现的指数型、统计型、预测型衍生数据。

安徽美景信息科技有限公司（以下简称美景公司）系"咕咕互助平台"的运营商，其以提供远程登录已订购涉案数据产品用户电脑技术服务的方式，招揽、组织、帮助他人获取涉案数据产品中的数据内容，从中牟利。淘宝公司认为，其对数据产品中的原始数据与衍生数据享有财产权，被诉行为恶意破坏其商业模式，构成不正当竞争。遂诉至法院，请求判令：美景公司立即停止涉案不正当竞争行为，赔偿其经济损失及合理费用 500 万元。

杭州铁路运输法院经审理认为：①关于淘宝公司收集并使用网络用户信息的行为是否正当。涉案数据产品所涉网络用户信息主要表现为网络用户浏览、搜索、收藏、加购、交易等行为痕迹信息以及由行为痕迹信息推测所得出的行为人的性别、职业、所在区域、个人偏好等标签信息。这些行为痕迹信息与标签信息并不具备能够单独或者与其他信息结合识别自然人个人身份的可能性，故不属于《网络安全法》规定的网络用户个人信息，而属于网络用户非个人信息。但是，由于网络用户行为痕迹信息包含有涉及用户个人偏好或商户经营秘密等敏感信息，因部分网络用户在网络上留有个人身份信息，其敏感信息容易与特定主体发生对应联系，会暴露其个人隐私或经营秘密。因此，对于网络运营者收集、使用网络用户行为痕迹信息，除未留有个人信息的网络用户所提供的以及网络用户已自行公开披露的信息之外，应比照《网络安全法》关于网络用户个人信息保护的相应规定予以规制。经审查，淘宝隐私权政策所宣示的用户信息收集、使用规则在形式上符合"合法、正当、必要"的原则要求，涉案

---

① 参见杭州铁路运输法院（2017）浙 8601 民初 4034 号民事判决书、浙江省杭州市中级人民法院（2018）浙 01 民终 7312 号民事判决书。

数据产品中可能涉及的用户信息种类均在淘宝隐私权政策已宣示的信息收集、使用范围之内。故淘宝公司收集、使用网络用户信息，开发涉案数据产品的行为符合网络用户信息安全保护的要求，具有正当性。②关于淘宝公司对于涉案数据产品是否享有法定权益。单个网上行为痕迹信息的经济价值十分有限，在无法律规定或合同特别约定的情况下，网络用户对此尚无独立的财产权或财产性权益可言。网络原始数据的内容未脱离原网络用户信息范围，故网络运营者对于此类数据应受制于网络用户对其所提供的用户信息的控制，不能享有独立的权利，网络运营者只能依其与网络用户的约定享有对网络原始数据的使用权。但网络数据产品不同于网络原始数据，数据内容经过网络运营者大量的智力劳动成果投入，通过深度开发与系统整合，最终呈现给消费者的是与网络用户信息、网络原始数据无直接对应关系的独立的衍生数据，可以被运营者所实际控制和使用，并带来经济利益。网络运营者对于其开发的数据产品享有独立的财产性权益。③关于被诉行为是否构成不正当竞争。美景公司未经授权亦未付出新的劳动创造，直接将涉案数据产品作为自己获取商业利益的工具，明显有悖公认的商业道德，如不加禁止将挫伤数据产品开发者的创造积极性，阻碍数据产业的发展，进而影响到广大消费者福祉的改善。被诉行为实质性替代了涉案数据产品，破坏了淘宝公司的商业模式与竞争优势，已构成不正当竞争。根据美景公司公布的相关统计数据估算，其在本案中的侵权获利已超过200万元。

综上，该院于2018年8月16日判决：美景公司立即停止涉案不正当竞争行为并赔偿淘宝公司经济损失（含合理费用）200万元。一审宣判后，美景公司不服，向杭州市中级人民法院提起上诉。杭州市中级人民法院经审理认为，一审判决认定事实清楚，适用法律正确。遂于2018年12月18日判决：驳回上诉，维持原判。

【典型意义】

本案是首例涉及大数据产品权益保护的新类型不正当竞争案件。当前，大数据产业已成为新一轮科技革命和产业变革中一个蓬勃兴起的新产业，但涉及数据权益的立法付诸阙如，相关主体的权利义务处于不确定状态。本案判决确认平台运营者对其收集的原始数据有权依照其与网络用户的约定进行使用，对其研发的大数据产品享有独立的财产性权益，并妥善运用《反不正当竞争法》原则性条款对擅自利用他人大数据产品内容的行为予以规制，依法保护了研发者对大数据产品所享有的竞争优势和商业利益，也为大数据产业的发展营造了公平有序的竞争环境。

第三节　数据垄断行为

一、数据垄断行为缘起

数据垄断行为是数据竞争行为的一种表现形式。随着大数据相关技术的广泛应用，企业往往通过提升创新水平、提高竞争能力立足于互联网市场。理所当然地，数据成为了实现这一目标的重要筹码。经合组织（OECD）指出，数据驱动市场与其他市场相比，其市场集中度较高且更容易出现垄断。优势企业通过排他性支配大量数据，可以获取将竞争对手赶出市场的能力。在这样的背景下，新进企业无法或很难获取或购买与优势企业竞争时所需的大量数据。进而，这些数据控制的差距使得企业提供的服务或商品的质量参差不齐，从而使新进企业无法有效进入市场，无形的壁垒将导致互联网市场趋向垄断。[①]

近年来，与数据相关的竞争行为已引起各国和地区反垄断执法机构和司法机关的重视。例如，2019 年 2 月 7 日，德国联邦卡特尔局对脸书（Facebook）展开调查，裁定其在收集、合并和使用用户数据时滥用了市场支配地位，要求其在 12 个月内停止这些滥用行为。2019 年 11 月，欧洲反垄断机构认定谷歌对 Fitbit 21 亿美元的收购巩固了在线广告业务的市场地位。2020 年 8 月 4 日，欧盟委员决定对谷歌收购可穿戴智能设备巨头 Fitbit 的交易进行为期 4 个月的深度审查，以判断其是否违反反垄断的规定。由此可见，数据垄断不仅仅对用户的个人信息数据构成了威胁，对其他经营者获取数据的渠道进行了阻断，更破坏了市场经济体制下建立的自由竞争的市场秩序。

二、数据垄断行为的类型与认定

（一）算法共谋

算法共谋，也被称为数字卡特尔，是指两个以上的具有竞争关系的经营者达成或者实施涉及数据、算法等数字技术的排除、限制竞争协议。对于横向垄断协议，算法主要起传递信息的作用。对于纵向垄断协议，算法主要起监测协议执行的作用。算法共谋存在如下特征：[②]①手段的隐蔽性。算法的出现，使得

---

① 陈兵：《"数据垄断"：从表象到本相》，载《社会科学辑刊》2021 年第 2 期。
② 殷继国：《大数据经营者滥用市场支配地位的法律规制》，载《法商研究》2020 年第 4 期。

达成垄断协议的行为，尤其是没有书面协议的行为变得难以认定。一方面，市场竞争者之间不再需要聚集于一处，秘密商议，留有痕迹。反之，相关人员仅需在正常的上班时间，在办公室里对着工作所需的计算机，即可达成某一模式的垄断协议。另一方面，算法的运行过程不透明，程序代码也不予公开，其内容是被严格保护的公司机密。所以，当经营者通过算法达成一致的市场行为时，很难认定彼此之间达成了垄断协议，更难认定算法在其中的作用程度到底为多少。②结果的动态性。算法只是一个程序，需要大量的数据输入以得到结果，但是在大数据时代，随着秒钟的转动，可以产生数以千计的用于某一算法的相关数据，亦会不断变动算法所产生的结果。自市场经济以来，经营者会根据不同采购时间、同类产品的购买便捷性以及商品的保质期长短对商品的价格做出适当调整。在线上销售的场景下，商品的相关信息转化成数据通过定价算法实时处理，价格的调整及时高效。实时的动态结果使得经营者能够更为频繁的协调相互之间的市场行为。③主体的稳定性。算法因某一特殊目的而被设计，一旦算法开启自动化系统并进行应用控制，除非出现明显错误，否则程序员不会修改算法。算法不会倾听，也不会屈服，对诱惑、威胁和哄骗以及逻辑充耳不闻，它们站在一个理性人的角度，根据输入的数据进行运算给出结果，很容易自动达成结果的一致。此外，算法结果仅受当初设计时的目的所限制，即受企业自身利益最大化的限制[①]。一旦在价格或其他方面达成一致，不会产生嫉妒和分歧，所以除非程序员人为改变算法，否则已达成的一致结果不会发生变化，具有极强的稳定性，打破了传统垄断协议的"囚徒困境"。

【典型案例】迈耶诉卡兰尼克案[②]

美国迈耶诉卡兰尼克案是在平台经济领域使用算法达成轴辐协议的案例之一。优步科技公司（以下简称"优步"）成立于 2009 年，该公司推出了一款智能手机应用软件（Uber App），通过该应用软件使用者可以要求私人司机去接他们并将他们送到指定地点。优步会收取乘客支付的车费的一定比例作为软件

---

① ［美］凯西·奥尼尔：《算法霸权：数学杀伤性武器的威胁》，马青玲译，中信出版集团 2018 年版，第 42 页。

② Meyer v. Kalanick，174 F.Supp.3d 817，824（S.D.N.Y. 2016）.本译文节选自 Susan Shu：《轴辐协议中的算法共谋——以迈耶诉卡兰尼克案为例》，载微信公众号"V 字号"2020 年 11 月 24 日，https://mp.weixin.qq.com/s?src=11&timestamp=1626598052&ver=3197&signature=urUcvf7etDGyMQYhrib7Pd-Fi*jEJPrmmjSp9CId5aajk3o*akn2I6kg5xgmBGV0RlHeBxc-0YbZWZ3Y816KI3Mygd6PHWqF-dyxoseyOZvWzQP-N3vxajKVWTiECvwK&new=1.

许可费并将剩余的部分给司机。使用优步的应用软件接单的司机不能就收费价格进行竞争，乘客也不能就车费与司机进行协商，司机会根据优步的算法设定的车费进行收费。优步的首席执行官兼共同创立者特拉维斯·卡兰尼克（Travis Kalanick）所设计的优步"峰时定价"模式允许在搭乘需求量高时将车费上升为平时价格的 10 倍。在此背景下，原告斯盆塞·迈耶（Spencer Meyer）作为优步应用软件的使用者，于 2015 年 12 月 16 日代表他自己和他相似处境的人，向卡兰尼克提起集团诉讼，认为被告违反了美国《谢尔曼反托拉斯法》第 1 条。

原告的主张：其一，优步司机间达成了横向共谋。当优步司机同意与优步签订书面合同并使用优步的应用软件接单时，优步司机便同意参与固定价格共谋。优步司机之所以愿意放弃价格竞争是因为获得了其他优步司机不会压低价格的保证。如果不确信所有的司机会按照优步设定的价格收费，采用优步的算法定价不利于每个司机利益最大化，因为不与其他优步司机进行价格竞争会导致商业机会的丧失。与优步签订协议所产生的远超于竞争市场下价格的能力为优步司机参与共谋提供了动机。其二，每个优步司机和卡兰尼克间达成了纵向共谋。所有的优步司机同意按照优步的定价算法收费，而卡兰尼克设计了此商业模式。每个司机和卡兰尼克间达成的纵向价格共谋适用于"合理原则"分析。

被告的抗辩：司机对优步规定的司机条款的同意并没有导致司机间达成横向协议。司机决定和优步达成合同安排是每个司机的独立行为，不足以支持原告提出的有关共谋的主张。被告认为司机行为的最合理解释是每个司机独立做出和优步签订纵向协议的决定符合他们利益最大化，例如，优步将乘客和司机匹配并处理付款。司机与优步签订的纵向协议不能为横向共谋提供支撑。

纽约南区联邦地区法院拒绝驳回原告的起诉。法院认为，如果纵向协议的当事人知道其他市场参与者会受相同协议所约束，并且他们同意协议的内容取决于这份认知，那么他们可能被认为是限制贸易的横向协议的参与者。在此案中，司机注册优步时清楚地知道其他司机会同意使用相同的算法定价，并且，如果是司机单独行动，司机和优步签订的协议将有悖于他们的个人利益。更进一步说，同意优步规定的司机条款所带来的与其他司机价格竞争的降低为司机共谋提供了动机。此外，原告提供的优步会组织活动让司机们聚会、2014 年 9 月卡兰尼克在司机们的努力下同意提高车费的例子为横向共谋提供了额外支撑。当然，原告主张的准确性还需要进行事实认定。

（二）滥用市场支配地位

所谓滥用市场支配地位，是指经营者在获得一定的市场力量后滥用这种地位，与其他市场主体进行不公平交易或排斥竞争对手，目前滥用行为已被各国和地区的反垄断法所禁止。由滥用市场支配地位的定义不难看出，只有经营者拥有市场支配地位，才有可能从事反垄断法所禁止的滥用市场支配地位行为，故而认定市场支配地位是对滥用行为进行分析的基础和前提。

对于滥用大数据市场支配地位的行为，德国、日本以及我国等国家的反垄断执法机构积极应对，甚至通过立法予以回应。2017 年 6 月，新修订的《德国反限制竞争法》第 18 条新增了 3a 款，将是否"拥有与竞争相关的数据"作为认定经营者市场支配地位的重要因素。2019 年 12 月，日本公正交易委员会公布《数字平台运营者在与提供个人信息的消费者进行交易中滥用优势谈判地位的指南》，其中规定由独占禁止法规制数字平台经营者利用优势地位侵害了消费者的自主交易权的行为。2019 年 6 月，国家市场监督管理总局公布《禁止滥用市场支配地位行为暂行规定》，2022 年 8 月实施的《中华人民共和国反垄断法》（以下简称《反垄断法》）。在上述两个法律条文中，均将"掌握和处理相关数据的能力"作为认定经营者市场支配地位的重要考虑因素。

滥用大数据市场支配地位的行为的认定步骤：

1. 相关市场的界定。在相关市场的界定上，反垄断法当前已形成较为成熟的方法是基于价格上涨的假定垄断者测试（SSNIP）。在大数据领域，由于市场竞争十分特殊，对大数据相关市场的界定一直是反垄断执法中的难点：①大数据相关市场的替代性分析。大数据的应用有两种形式：一是作为产品或服务的输入要素，二是作为单独的数据产品或服务。在前一种情形下，反垄断执法机构和法院往往只是界定产品或服务市场，忽视大数据在相关市场界定中的作用。随着大数据的发展，数据市场的概念开始获得人们的关注。从需求替代角度来看，数据产品市场的界定需要考虑数据用途、质量、规模以及兼容性。首先，经营者会根据用途，有针对性地收集、分析原始数据，多样性的数据也就产生了多元化的用途。其次，数据质量的高低和其相关性、时效性、准确性、一致性和完整性等因素密切相关。再次，数据质量与数据规模是正相关，不同质量数据的替代性截然不同。最后，数据兼容性越强，用户越有可能发生需求替代。②假定垄断者测试的局限性。首先，测试机构的能力、证据的可采性、测试过程的主观性以及结果的科学性广受质疑。例如，基础价格选择不当可能导致评估失误。其次，基于价格上涨的假定垄断者测试适用的前提是产品或服务有市场价格，对于价格并不是竞争力的商品并不适用。最高人民法院就曾指出，"在免费的互联网基础即时通信服务已经长期存在并成为通行商业模式的情况下，基于相对价格上涨的假定垄断者测试并不完全适宜在本案中适用。"① 为解决假定垄断者测试的局限性，实务界提出基于质量下降的假定垄断者测试（SSNDQ），用"商品或服务质量下降"替代了"价格上涨"。但是，该方法依然存在着很多适用方面的难题。例如，质量的评估和量化困难。数据的收集、存储、分析和交易难以被执法机关把握，进而进行认定数据质量。在这样的背景下，质量下降的幅度也就难以确定。质量变化常常因多方面原因导致，需求者对质量下降也并不敏感，该困境只能随着质量量化技术的逐渐成熟不断改进。

2. 市场支配地位的认定。在经营者具有市场支配地位的认定上，反垄断法规定了市场份额推定和综合性认定两个标准。在大数据市场竞争的认定中，上述标准呈现出不同的特征。首先，市场份额推定标准可以继续适用。市场份额越高，经营者越有可能具有市场支配地位。然而，大数据市场缺乏价格尺度，界定市场份额时销售数量比销售金额更能真实地反映经营者的市场地位。其次，对于综合性认定标准，需要结合经营者对大数据的控制能力、大数据市场的竞争作用、经营者的市场地位全面考虑。滥用市场支配地位的表现形式②：一是拒绝竞争对手获取数据资源。在数据资源方面具有市场支配地位的经营者，可能采取限制措施限定交易相对人，妨碍竞争对手收集数据。例如，经营者要求用户或第三方签订排他性条款，从阻碍竞争者获得数据。二是基于数据画像实施差别待遇。在相关市场中拥有市场支配地位的经营者，通过收集分析数据，将客户划分为不同类型的群体，用歧视定价的方法最大化自身利润。三是基于数据占有优势的搭售行为。在数据相关市场上居于支配地位的经营者，可能会基于数据优势地位将数据与其他服务捆绑出售，从而排挤竞争对手、减少竞争。

【典型案例】Facebook 屏蔽行为被诉案③

2020 年 12 月 9 日，纽约州、哥伦比亚地区、加利福尼亚州等美国 48 个州和地区的检察官与美国联邦贸易委员会（以下简称"FTC"）联合在哥伦比亚地方法院针对 Facebook 的反竞争行为提起了反垄断诉讼。除了对 WhatsApp 和 Instagram 的两项收购外，Facebook 被指控通过平台规则实施的屏蔽行为限制

---

① 最高人民法院（2013）民三终字第 4 号民事判决书。

② 刘志成、李清彬：《把握当前数据垄断特征 优化数据垄断监管》，载《中国发展观察》2019 年第 8 期。

③ 本案例引用自王洁：《从 Facebook 被诉案看屏蔽行为的反垄断法规制》，载微信公众号"社科大互联网法学"2021 年 5 月 27 日，https：//ag.ny.gov/uploads/state-new-york-et-al-v-facebook-inc-filed-public-complaint-12112020.

了开发者选择与 Facebook 竞争者合作的倾向，并阻止有前途的应用程序演变成可能威胁 Facebook 个人社交网络垄断的竞争对手。本案分析如下：

Facebook 的反竞争条款：① 2011 年 7 月 27 日：Facebook 上的应用程序不得整合、链接、促进、分发或重新定向到任何其他竞争性社交平台上的任何应用程序。② 2012 年 9 月 12 日：未经允许，开发人员不得使用 Facebook 平台将用户数据导出到竞争性社交网络中。③ 2013 年 1 月 25 日：添加互惠和禁止复制核心功能的限制。④ 2014 年 5 月 2 日：Facebook 平台对所有应用程序终止了对某些 API 的访问权限，其中包括限制第三方应用程序访问其用户的好友中尚未使用该程序的好友信息。同时要求事先审查访问其 API 接口的所有请求，包括 Find Friends API（即查找朋友 API）接口等。

相关市场界定：根据 48 个州和地区的检察官与 FTC 的起诉状，本案的相关地理市场是美国，相关产品市场是个人社交网络。

市场支配地位的认定：尽管向用户提供社交网络服务的新应用程序在市场"上线"并没有那么困难，但若想获得相应的用户规模，成为个人社交网络服务市场"有意义的参与者"，则需要与大量用户的互动。个人社交网络服务市场的壁垒使 Facebook 的竞争对手不太可能达到与其相近的用户访问时间和注意力，这反过来又决定了他们可以出售给广告商的广告库存量也会显著低于 Facebook，从而形成市场竞争壁垒，无法形成有效竞争。数据显示，自 2011 年起 Facebook 的市场份额即已超过 60%，而网络效应、高转换成本、数据壁垒是导致该相关市场存在显著竞争壁垒的重要原因。

屏蔽行为造成反垄断法意义上的损害：除服务质量的降低之外，Facebook 实施的涉案屏蔽行为还不断损害个人社交网络服务用户的利益，导致用户被剥夺了下述各种因有效竞争所可能获得的益处，包括：更多创新，例如为吸引和留住用户而开发和引入更具吸引力的新功能和业务模式；质量改进，例如为吸引和留住用户而改进的特征、功能和用户体验；以及消费者的选择，例如使用户能够选择更符合其偏好的个人社交网络服务提供商，在平台的展示内容，广告的数量和性质，数据保护和隐私选项的可用性、质量和丰富性等方面获得更多选择。

综上，48 个州和地区检察官及 FTC 认定：Facebook 通过其反竞争行为（包括反竞争性质的收购和对互联访问权限设置反竞争限制条件），而非基于其产品优越性的方式维持其市场支配地位，并因此成功排除了竞争，且该行为正在进行中。上述行为违反了《谢尔曼法》第 2 条和《联保贸易委员会法》第 5 条。针对屏蔽行为，要求法院裁定：永久禁止 Facebook 对访问 API 接口和数据获取施加的反竞争限制条件；永久禁止 Facebook 从事本诉中描述的非法行为或与之类似或相关的行为；采用救济手段恢复并补救已造成的竞争损害。

（三）经营者集中

数据垄断中的经营者集中，指经营者为了实现对数据的控制垄断，通过在企业之间进行并购的方式达到该目的，而经营者在利用该种并购方式时往往回避法律规定的申报程序，从而快速地获取数据资源，占据数据优势，实现对数据的垄断。近些年，随着大数据的商业应用日益普及，数据资源已然是企业最为重要的生产要素和战略资产，更是成为企业的核心竞争力。目前，除了做前端的数据采集外，通过并购取得数据资产成为最为便捷的一种数据收集方式，谷歌、微软、Facebook 等行业巨头都曾发起过类似的并购交易。根据经合组织（OECD）的统计报告："在数据密集型产业中，以获取数据资产为目的发起的并购交易数量激增，从 2008 年的 55 宗并购交易增至 2012 年的近 164 宗并购交易，仅仅是 2013 年上半年就已发生 127 宗并购交易。"可以说，大数据领域正在掀起一股并购交易热潮。自 2015 年以来，我国互联网行业进入一场产业并购与整合的狂欢浪潮，期间发生了多起涉及数据资产交易的并购案件，包括滴滴和优步合并案、美团和大众点评合并案、赶集网和 58 同城合并案等。

已占有大量数据资源的经营者，通过经营者集中使占有的数据资源更加完整，催生出数据寡头，形成市场支配地位。由于数据资源的独特性，增加的数据集中度将产生明显的规模效应，进一步扩大其竞争优势。一方面，该集中有利于发挥数据整合优势、提升产品和服务供给效率；另一方面，数据集中可能导致竞争对手形成数据孤岛，从而阻碍市场竞争。因此，该集中违背了竞争法的精神，破坏了自由的竞争秩序，弱化了市场经济的运作效率，损害了消费者和其他经营者的利益，应当受到法律的规制。

【典型案例】微软（Microsoft）收购领英（LinkedIn）案[①]

微软是一家全球性科技公司，其产品包括个人电脑操作系统、办公软件、云计算服务等，领英则是一家职业社交网站。2016 年 10 月 14 日，欧盟委员会（以下简称为欧委会）收到微软收购领英这一交易的反垄断申报，经过审查，2016 年 12 月 6 日欧委会对该交易作出附条件批准的决定。该交易涉及多个反垄断司法辖区的申报，在欧委会作出决定前，该交易在美国、加拿大、巴西和

---

① 本案例节选自韩伟：《数据驱动型并购的反垄断审查——以欧盟微软收购领英案为例》，载《竞争法律与政策评论》2017 年第 00 期。

南非已经被无条件批准。在决定文书的竞争评估部分，欧委会则从"横向效应"与"非横向效应"两大方面对若干市场进行了具体的分析，就横向效应而言，决定文书针对在线广告服务市场进行了分析。就非横向效应而言，决定文书分析的相关市场包括：①客户关系管理软件解决方案市场；②职业社交网络服务市场；③在线招聘服务市场；④办公软件市场；⑤在线通信服务市场（重点针对其中的企业通信服务市场）。整体而言，除了在线广告业务方面有少量重叠，微软与领英主要在互补性业务领域活动。欧委会基于欧盟竞争法，重点对三个市场进行了调查：一是职业社交网络服务市场；二是客户关系管理软件解决方案市场；三是在线广告服务市场。值得注意的是，最终欧委会只在职业社交网络服务市场确定存在竞争问题，相应地，该案所附限制性条件也只是针对职业社交网络服务市场。下面重点就这三个市场和办公软件市场数据方面的问题进行梳理与介绍：

第一，在线广告服务市场。经调查，尽管在线广告服务市场中微软和领英都存在业务，但二者只在展示广告业务方面有重叠。考虑到交易方在"欧洲经济区"相关市场的合计份额很低，且该市场具有市场力量分散化的特点，欧委会最终认为在在线广告服务市场中该交易不会导致竞争问题。在线广告服务市场涉及数据问题，依据决定文书，欧委会认为，交易双方可用于广告目的的用户数据的整合，并不会带来竞争问题。这是因为，交易后其他主体仍可以从市场中获得大量的这类用户数据。

第二，客户关系管理软件解决方案市场。欧委会重点分析了合并后微软能否通过以下两方面的途径去排挤竞争对手：①向客户关系管理软件的客户捆绑销售领英的智能销售解决方案；②拒绝微软的竞争对手访问领英的数据库，从而阻止竞争对手基于前述访问通过机器学习开发高级的客户关系管理功能。欧委会发现，尽管两类产品的客户基础存在重叠，但领英的产品并非相关市场"必需"的解决方案。欧委会还发现，充分获得领英数据并非在市场上竞争所必需。此外，微软在客户关系管理软件市场中是一家相对较小的竞争者，其面临一些强力的竞争对手，比如该市场的领头羊企业 Salesforce 以及 Oracle 和 SAP。因此，欧委会判定该交易无法让微软去封锁这些竞争对手，也无法排除该市场的竞争。在客户关系管理软件解决方案市场的数据问题方面，决定文书分别分析了混合非协同效应和纵向非协同效应，其中纵向非协同效应主要分析了涉及数据问题的原料封锁。

在市场调研期间，有竞争性的客户关系管理软件运营商投诉称，在不久的将来，领英的完整数据包括但不限于通过 Sales Navigator 展示的数据，这些数据会成为某些高级功能所需的机器学习的一种重要的原料。欧委会评估了这一竞争关注，发现交易前，领英并没有将其完整数据或部分数据向第三方开放用于机器学习目的。这种环境下，上述竞争问题出现的前提是，即使交易不发生，领英也会将其完整数据对外开放。欧委会指出，首先，并不清楚即使交易不发生，领英是否会将数据向第三方开放。其次，如果领英没有动机将完整数据对外开放，如果微软在合并后获得领英的这些数据且通过这些数据改进其客户关系管理软件解决方案，则该交易甚至可能带来促进竞争的效果。因为该交易可能导致新产品的出现或者改进市场上的既存产品，从而有利于消费者。因此，欧委会认为，并不确定在不久的将来领英的完整数据会成为一种重要的原料。尽管如此，欧委会还是在假定即使交易不发生领英也会向客户关系管理软件客户和竞争性客户关系管理软件解决方案竞争对手开放其完整数据，且假定交易后微软开始利用这些数据去优化其客户关系管理软件解决方案的情况下，分析了交易是否让合并后的企业有能力与动机通过限制下游竞争对手获得一种重要的原料去限制竞争。

欧委会从能力与动机两大方面进行了评估。①封锁的能力。欧委会认为，交易后的企业没有能力通过降低领英完整数据的可获得性去封锁竞争性的客户关系管理软件解决方案供应商，因此在针对客户关系管理软件解决方案的机器学习所需的数据可获得性方面，交易不会产生负面效应。②封锁的动机。就封锁的动机而言，市场调研的结果并不确定，只有一半的客户关系管理软件竞争对手主张微软有动机实施封锁。欧委会并不清楚这样的封锁策略对微软而言在多大程度上是有利可图的。由于领英的完整数据在交易前并未对市场开放，因此无法评估领英以及交易后微软通过许可数据库所能获得的实际利润。但是，Sales Navigator 是一种可以展示领英完整数据子集的工具，因此可以将其作为评估合并后企业实施封锁策略所致损失的指标。如果依投诉人的观点，领英的完整数据是针对客户关系管理软件解决方案的一种独特的原料，则领英以及合并后的企业通过许可这些数据所能获得的利润，至少应该等同或高于交易前通过 Sales Navigator 所能获得的利润。③对有效竞争可能的整体影响。就封锁策略对客户关系管理软件解决方案市场的影响而言，市场调研过程中，大部分客户关系管理软件客户以及所有智能销售解决方案供应商都认为，该交易不会影响他们的企业或者影响客户关系管理软件解决方案市场。而竞争性客户关系管理软件供应商的观点则比较复杂，一半企业认为该交易的影响是负面的，一半则认为其不会带来问题。经过评估，欧委会认为，该交易对客户关系管理软件解决方案市场的有效竞争整体上不会带来负面影响，而潜在的对领英完整数据或数据子集的封锁也不会损害消费者利益。

综上，欧委会认为，交易在客户关系管理软件解决方案市场不会出现原料封锁方面的竞争问题。

第三，职业社交网络服务市场。微软的一些产品与服务（比如个人电脑操作系统、办公软件等）是普遍适用的 IT 产品与服务。对于使用互联网服务的客户或企业雇员而言，领英的职业社交网络服务也很容易接触到。因此，微软的一些产品与服务被视为领英职业社交网络服务的互补品或者至少与之具有紧密的相关性。依据决定文书，相应地，该交易可能通过以下方式导致混合非协同效应：①封锁与领英竞争的职业社交网络服务供应商；②封锁与微软竞争的特定 IT 产品供应商。欧委会重点分析了封锁职业社交网络服务竞争对手的混合非协同效应，这部分也间接涉及数据问题以及相关的隐私问题。考虑到微软在欧洲经济区范围内的个人电脑操作系统市场以及办公软件市场所拥有的高市场份额，欧委会重点调查了交易发生后，合并后的企业是否有能力与动机通过排他性行为将其在这些市场上的市场力量传导（leverage）到职业社交网络服务市场。

欧委会评估了领英的职业社交网络服务与微软个人电脑操作系统以及办公软件整合后，合并后的企业是否会将其在个人电脑操作系统市场与办公软件市场的市场地位传导到职业社交网络服务市场（领英在职业社交网络服务市场已经有很强的市场力量），从而封锁该市场的竞争对手，损害竞争。针对上述竞争关注，欧委会重点从三个方面进行了分析：①封锁的能力。这方面的竞争关注是：一方面，交易后的企业将领英应用程序预装于个人电脑 Windows 操作系统中；另一方面，将领英的功能与 Office 产品整合，同时拒绝向竞争对手开放微软的应用程序编程接口，从而让合并后的企业可以封锁欧洲经济区范围内的竞争性职业社交网络服务供应商。②封锁的动机。决定文书指出，微软已经意识到前述预装与整合可能带来的利益，包括领英用户数量与用户活跃度的提升，以及相应的盈利提升机会，这点在交易相关的内部文件中有所体现。领英产品功能与 Office 产品整合也可能让合并后的企业有动机去拒绝竞争性职业社交网络供应商获得微软应用程序编程接口，从而阻碍竞争对手实现类似水平的整合，这一点在微软的相关内部文件中也有所体现。此外，欧委会也没有发现任何因素可能减少或消除合并后企业实施前述行为的动机。③对有效竞争可能的整体影响。如上分析，合并后的企业有能力与动机，通过将领英应用程序预装于运行 Windows 的个人电脑，以及将领英产品的功能与 Office 整合，并且拒绝竞争对手获得微软的应用程序编程接口，去封锁竞争性职业社交网络供应商。每种上述行为都可能让领英的职业社交网络平台通过竞争性职业社交网络服务供应商无法企及的方式，去提升其用户规模与用户活跃度。

综上，欧委会认为合并后的企业通过预装、整合以及拒绝对手获得微软的应用程序编程接口这些措施，可以封锁竞争性职业社交网络服务供应商，并会对欧洲经济区范围内市场的有效竞争带来负面影响。

第四，办公软件市场。微软的 Office 非常流行，微软是欧洲经济区范围内最大的办公软件供应商。因此，欧委会认为微软在欧洲经济区的办公软件市场至少拥有很强的市场势力。欧委会针对办公软件市场，分析了纵向非协同效应和混合非协同效应。经过分析，欧委会认为该交易不会在欧洲经济区范围内的办公软件市场引发竞争问题。依据决定文书，纵向非协同效应主要分析了涉及数据问题的原料封锁。市场调研期间，欧委会担心微软通过利用领英的完整数据进一步提升其在办公软件市场的支配地位。特别是，微软可以将其数据与日后可能成为适用于办公软件解决方案的机器学习的一种重要原料的领英完整数据予以整合。基于此，欧委会担心交易后微软会限制那些竞争性办公软件解决方案企业获得针对机器学习的领英完整数据，从而使得其他办公软件解决方案供应商更难有效竞争以及更难进行创新。

欧委会的评估：①封锁的能力与动机。尽管并不清楚微软是否有动机去封锁竞争性办公软件供应商，但欧委会认为合并后的企业没有能力去封锁竞争性办公软件供应商，因为即使降低领英完整数据的开放程度，这也不会给针对办公软件解决方案的机器学习所需的数据的可获得性带来整体性的负面影响。②对有效竞争可能的整体影响。欧委会认为，该交易从整体上不会给办公软件解决方案市场带来负面影响，因为任何对领英完整数据或数据子集的限制都不会导致消费者损害。首先，如上所述，市场调研中，大部分被访者都认为该交易不会对其企业或办公软件市场带来负面影响；其次，为给消费者提供有效的功能，机器学习需要多渠道的数据来源。领英只是其中的一种数据来源，市场上还存在其他可获得的替代性数据来源。

综上，欧委会认为交易在办公软件解决方案市场不会出现原料封锁方面的竞争问题。

第四节　数据竞争责任

一、数据不正当竞争责任

我国的《反不正当竞争法》明确规定了义务性规则和禁止性规则。市场经营主体一旦违反这些法律的硬性规定，就会受到法律的制裁。而这些制裁措施也是在《反不正当竞争法》中明文规定的。例如，现行《反不正当竞争法》规定了假冒标识、经营者限定购买、政府限定购买、商业贿赂、不当商业宣传、侵犯商业秘密、不当低价销售、搭售、不当有奖销售、损害他人商誉、串通投标等十一种类型的不正当竞争行为。这些行为的实施，行为人将承担相应的民事责任、行政责任以及刑事责任。因此，经营者从事"数据不正当竞争行为"也可能承担相应的民事、行政、刑事三类责任。

（一）民事责任

民事责任包括两种：①停止侵害；②赔偿损失。

第一，停止侵害。有学者认为，在数据反不正当竞争领域，需要完全以损害后果的现实存在作为追究责任的依据。[①] 从理论上讲，《反不正当竞争法》不仅鼓励和保护公平竞争，还维护经营者和消费者的正当权利。对于正在发生的不正当竞争行为必须予以及时制止。我国现有法律规定的停止侵害责任主要存在于民法领域。然而，《反不正当竞争法》中对此并没有规定。因此应当允许"停止侵害"在反不正当竞争法领域参照适用《民法典》中"民事侵权责任"的一般规定。一般情形下，停止侵害的适用意味着侵害行为已经发生，为此通常伴随着损害事实的发生。因此，作为数据反不正当竞争的民事法律责任，停止侵害与损害赔偿往往同时存在。

第二，赔偿损失。实践中，针对损害赔偿的责任形式有两种具体表现：一是补偿性；二是惩罚性。首先，不法行为造成实际损害后果之后，市场经济主体才需要承担损害赔偿责任。其次，实际的损害赔偿数额以受害人现实的经济减损情况为依据。最后，《反不正当竞争法》中的补偿性损害赔偿与民事法律责任具有逻辑上的一致性。但是，惩罚性赔偿对于受害者的保护更为彻底。因为实施不法行为的主体更具经济上的驱动力，惩罚性赔偿可以对不法行为起到更大的威慑作用。因此，对受害者来说，惩罚性赔偿才是最有效的补救手段。

（二）行政责任

《反不正当竞争法》中的行政法律责任主要是处罚性责任和处分性责任。处罚性责任主要是对实施了行政违法行为的市场竞争主体施加的。处分性责任主要是针对反不正当竞争执法机构及其工作人员施加的，在此不作讨论。具体的行政处罚性责任形式主要包括以下几种：

第一，停止不正当竞争行为。对于不正当竞争行为，相应的执法机关有权

---

① 邵建东：《不正当竞争行为之民事责任》，载《法学》1994 年第 8 期。

依法采取相应的措施，要求不法行为人当即停止不正当竞争行为。它的特点在于直接对违法行为进行干预。具体包括："责令停止"和"责令改正"两种方式。它的意义在于不仅针对已经发生的不正当竞争行为，对于还未发生但有危害之虞的不正当竞争行为也可以加以制止，以排除可预期的危险。

第二，没收违法所得。没收违法所得是专门针对违法行为人非法获取的不正当利益进行收缴的行政处罚。《反不正当竞争法》第21条至24条作出了相关规定。该项措施针对的只能是行为人因不法行为所获取的利益。没收违法所得本质上是在违法行为发生后，对行为人通过不法手段获取的财产，依据法律规定进行强制剥夺，将利益状态恢复到违法行为发生之前。

第三，行政罚款。行政罚款是有权机关对违法行为人采取的一种财产性处罚措施，强制要求不法行为人承担金钱给付义务。在国内外的立法与司法实践中，行政罚款有着重要的地位。它在具体的反不正当竞争责任形式中，也是适用率最高、最为有效的措施之一。行政罚款较为灵活，能够独立适用也可以与其他措施同时适用。一方面，由于行政罚款给不法行为人带来了直接的利益损害，具有较强的威慑力；另一方面，行政罚款在具体数额方面具有一定弹性，根据违法行为的性质及危害等不同情况作出不同的规定以达到不同的效果。

第四，取消部分经营者的活动资格。它指取消违法者从事某些经营活动的资格。包括暂时性或永久性取消两种形式。在反不正当竞争法律责任中，其多以停止营业、吊销营业执照等方式表现。但是，由于这种责任形式的严重性，从促进市场经济发展的角度出发，在实践中较少适用。

（三）刑事责任

经营者以违法手段从事不正当竞争行为，这其中的"违法"也有可能是刑事违法，因此应当承担相应的刑事责任。当然，从我国《反不正当竞争法》的规定来看，刑事责任的责任主体还包括反不正当竞争行政执法机构及其工作人员。2019年的《反不正当竞争法》第27条规定，经营者违反本法规定，应当承担民事责任、行政责任和刑事责任，其财产不足以支付的，优先用于承担民事责任。第31条规定，违反本法规定，构成犯罪的，依法追究刑事责任。1993年的《反不正当竞争法》第21条规定，经营者假冒他人的注册商标，擅自使用他人的企业名称或者姓名，伪造或者冒用认证标志、名优标志等质量标志，伪造产地，对商品质量作引人误解的虚假表示的，依照《商标法》《产品质量法》的规定处罚。经营者擅自使用知名商品特有的名称、包装、装潢，或者使用与知名商品近似的名称、包装、装潢，造成和他人的知名商品相混淆，使购买者误认为是该知名商品的，监督检查部门应当责令停止违法行为，没收违法所得，可以根据情节处以违法所得 1 倍以上 3 倍以下的罚款；情节严重的，可以吊销营业执照；销售伪劣商品，构成犯罪的，依法追究刑事责任。第 22 条规定，经营者采用财物或者其他手段进行贿赂以销售或者购买商品，构成犯罪的，依法追究刑事责任；不构成犯罪的，监督检查部门可以根据情节处以 1 万元以上 20 万元以下的罚款，有违法所得的，予以没收。第 31 条规定，监督检查不正当竞争行为的国家机关工作人员滥用职权、玩忽职守，构成犯罪的，依法追究刑事责任；不构成犯罪的，给予行政处分。第 32 条规定，监督检查不正当竞争行为的国家机关工作人员徇私舞弊，对明知有违反本法规定构成犯罪的经营者故意包庇不使他受追诉的，依法追究刑事责任。根据《刑法》的规定，一般的刑事法律责任形式主要包括罚金和限制人身自由的拘役、有期徒刑等。然而，我国《反不正当竞争法》对此只稍加提及并未规定刑事责任的具体形式。

二、数据垄断责任

大数据、算法、人工智能、物联网等新事物的兴起，数据应用随之产生。但是由于处于起步阶段，数据对市场的垄断影响并不明显，其实际发生的案件也少于"不正当竞争行为"。自《反垄断法》2008 年实施以来，关于法律责任条款在反垄断执法中，遇到了诸多窘境。[①] 主要有两个问题：一是不少市场在反垄断执法前后未有明显变化。二是行政处罚是反垄断执法机构在完成大量工作后的重要收尾难题。因此，2021 年 10 月《反垄断法（修正草案）》也相应地完善了法律责任，同时加大了处罚力度。

《反垄断法》关于"法律责任"的规定在第 56 条、第 57 条和第 58 条。"经营者违反本法规定，达成并实施垄断协议的，由反垄断执法机构责令停止违法行为，没收违法所得，并处上一年度销售额百分之一以上百分之十以下的罚款，上一年度没有销售额的，处五百万元以下的罚款；尚未实施所达成的垄断协议的，可以处三百万元以下的罚款。经营者的法定代表人、主要负责人和直接责任人员对达成垄断协议负有个人责任的，可以处一百万元以下的罚款。经营者组织其他经营者达成垄断协议或者为其他经营者达成垄断协议提供实质性帮助的，适用前款规定。经营者主动向反垄断执法机构报告达成垄断协议的有关情况并提供重要证据的，反垄断执法机构可以酌情减轻或者免除对该经营者的处罚。行业协会违反本法规定，组织本行业的经营者达成垄断协议的，由反垄断

---

① 孙晋：《我国〈反垄断法〉法律责任制度的缺失及其完善》，载《法律适用》2009 年第 11 期。

执法机构责令改正，可以处三百万元以下的罚款；情节严重的，社会团体登记管理机关可以依法撤销登记。""经营者违反本法规定，滥用市场支配地位的，由反垄断执法机构责令停止违法行为，没收违法所得，并处上一年度销售额百分之一以上百分之十以下的罚款。""经营者违反本法规定实施集中，且具有或者可能具有排除、限制竞争效果的，由国务院反垄断执法机构责令停止实施集中、限期处分股份或者资产、限期转让营业以及采取其他必要措施恢复到集中前的状态，处上一年度销售额百分之十以下的罚款；不具有排除、限制竞争效果的，处五百万元以下的罚款。"

第五节　数据竞争救济

一、数据竞争救济概述

数据竞争救济要求兼顾竞争秩序与竞争效率以保护消费者。一方面要构建合理的救济程序，保障数据主体的公平竞争，同时尽可能减少对市场的干预，保障数据市场主体自由竞争，以提升竞争效率，另一方面要设置合理的救济制度，拓宽救济路径以维护竞争秩序并最大程度上维护消费者利益。

（一）我国数据竞争救济的历史与趋势

1. 宏观反垄断与微观反不当竞争由并立到统一。2018 年以前，我国数据竞争领域的监管机构并未统一，数据竞争市场宏观规制与微观监管分属不同行政机关，从中央到地方市场均设立了相应的竞争监管机构。国务院的反垄断委员会负责组织协调指导反垄断执法工作，国家发改委价格监督检查与反垄断局负责查处与价格有关的垄断行为，国家工商行政管理总局负责查处涉及价格问题的垄断协议、滥用市场支配地位以及滥用行政权力排除限制竞争等微观市场中的不正当价格行为，商务部反垄断局负责经营者集中的反垄断审查。

2018 年 3 月 13 日，国务院提请全国人大审议的国务院机构改革方案发布，国家市场监督管理总局诞生，分属于发改委、国家工商总局、商务部的竞争市场规制职能统一到国家市场监督管理总局，自此数据竞争市场的宏观与微观的规制统一到同一行政机关。根据《国家市场监督管理总局职能配置、内设机构和人员编制规定》，国家市场监督管理总局下设反垄断局负责反垄断统一执法，统筹推进竞争政策实施，指导实施公平竞争审查制度；依法对经营者集中行为进行反垄断审查，负责垄断协议、滥用市场支配地位和滥用行政权力排除限制竞争等反垄断执法工作；指导企业在国外的反垄断应诉工作；承担国务院反垄断委员会日常工作。与此同时，设立了价格监督检查和反不正当竞争局等司局负责监督管理市场秩序；依法监督管理市场交易、网络商品交易及有关服务的行为；组织指导查处价格收费违法违规、不正当竞争、违法直销、传销、侵犯商标专利知识产权和制售假冒伪劣行为；指导广告业发展，监督管理广告活动；指导查处无照生产经营和相关无证生产经营行为；指导中国消费者协会开展消费维权工作。

2. 由行政机关干预为主到市场主体私力救济并济。数据竞争规制更多依赖于行政机关依职权的对市场主体的主动干预实现的。国家市场监督管理总局于2020年12月25日发布的《中国反垄断执法年度报告（2019）》显示，2019年共立案调查垄断案件103件，结案46件，罚没金额3.2亿元。其中立案调查垄断协议案件28件，立案调查滥用市场支配地位案件15件，办理滥用行政权力排除、限制竞争案件84件，调查经营者集中未依法申报案件36件[①]，加之2020年12月至今，国家市场监督管理总局分别向阿里巴巴投资有限公司、腾讯控股有限公司、百度控股有限公司等市场主体开具了行政处罚决定，以行政执法方式解决垄断问题的力度逐渐增大。

同时可以看到越来越多的市场主体选择诉诸司法诉讼方式寻求救济，自发维护市场的公平竞争，保障自身利益。检索以"垄断纠纷"为案由的裁判文书发现，裁判日期在2018年度、2019年度、2020年度的数量不断增加。此外，法院也十分重视数据竞争领域的司法裁判工作，例如广东高院首次发布互联网领域反不正当竞争和反垄断十大案例，加强了对司法裁判工作的指导。市场主体以诉诸诉讼的方式维护自身权益的趋势不断增强，体现着市场主体自由竞争、公平竞争意识不断增强，同时对完善数据竞争领域司法裁判工作提出了新的要求。

（二）数据竞争救济的基本原则

1. 以多元途径保障市场竞争秩序，维护公平竞争。我国《反垄断法》与《反不正当竞争法》中都开宗明义地规定了公平竞争的基本原则。数据市场自由竞争领域不同于传统行业，具有很强的共享效应，同时部分数据作为基础设施，对数据市场的发展起到了重要的推动作用，为此，国务院印发《促进大数据发展行动纲要》，要求大力推动政府信息系统和公共数据互联开放共享，加快政府信息平台整合，消除信息孤岛，推进数据资源向社会开放。[②] 因此在数

---

① 国家市场监督管理总局：《中国反垄断执法年度报告（2019）》。

② 《促进大数据发展行动纲要》（国发〔2015〕50号）。

据竞争救济制度中，以尽可能多的途径维护竞争秩序是重中之重。

数据竞争领域市场主体行为的隐蔽性更是要求以多种途径实现对竞争秩序的维护。一方面，部分市场主体掌握了海量的数据，消费者在大数据算法前常面临信息赤字的困境，市场主体往往会利用自己掌握的数据优势，设置不利于消费者的交易条件，而消费者往往又会因为难以获取足量的数据而难以发现。[①]另一方面，不正当竞争行为与垄断行为的不易察觉性同样为竞争执法机构带来了困扰。以数据市场中的并购为例，新的企业并购行为相比于传统并购更难被监管机构察觉，同时部分企业并购在传统标准下未达到申报门槛，成为规制漏洞。

正是基于以上原因，救济制度中路径的多元化重要性凸显，通过市场主体的私力救济维护市场竞争秩序，降低私力救济成本，执法机构合理干预市场成了救济制度路径多元化的重要方式。

2. 以严谨程序保障消费者合法权益，促进社会福利最大化。保障消费者合法权益的基本原则在数据竞争法领域具有重要意义，并且体现在我国《反垄断法》与《反不正当竞争法》的立法中。传统竞争法领域"以竞争者保护为取向"，将经营领域相同或者相关所产生的竞争对手关系称为竞争关系，并由其决定行为的构成和法律的调整范围。当今数据产生运营模式不断营造新的竞争生态，反不正当竞争法与反垄断法保护的利益日趋多元，受规制的竞争行为范围随之拓宽。一方面，促进竞争并不是总能够保障消费者合法权益。例如市场无序竞争，竞争过度所出现的掠夺性定价往往最后都以消费者买单告终。[②]特别是在数据竞争领域，部分市场主体为尽可能地获取消费者的数据，不同市场主体之间过度竞争，以极低的价格培养消费者习惯，当数据市场趋于平衡时，消费者的相关数据已经由市场主体搜集完毕，且消费习惯已经形成，加剧了消费者的劣势地位。另一方面，数据行业具备一定的垄断倾向，社会福利最大化要求完善数据基础设施的建设，因此数据市场领域必然会在一定程度上出现具有支配地位的企业。

因此，基于效率与保护消费者考虑，数据竞争救济制度设计应当以完善严谨的救济程序为前提。数据竞争领域的救济往往耗时长、程序复杂，并且程序一旦启动，会对市场主体造成严重的影响，特别是数据市场形势不断变动，例

---

① 叶明、张洁：《大数据竞争行为对我国反垄断执法的挑战与应对》，载《中南大学学报（社会科学版）》2021 年第 3 期。

② 吕政、曹建海：《竞争总是有效率的吗？——兼论过度竞争的理论基础》，载《中国社会科学》2000 年第 6 期。

如一旦对数据市场主体间的并购展开反垄断调查，往往会影响到消费者与投资者对其发展预期与评价，相关主体的运营必然受到严重影响，特别是漫长的调查程序往往会给企业造成极高的成本，因此，完善数据竞争救济制度中的救济程序是实现效率提升和消费者保护的关键。[①]

二、数据竞争的行政救济

数据竞争的行政救济主要是指行政机关依职权主动或依申请被动地对数据市场竞争行为加以监管，对垄断以及不正当竞争个案加以行政处罚、行政强制等措施，以维护数据市场的公平竞争秩序以及消费者的合法权益。我国数据竞争法律制度实施的主要方式之一便是在各级市场监督管理局等行政执法机关的主导下积极展开的行政控制，对数据竞争市场中存在的不正当竞争行为与垄断行为加以行政处罚。

数据竞争行政救济专业性强。基于经济学理论与法学专业知识交叉，竞争法领域的特殊性之一便体现在高度的专业性。为此，欧盟委员会竞争总司在复杂案件中引入独立的首席经济学家（Chief Competition Economist），更加重视对案件的经济分析。我国也十分注重在数据竞争领域法学理论与经济学知识的结合，特别是对于数据市场的相关市场界定等问题的复杂性认识，2021年2月7日国务院反垄断委员会公布《国务院反垄断委员会关于平台经济领域的反垄断指南》，其中对传统反垄断规则和分析工具加以完善，并结合数据市场的发展状况、经营特点和运行规律，有针对性地细化了相关规则并引入了新的评价方法。

数据竞争行政救济程序繁琐、周期长。由于数据竞争行政救济的专业性导致了程序的繁琐性，同时也导致了救济需花费大量的时间。例如，欧盟委员会反垄断部门针对谷歌购物部门的调查已经进行了将近7年。美国对IBM的反垄断审查和诉讼是最典型代表，该诉讼自1969年起至1982年结束，横跨13年之久。

数据竞争行政救济的主要特征还体现在处罚力度大、形式多样。在数据竞争领域，各国均有开出天价罚单的案例。2017年6月27日，欧盟委员会宣布，互联网巨头谷歌存在违反欧盟竞争监管规定的行为，因此对谷歌罚款24.2亿欧元（约合27亿美元）。[②]除巨额罚款之外，还存在各类影响深远的行政强制措

---

① 刘维：《论网络不正当竞争一般条款的价值取向》，载《交大法学》2021年第3期。

② 金曼：《论欧盟反垄断法的目标及其体现——以"谷歌案"为视角》，载《甘肃政法学院学报》2017年第6期。

施，如根据我国《国务院反垄断委员会关于平台经济领域的反垄断指南》，行政机关可要求数据平台企业剥离有形资产，剥离知识产权、技术、数据等无形资产或者剥离相关权益，开放网络、数据或者平台等基础设施、许可关键技术、终止排他性协议、修改平台规则或者算法、承诺兼容或者不降低互操作性水平等行为[①]，在实践中，美国数据领域反垄断也采取了公开技术标准及数据的行政强制措施，在对 IBM 反垄断调查的过程中，IBM 公开了除 BIOS 系统外的所有技术标准及资料，对存在垄断指控的业务逐步调整和退让，最终美国司法部撤诉。

三、数据竞争的司法救济

数据竞争的司法救济具有终局性的特征，是指有资格主体向法院提起诉讼，以维护自身合法权益或数据市场公平竞争的公共利益，实践中垄断协议纠纷与滥用市场支配地位纠纷数量基本相当，经营者集中则占其中极小的比例，案件总体呈现新难题多、周期长、胜诉少等特点。

（一）数据竞争司法救济之现状

1. 诉讼周期长、成本高昂。诉讼程序繁琐，导致周期较长，由此带来的是成本高昂，这是通过司法诉讼的方式解决数据竞争领域纠纷的主要困境之一。

取证困难是造成诉讼周期长的主要原因之一。由于数据往往以电子证据的方式呈现，通过数据电文的形式进行传递，纠纷发生时当事人所提交的电子证据形式也多种多样，并且由于目前数据竞争领域取证规则、认定标准各地不一，进而导致司法活动中对电子证据的搜集、管理、采信等过程中出现很多新问题。[②] 由于数据的特殊性，电子证据往往会储存在特定服务器中，正因此，数据储存往往会不断覆盖，难以较长时间储存，而及时储存性决定了除非为用户自行保存，证据在云端的储存一般不会持续很长时间；此外，电子证据的采集往往需要聘请专业人员进行，过程较为复杂、成本也相对较高，而目前司法队伍中尚缺乏相关专家队伍，相关设备和技术支持也远不能满足电子证据收集的要求，对于成本收益的考虑也使电子证据的采集面临较多障碍。由此造成了案件程序繁琐。

程序繁琐、耗时漫长，这不仅让受害方付出了超量维权成本，且不能及时

---

① 《国务院反垄断委员会关于平台经济领域的反垄断指南》第 21 条。

② 杨东、臧俊恒：《数据生产要素的竞争规制困境与突破》，载《国家检察官学院学报》2020 年第 6 期。

制止不正当竞争行为。即使胜诉，但不正当竞争行为所造成的损害已经产生，只能以事后补偿的方式加以补救，法律的预防性难以得到保证。

2. 案件管辖异议频发。数据竞争案件地域管辖争议使得司法救济程序变得更加复杂。在目前所能接触到的数据竞争案件纠纷中，几乎都存在管辖权异议纠纷，甚至可以说是无案不争。得益于市场的发展，数据竞争体现着全球性、虚拟性和网络管理的非中心化，传统原告就被告的地域管辖原则受到了前所未有的挑战。因此在很长一段时间内，基于实际案件的需要，理论界出现了"新主权理论""管辖相对论""网址管辖基础论""技术优先论""原告所在地法院管辖论""最低限度联系理论""服务器所在地法院管辖论"等多个理论。尽管2012年出台的《最高人民法院关于审理因垄断行为引发的民事纠纷案件应用法律若干问题的规定》对数据垄断案件管辖进行了初步指引，但是实践中效果并不理想。

管辖异议中起诉案由的确定应尊重当事人的处分权，从实质认定角度而言，应满足初步证据标准。管辖异议一般并不影响案件的实质审理，因此对于案件的探讨不应先入为主地刻意排斥或者强调某个法院的管辖权，而应从法律适用和解释角度考虑处置方案。如果案由可以确定为不正当竞争，并且在管辖异议审查中能够达到初步证据要求，就应当尊重当事人的处分权，按照不正当竞争的案由来确定管辖。

因此，数据竞争管辖异议案件审查的范围主要包括审查对象和证明要求。管辖制度的设计本身是为了在法院之间进行合理的分工，一般认为不涉及实质审判结果正确与否，因此管辖异议案件的审查对象是受诉法院有无管辖权。但针对管辖权的判断，往往诉争法律关系又是一个关键判断因素，因此就管辖权判断而言，其核心问题是应当满足何种程度的证明标准。管辖异议程序中对起诉的法律关系不宜作实质性的判断，即法院不对当事人起诉的法律关系进行准确判断，而只是审查受诉法院是否有行使管辖权的初步证据，这个证明要求应该是"初步证据"标准。具体而言，若初步证据显示的法律关系与原告主张的法律关系不一致，并且导致管辖地改变，在这种情况下受诉法院明显没有管辖权的，应当移送案件。若经过初步证据判断之后显示原告主张的法律关系有可能性，据此案由判断受诉法院有管辖权的，可以驳回管辖异议，不论案件经过实质审理最终认定的法律关系是什么，都不会影响管辖裁定的合法性。

（二）数据竞争司法救济的发展趋势

1. 以改革提升诉讼效率。提升诉讼效率是完善数据竞争救济制度的关键。对于市场主体而言，效率即生命，迟来的正义往往是非正义，公正、高效、权威是司法实践永恒的主题，因此必须建立审判快速反应机制。

第一，应当完善数据不正当竞争行为的保全、诉前禁止制度，才能提高司法控制的权威性。行为保全是避免市场竞争秩序恶化的重要措施，特别是在经济法领域要探索"禁止令"的适用，建立临时禁令制度，完善审判效率管理，是保障当事人能够得到更好的救济的前提。诉前禁止令是在数据竞争市场中非常重要的一环，也是市场主体利益得以保障的关键。

第二，完善诉讼程序，加强审限管理。特别是对审限延长、审限调整应当加以严格控制，对不符合审限延长条件或者不遵守审批程序的案件不予审批。将审限变更纳入案件质量评查范围，定期对报请变更延长审限的案件进行抽查，监督防范无正当理由而"混乱"变更的情况发生。在严格限制变更审限案件数量的同时，还要建立对临近或超法定正常审理期限未结案件的定期检查清理机制，加大清查力度。

第三，提升审判人员数据竞争相关领域知识素养，科学配置司法资源，必要情况下可引入相关外部专业力量。审判管理队伍的建设问题已成为审判管理改革的一项重要内容，法院应积极整合资源，通过举办各类学习活动，尽快培养出适应数据竞争审判管理需要的专家人才，并在此基础上形成专业化的管理团队。同时积极利用社会相关组织，引入相关外部专业团队，以尽可能地解决数据竞争诉讼案件中的相关核心技术问题。最后对于数据竞争案件应当坚持高精尖对应重大疑难复杂，特别是对于区域内影响重大的案件，坚持终身追责制。

2. 建立数据竞争公益诉讼制度。数据竞争公益诉讼是指由于数据竞争行为使消费者及公众利益遭受侵害、公平的竞争秩序遭受破坏等，法律允许公民或团体为维护社会经济公益而向法院提起诉讼的制度，[①] 数据竞争公益诉讼制度作为对传统法律理论与传统诉讼法律体系进行理念性更新与突破的新型诉讼方式，与传统的诉讼手段相比，具有以下显著的优势。

第一，以公共利益作为出发点能够最大程度上维护数据竞争秩序。数据竞争公益诉讼一般并不直接损害原告私人的利益。不同于传统诉讼手段中的单纯私人利益直接受损害的情形，在公益诉讼中，保护因数据不正当竞争行为而受损的公众或公共利益是诉讼的出发点。同"唯有法律上有直接利害关系，才有资格提起诉讼"的传统诉讼制度相比，公益诉讼制度放宽了对原告起诉资格的限制，扩大了原告范围，当个人难以负担反垄断与反不正当竞争诉讼带来的巨

---

① 洪浩、赵祖斌：《个人信息保护中检察公益诉权配置的根据》，载《内蒙古社会科学》2020 年第 6 期。

额成本时，可以以较多的公民或组织共同分担成本的方式来解决，最终实现利用司法力量维护社会经济公共利益的目标。

第二，通过公益诉讼制度能够较好地平衡市场自由竞争与政府主动干预。数据竞争法具有经济法的内涵特质，也体现着社会本位和公共利益之上的特征。特别是数据竞争市场秩序关系到不特定的市场竞争主体和消费者的公共利益，因此，数据竞争诉讼涉及国家干预和公共利益，故而具备公益诉讼的性质。因此，从某种意义上说，数据竞争公益诉讼是对传统诉讼法进行理念性更新与突破的新型诉讼，是在经济法概念下的诉讼程序法。

域外的实践经验也证明了设立数据竞争公益诉讼的必要性。德国《反不正当竞争法（2016 年修改）》第二章第 8 条赋予了竞争者具有权利能力，旨在促进工商业或自主的职业利益，众多数量的经营者的团体、工商业联合会或手工业公会等适格机构拥有提起公益诉讼的权利。此外，在英国赋予检察总长和地方政府以申请司法审查资格，日本甚至赋予了普通民众以原告资格。因此，我国可以吸收和借鉴国外的做法，赋予检察官、公民、非营利组织、政府以提起数据竞争公益诉讼的主体资格。

思考题

1. 什么是数据权属？

2. 数据权属的特征是什么？

3. 为何产生数据权属问题？

4. 数据竞争的实质是什么？

5. 简述数据不正当竞争行为的类型。

6. 简述数据垄断行为的类型。

7. 什么是算法共谋？有哪几种表现形式？

8. 如何认定数据垄断中的"相关市场"？

9. 请简述数据竞争责任的内容。

10. 如何理解数据竞争救济的基本原则？

11. 数据竞争司法救济面临的主要问题有哪些，如何改进？

12. 请以原告资格审查为切入点，谈谈如何理解数据竞争公益诉讼？

13. 请简述数据竞争行政救济的主要特征。

◇ 第六章 ◇

数据安全法理论

　　内容提示： 本章介绍了数据安全法基本问题。通过本章的介绍，旨在使同学们和其他读者能够掌握数据安全法基本概念，数据安全与法律之间的关系，数据安全法调整对象、基本理念原则、治理模式以及在整个法律体系中的地位，数据安全保护法律关系、法律责任等基本内容。

第一节　数据安全法概述

　　数据安全法调整数据主体与数据处理主体之间在数据储存和流转过程中产生的社会关系，以保护国家安全、公共利益和公民、组织的合法权益。通过数据安全法调整实现数据安全与数据开发利用中的合理平衡。

一、数据安全的定义、分类及新特征

　　数据安全是不管在数据基础方面还是在数据储存和应用过程中保障其安全状态的能力。对数据安全可以通过数据分类分级、主体、生命周期等不同角度予以不同的分类。数据安全具有综合性、隐形性、跨域性、多元开放性等多个新特征。

　　（一）数据安全的定义与分类

　　1. 数据安全的定义。"安全"通常是指通过持续的危险识别和风险管理，使得人或资产面临的风险降低并维持在一定可接受水平的状态。根据 ISO/IEC 27002：2005（E）的相关标准，数据（信息）安全通常是指"保护数据（信息）免受广泛威胁，以确保业务的连贯性，最大限度地降低业务风险并

提高投资回报率与业务机会"。①《数据安全法》第 3 条将"数据安全"定义为"通过采取必要措施，确保数据处于有效保护和合法利用的状态，以及具备保障持续安全状态的能力"。本书认为，实践中，"数据安全"需重点关注两个领域，一是大数据基础设施安全，包括计算机的软硬件设备、信息网络安全；二是保障数据信息在收集、存储、使用、加工、传输、提供、公开等过程中的机密性、完整性与可利用性。

2. 数据安全的分类。从数据安全等级的角度看，数据安全可以被划分为特别数据安全和一般数据安全。特别数据安全的保护主要包括重要数据保护与敏感数据保护两个方面。重要数据是指与国家安全、经济发展和社会公共利益密切相关的数据（包括原始数据及衍生数据），如与国家重要矿产资源、地理位置信息、电子通信信息、人口基因健康与未公开政府资料等相关的数据。重要数据如未经授权披露、丢失、滥用、篡改或销毁，或汇聚、整合、分析后会导致危害国家安全、破坏经济金融秩序、损害公共健康和个人合法权益等严重后果。敏感数据是个人数据中最为核心的一环，主要包括与民族种族、政治观念、宗教或哲学信仰、医疗健康信息、性取向与性活动、遗传信息等相关的数据，②此外，根据《个人信息保护法》第 28 条规定，未满 14 周岁的未成年人的个人信息也被纳入敏感数据的范畴以进行特殊保护。在特性上，敏感数据具有极强的排他性与个人隐私性，一旦被非法提供、泄露和滥用会将特定个人的人身与财产安全暴露在相当危险的境地，并极易导致个人名誉、身心健康受到损害或遭遇歧视性待遇。一般数据安全的保护主要指对除特别数据安全之外的普通电子数据的保护。

从数据安全主体的角度看，数据安全可以分为政府数据安全、企业数据安全与个人数据安全。政府数据是由政府收集、存储和处理的数据，包括国防、外交、军事等国家安全领域的数据，也包括科技、教育、文化、医疗、卫生、社保、交通、就业等领域的社会公共监管领域的数据。政府数据安全要求政府建立健全数据安全管理标准，管理自身政务数据的同时引导社会组织对必要数据进行合法合理收集、使用，并加强对个人数据保护的宣传。③企业数据是企业在生产经营活动中收集、存储和处理的数据，包括企业结构、成本销售、用

---

① See ISO/IEC 27002：2005（E），Information technology-Security techniques-Code of practice for information Security management（2005）.
② See General Data Protection Regulation（GDPR）（1995）.
③ 马忠法、胡玲：《论我国数据安全保护法律制度的完善》，载《科技与法律（中英文）》2021 年第 2 期。

户分析等方面数据。企业数据安全要重点关注企业的商业秘密以及消费者个人数据信息保护等内容。个人数据是能够单独或者与其他信息结合识别特定自然人身份或者反映特定自然人活动情况的各种数据。在个人数据安全领域要特别注意个人数据收集、处理的合规性与个人敏感数据的保护。

从数据生命周期的角度看，数据安全可以相应地划分为数据在产生、采集、传输、存储、分析、使用、共享、销毁等各个环节的安全。数据收集是数据安全的第一道屏障。收集方采用一定的技术手段，将用户终端、智能设备等产生的数据信息进行记录和预处理，使真实数据脱离用户的控制。在数据收集的过程中要注意依照法律征得用户的同意，并通过对称密码等技术对用户隐私予以保护。数据的传输表现为数据在不同储存地之间移动的过程，这时数据很容易受到攻击和破坏，需要对数据的机密性与完整性加以保护。数据收集后汇集到大数据中心，海量数据的存储常常面临着内部人员违规窃取、黑客攻击与越权访问等安全隐患。需要不断创新存储加密技术，完善身份认证和访问控制等手段以维护数据存储安全。数据的分析、使用与共享是常见的数据利用方式，通过进行数据挖掘等算法处理，实现数据的有效价值。在这些阶段要注重数据利用过程中的隐私保护与数据信息的合规使用。①

（二）数据安全的新特征

互联网时代，科技的飞速发展和信息的互联互通，赋予了数据安全新的特征。具体表现为数据安全的综合性、隐形性、跨域性与多元开放性。

1. 综合性。大数据时代背景下，信息技术成为连结社会各界发展的桥梁和纽带。政府、企业、个人的数据内容通过互联网进行存储，海量数据信息在云空间中展开互动、互联，这使得数据内容愈发向规模化和综合性方向发展，对数据安全的保护也提出综合性要求。

2. 隐形性。大数据的环境背景下，信息数据无时无刻不在增加。人们日常进行身份登记、购物消费、行动轨迹、医疗卫生等活动都会在互联网领域留下痕迹。这些数据被保留在系统终端中，庞杂的数量对数据辨别和分析的工作提出了更高的要求。在鱼龙混杂的海量数据中，被利用的仅仅是对数据主体有益的一小部分数据，更多的数据则隐藏在云空间中。随着移动信息技术的发展，数据信息体量与传播的速度逐渐增加，传播途径日益多样，点对点的定向传播使得数据安全的隐形性特征愈发强烈，数据传递过程一旦出现纰漏，会造成严重的数据信息安全事故。

---

① 冯登国：《数据安全：保障数据高效合理开发利用的基石》，载《科技导报》2021 年第 8 期。

3.跨域性。经济全球化和信息全球化的趋势下，数据、信息、知识等资源呈现出极强的流通性特征。数据信息在世界范围内的互联互通一方面便利了数据的交流，但另一方面也给国家层面的数据安全带来严峻考验，对国际性的跨域信息传输的监管与国际信息交流的安全性保障提出了更高要求，来保障国际信息交流的安全性。

4.多元开放性。在大数据技术与云空间技术的融合下，数据呈现开放性和多元化特征，互联网络终端信息来源丰富多样，共享经济下数据的共建、共享、共用使各方接触信息的途径呈开放性发展，这对合理规制数据访问途径，健全数据收集处理机制，维护数据安全形成新要求

二、数据安全法调整对象及适用范围

（一）数据安全法调整对象

对《数据安全法》而言，"数据安全"一词具较丰富的含义。详言之，数据安全包括"自身安全""自主可控"和"宏观安全"三个层面：其一，"数据自身安全"，即通过大数据平台安全技术和数据保护安全制度，确保数据的保密性、完整性和可用性。所谓"保密性"是指数据不为其他不应获得者获得；"完整性"指在传输、存储数据的过程中，确保数据不被未授权地篡改或在篡改后能够被迅速发现；"可用性"是指数据满足一致性、精确性、完整性、时效性和实体同一性的要求。其二，"数据自主可控"，即国家对重要数据实际支配权力，避免被其他组织或国家非法操纵、监控、窃取和干扰。其三，"数据宏观安全"，即防控和管理因数据处理、使用引致的国家主权、公共利益和群体安全的威胁。

数据安全法是调整发生在数据主体和数据处理者之间的，在数据收集、存储、加工、使用、提供、交易、公开等行为过程中因保护国家安全、公共利益和公民、组织合法权益而产生的社会关系的法律规范。这说明，其一，数据安全法适用的两类主体为数据主体和数据处理者；其二，两类主体之间的关系是围绕数据的收集、存储、加工、使用、提供、交易、公开等行为发生的社会关系；其三，数据安全法的立法目的在于保护国家安全、公共利益和公民、组织的合法权益；其四，数据安全法调整的社会关系包括横向的民事主体之间的数据处理关系，也包括纵向的信息主体与国家机关之间发生的信息处理关系。

（二）数据安全法适用范围

数据安全法的适用范围遵循境内管辖和域外效力齐备的原则。《数据安全法》第2条第1款规定："在中华人民共和国境内开展数据处理活动及其安全监

管，适用本法。"这是属地管辖原则在数据管辖中的体现，有利于实现对境内数据的管理应用和安全保障，也符合国际社会中对本国数据管辖的惯常做法。

《数据安全法》第11条规定："国家积极开展数据安全治理、数据开发利用等领域的国际交流与合作，参与数据安全相关国际规则和标准的制定，促进数据跨境安全、自由流动。"在此过程中，对数据管辖的域外效力不可或缺。所谓法律的域外效力，是指"法律的空间效力扩展到该国国家主权主管范围之外"，[①] 而域外适用是一国法律在本国领土外的适用，"域外效力正是基于法律的域外适用而产生拘束力"。[②]

此外，《数据安全法》第2条第2款规定："在中华人民共和国境外开展数据处理活动，损害中华人民共和国国家安全、公共利益或者公民、组织合法权益的，依法追究法律责任。"这是保护管辖原则在数据管辖中的体现，体现了对数据主权的保护。

三、数据安全法基本原则

数据安全法辩证地看待数据安全与发展的关系，强调要坚持安全与发展并重，安全是发展的保障，发展是安全的目的。《数据安全法》第13条规定："国家统筹发展和安全，坚持以数据开发利用和产业发展促进数据安全，以数据安全保障数据开发利用和产业发展。"从中可以看出，《数据安全法》追求国家统筹下的数据安全和开发利用并重，在二者动态平衡与协同发展的辩证关系下，保障数据安全治理和数据开发利用。实现"发展与安全兼顾"需要协调两种效应之间的矛盾。具体来说，就是协调数据自由和数据管制之间的矛盾。在发展与安全的冲突与协同中进行取舍，通过制度设计实现数据安全与发展并重。

（一）维护国家数据主权

数据主权，对内体现为一国对其政权管辖地域内任何数据的生成、传播、处理、分析、利用和交易等拥有最高权力；对外表现为一国有权决定以何种程序、何种方式参加到国际数据活动中，并有权采取必要措施保护数据权益免受其他国家侵害。[③] 在国际法理论上，《塔林手册2.0版》适应时代的需要，将网络活动国际管辖权的对象扩大到数据，从而第一次在国际管辖权规则创设上明

---

① 齐爱民、王基岩：《大数据时代个人信息保护法的适用与域外效力》，载《社会科学家》2015年第11期。

② 孙国平：《论劳动法的域外效力》，载《清华法学》2014年第4期。

③ 齐爱民、盘佳：《数据权、数据主权的确立与大数据保护的基本原则》，载《苏州大学学报（哲学社会科学版）》2015年第1期。

确将数据作为独立的客体，体现了对数据主权观念的肯定。[①] 国家数据主权具有两大属性，对内体现为领域内数据的最高管辖权力，对外体现为各国数据主权的平等独立。在数据时代，数据主权是国家主权的组成部分，数据安全就是国家安全。无数据主权则意味着国家在国际社会上缺失数据话语权，继而影响该国政治、经济等领域的主权安全。

《数据安全法》第 1 条明确"维护国家主权、安全和发展利益"为本法的立法目的，奠定本法维护国家数据主权的使命。《数据安全法》规定的对数据境内管辖和域外效力，体现了数据的管辖权和排除危害权；规定的各种关于数据的制度体系，体现了数据的自由处置权；规定的数据领域国际交流与合作、数据安全相关国际规则和标准的制定，体现了数据的地位平等权。

（二）保护合法数据权益

大数据时代下，数据蕴含着巨大的商业价值，合法数据承载着相关主体的权益。对企业来说，数据的背后代表客户和市场，数据安全问题关乎企业的经营和竞争，更关乎市场的良性发展与否；对个人来说，数据蕴含公民的人身性和财产性权益，数据安全保障的缺失，可能会给个人带来名誉与财产的双重损害。因此，应将保护相关主体的合法数据权益作为数据安全立法的一项原则。

《数据安全法》中有多个条款从立法目的、管辖规定、惩罚措施，数据分类分级制度、数据安全风险评估制度、数据安全应急处理机制、数据安全审查制度等方面制定的明文。实现国家安全、公共利益保护以及私人权益的保护。但是，该法对一般民事主体数据安全保护仅作出了原则和宣示性规定，而缺乏具体适用规则。[②]

（三）促进数字经济发展

数字经济是指人们通过对数据的一系列使用，优化社会资源的配置和生产，从而实现经济高质量发展。党的十九大报告指出，我国经济已由高速增长阶段转向高质量发展阶段，正处在转变发展方式、优化经济结构、转换增长动力的攻关期。在此过渡阶段，数字经济将作为新的经济增长点和新动能，发挥关键作用。作为数字经济发展的关键生产要素，数据充当"引擎"角色，正是通过对海量数据的开发利用，才得以挖掘数据背后的价值，实现传统行业的创新，

---

① 黄志雄主编：《网络空间国际规则新动向：〈塔林手册 2.0 版〉研究文集》，社会科学文献出版社 2019 年版，第 111 页。

② 张浩然：《数据财产与数据安全法益保护的重叠及协调》，载《法律适用》2022 年第 9 期。

推动数字经济的发展。

除此之外，在数据处理、交易过程中，还应当遵循合理使用原则、区分规制原则、公平交易原则、知情同意原则等具体的数据处理和交易原则。[①]《数据安全法》追求数据安全和发展并重，通过保障数据安全，规范数据利用，从而达到促进数字经济的发展、增进人民福祉的目的。

第二节　数据安全法律治理模式

数据安全法律治理模式是各国在保护数据安全中采用的立法模式、体系构建以及不同数据安全管理主体及其协调问题。

一、各国数据安全法律治理

各国治理模式主要包括以引导性规范为主的回应式治理模式，例如美国的《数字政府战略》（2012 年）、欧盟通信委员会的《开放数据：创新、增长和透明治理的引擎》等都属于此模式；以治理结果为中心的集中治理模式，例如欧盟《通用数据保护条例》，就具有较高的强制性、效率性和责任性；以指导方针、技术标准以及道德框架等软法为主体的敏捷治理（agile governance）。[②]目前各国都会结合不同的治理模式保护数据安全。

（一）美国数据安全法律治理

美国在隐私保护方面，没有包罗万象的联邦立法，而是主要依赖于联邦和州一级的立法、行政法规以及特定行业的自律指导方针，立法文书和判例法。

1970 年，美国通过了第一项数据隐私法案《公平信用报告法案》，旨在对消费者信用报告行业的数据共享施加限制，保护消费者的数据隐私权利。1974 年，美国国会批准通过了《隐私法案》，规制政府机关收集、传输与处理个人数据信息的行为。美国联邦在数据安全领域的主要立法还有《儿童在线隐私保护法案》《电话营销和消费者欺诈与滥用预防法案》《计算机欺诈和滥用法案》《金融服务现代化法案》等，[③]此外，州法律在数据安全保护立法领域也有各自的规定。

---

① 王茜：《商法意义上的数据交易基本原则》，载《政法论丛》2022 年第 3 期；徐玖玖：《数据交易法律规制基本原则的构建：反思与进路》，载《图书馆论坛》2021 年第 2 期。

② 范玉吉、张潇：《数据安全治理的模式变迁、选择与进路》，载《电子政务》2022 年第 4 期。

③ Boyne，Shawn Marie，"Data Protection in the United States"，*66 American Journal of Comparative Law 299*，2018.

在数据安全执法方面，美国对于数据隐私方面的保护多是基于消费者保护法规的，美国联邦贸易委员会（FTC）已成为主要的隐私执法机构。此外，州消费者保护监管机构（通常是州司法部长）也具有隐私安全执法的权力。行业组织在美国数据安全执法实践中也具有重要地位。如网络广告倡议组织（NAI）与数字广告联盟（DAA），对社交网络、广告公司以及近年来扩展到的非广告公司领域的消费者数据隐私安全保护工作有着重要贡献。①

在国家数据网络安全层面，美国一直致力于制定全球数据网络空间安全的美国标准。美国倡导全球范围内的数据开放与跨境自由流通，率先提出"网络安全信息共享"概念。"9·11事件"之后，美国意识到构建数据开放与信息共享机制对于数据信息获取与掌握安全动向的重要性。2001年《爱国者法案》与2003年《确保网络空间安全的国家战略》的出台，为美国数据信息的收集与网络空间安全的治理活动提供了依据。2011年美国国防部颁布《联邦数据中心合并倡议》，提出通过建立联邦数据中心对各部门的分散数据进行集中整合，提高国家对关键数据的管控效率与安全态势的感知能力。2012年，奥巴马政府通过《大数据研究和发展计划倡议》，倡议提出要对企业、研究机构、大学等社会各界的公开数据进行进一步整合、管理与挖掘。2015年，《网络安全信息共享法案》正式通过，进一步明确了数据网络信息安全共享的具体实施范围。②

虽然美国一直极力倡导网络开放下的数据自由流通，但实质上，美国在数据领域一贯保持强势姿态，其"数据自由"的背后，隐含着对自身数据"制霸地位"的追求与危害他国数据主权安全的隐患。典型的，美国《澄清域外合法使用数据法案》规定美国可以通过服务提供者对其管辖范围内的任何国家或地区的数据进行"合法获取"。这无疑为美国推行数据霸权大开方便之门，对包括我国在内的世界其他国家或地区的数据安全产生严重的威胁。

（二）欧盟数据安全法律治理

相较于美国，欧盟在数据安全保护方面建立起了较为全面和综合的数据安全法律体系。

1981年1月，欧洲委员会各成员国签署了《有关个人数据自动化处理的个人保护公约》（以下简称《108号公约》），其用于确保各缔约方领域内个人的基

---

① Boyne, Shawn Marie, "Data Protection in the United States", *66 American Journal of Comparative Law 299*, 2018.

② 余丽、张涛:《美国数据有限性开放政策及其对全球网络安全的影响》，载《郑州大学学报（哲学社会科学版）》2019年第5期。

本权利（尤其是隐私权）与自由在数据自动化处理中得到尊重。作为全球范围内有关数据保护的第一份具有法律约束力的国际性文件，《108号公约》确立了数据保护方面的基本原则与缔约国在数据保护中的基本义务，奠定了欧盟乃至全球范围内数据处理的基本框架，对数据安全治理标准的确立具有重要的借鉴作用。

由于欧盟各成员国在个人数据保护立法方面存在差异，实践中《108号公约》并没有得到有效地落实。为了解决这一问题，1990年欧州委员会起草了《关于保护共同体个人信息及信息安全的指令草案》，由此开启了欧洲在数据信息保护法律领域的一体化进程。欧盟成立后，于1995年通过《个人数据处理保护与自由流动指令》（Directive95/46/EC；95指令），在《108号公约》的基础上，确定了公正合法、知情同意、安全保障等处理个人数据的原则，明确了包括数据控制者、处理者在内的数据主体在数据处理过程中相应的权利与义务。但95指令对欧盟各成员国并无直接法律效力。在其转化为各成员国国内法的过程中，由于各国在基本国情与利益选择等方面存在差异，反而给各成员国在个人数据保护立法领域带来了冲突与分歧。[①]

2018年，欧洲议会通过《通用数据保护条例》（GDPR）。GDPR明确了个人数据安全保护的相关概念，将"知情同意"作为处理个人数据的前提基础，规定了数据主体收集、存储、处理数据等活动的标准，赋予了个人"被遗忘权"等重要数据权利，并鼓励数据在安全前提下的自由流动。GDPR具有直接的法律效力，能够不经转化在各成员国国内直接适用，这弥合了欧盟成员国之间个人数据安全的差异，推动了欧盟成员国立法在个人数据安全领域的统一发展。但也有学者认为GDPR"基于风险"的合规方法与其保障基本权利的基本目标之间的存在一定的冲突。[②]

随后，为了配合GDPR的落实，欧盟也着力打造了一系列配套的法律文件。2018年《非个人数据自由流动条例》的出台，对非个人数据保护规范进行了补充，从而弥补了GDPR在数据安全保护范围上的疏漏。2019年，欧盟《网络安全法》与《开放数据和公共部门信息再利用指令》（Directive EU 2019/1024）正式施行，这些配套法律文件的出台为欧盟的数据安全问题治理领域奠定了更

---

① Fleischmann, Amy, "Personal data Security: Divergent Standards in the European Union and the United States", *19 Fordham International Law Journal 143*, 1995.

② Yeung, K. & Bygrave, L.A., Demystifying the modernized European data protection regime: Cross-disciplinary insights from legal and regulatory governance scholarship, Regulation & Governance 16, 2022, p.137.

为完备的法律制度框架基础。①

近年来，随着数字时代的深入发展，欧盟的数据安全治理迈向更高的战略化发展道路。2020 年欧盟委员会公布《欧盟数据战略》，提出欧盟未来 5 年内数据经济的发展措施与投资战略。《欧盟数据战略》以解锁各种类型数据的再利用潜能和创造欧洲数据共同空间为核心，以期充分发挥数据赋能优势，协调各成员国间数字经济的发展利益，在保障欧盟数据安全的基础上促进区域数字经济的整体增长与繁荣。②

（三）其他国家和地区数据安全法律治理

GDPR 正式颁布后，各国纷纷参照欧盟开始制定并完善本国数据安全治理方面的政策和法律。

日本于 2017 年全面实施新修订的《个人信息保护法》，在信息全球化时代下，对个人数据信息的利用和处理方式的基本理念、政策方针以及保护措施的基本事项作出了规定，明确政府及相关行业团体的职责与个人信息处理者的基本义务。在对个人权利和利益加以保护的同时，充分发挥信息有效利用对社会发展的积极作用。

2018 年澳大利亚实施隐私修正案（数据泄露通知计划）NDB 法案，其中规定任何企业或实体，只要发生未经授权访问或披露或者泄露数据，可能或者已经造成隐私权侵害的，发生单位应立即上报给海投通证交易所（OAIC）。以此来鼓励企业更为积极地利用主动识别机制处理网络攻击风险与安全漏洞来降低自身面临的风险。2020 年 2 月，澳大利亚公平竞争和消费者委员会（ACCC）发布《竞争与消费者（消费者数据权）规则》，希望建立消费者对消费者数据权利系统安全性和完整性的信心。

2020 年，韩国对《信息通信网络的利用促进与信息保护等相关法》《个人信息保护法》《信用信息的利用与保护法》等个人信息保护相关法律作出大范围修订，将个人信息保护相关规定内容整合到《个人信息保护法》中，统一个人数据领域的监管机制与标准，提高国家数据信息保护和利用的水平。

新加坡通信信息部和个人数据保护委员会于 2020 年颁布《个人数据保护法（修订）草案》，以规范个人数据收集、使用和披露行为规范，并对其进行综合性立法管理。新加坡政府同时配套出台了电信、房地产、教育、医疗、社会公益服

---

① Godbey, Briana N., Data Protection in the European Union: Current Status and Future Implications, *2 A Journal of Law and Policy for the Information Society 803*, 2006.

② 王中美：《欧盟数据战略的目标冲突与中间道路》，载《国际关系研究》2020 年第 6 期。

务等特定行业领域的个人数据保护指南，促进该法得到更好的贯彻落实。

二、我国数据安全法律体系概述

我国高度重视数据安全领域的立法与标准化工作。2015 年 7 月，《国家安全法》正式公布，提出建设网络与信息安全保障体系的目标。同月，国务院办公厅发布《关于运用大数据加强对市场主体服务和监管的若干意见》《关于积极推进"互联网 +"行动的指导意见》《促进大数据发展行动纲要》。这些文件的出台标志着我国大数据战略部署和顶层设计的深入发展。此后，我国继续积极推进和落实与数据安全相关的立法工作，从不同角度对个人数据信息的保护作出规定。

2021 年 6 月公布了《数据安全法》，明确了数据安全的内容与发展方向，数据分类分级的保护要求，以及各方数据主体权利义务与违反义务的责任后果。《数据安全法》的提出标志着我国数据安全保护与治理有法可依，国家对数据安全的保护程度愈发重视。

《网络安全法》是我国关于网络空间安全保护的基本法，其将"保障网络安全，维护网络空间主权和国家安全、社会公共利益，保护公民、法人和其他组织的合法权益，促进经济社会信息化健康发展"，作为网络治理的总目标。《网络安全法》确定了关键信息基础设施的运营者与网络运营者等主体的安全保障义务，并提出网络安全等级保护的制度。同时，在个人信息数据保护领域，《网络安全法》提出合法、正当、必要、公开等原则，设立了个人信息收集、存储与处理等活动的标准①，增设了个人信息共享的条件，并赋予了个人对自己信息进行保护与支配的权利。此外，《网络安全法》在网络安全的监测预警、应急处置方案，危害网络安全的责任后果等领域也具有较为详细的规定。长期以来，《网络安全法》对于我国实践中基于网络平台而存在的数据安全保护工作具有重要的引导与支持作用。

《个人信息保护法》将"告知＋同意"规则作为个人信息处理的核心规则，赋予了个人在处理个人信息过程中充分的决定权。对于个人敏感信息的处理，提出了特定目的、充分必要性与严格保护等更高层面要求。《个人信息保护法》同时明确了个人信息处理者的义务，确立了相关职能部门信息保护的职责范围，为指引行为方向、划定各方责任提供了基础。《个人信息保护法》的出台使我

---

① 《网络安全法》第 41 条：网络运营者收集、使用个人信息，应当遵循合法、正当、必要的原则，公开收集、使用规则，明示收集、使用信息的目的、方式和范围，并经被收集者同意。

国个人信息的保护规定更加系统化和规范化。

除了上述法律之外，还有《中华人民共和国食品安全法》《中华人民共和国农产品安全法》《中华人民共和国矿山安全法》等特殊领域的安全保障法。这些安全法均由全国人大常委会制定，因此都应当遵循《宪法》《中华人民共和国立法法》（以下简称《立法法》）的规定。但是，这些法不属于基本法律范畴，也不是基本法律的特别法，而是"基本法律"之外的一般法。[①]

三、数据安全管理机构及其协调

结合《网络安全法》《数据安全法》等法律文件及我国数据安全领域的监管实践，目前，我国数据安全管理活动主要由中央国家安全领导机构、网信部门、工信部门、公安机关、国家安全机关以及市场监督管理部门负责。

（一）中央国家安全领导机构及县级以上地方人民政府

为使得数据安全保障工作有序进行，避免出现权责不清、数据安全保障工作效率低下等问题，需要由一个核心机构统筹和安排数据安全治理的整体工作，以全局性、战略性的眼光对数据保护工作予以指导。中央国家安全领导机构作为数据安全领域的重要指导机构，主要负责数据安全工作的决策和议事协调，研究制定、指导实施国家数据安全战略和有关重大方针政策，从整体上提高数据安全治理能力。

县级以上地方人民政府对个人信息、数据安全负有保护和监督管理职责的有关部门，按照法律、法规及国家有关规定，开展对个人信息、数据安全保护宣传教育，指导、监督个人信息处理者开展个人信息保护工作，制定并实施相关的评估与测评标准，接收、处理有关数据安全与个人信息保护的举报与投诉，调查、处理危害数据安全与个人信息安全的行为。

（二）网信部门

网信部门在中央和国家层面分别包括中央网信办（中共中央网络安全和信息化委员会办公室）和国家网信办（中华人民共和国国家互联网信息办公室）。国务院在《国务院关于机构设置的通知》中指出，中央网信办和国家网信办为"一个机构两块牌子"，并列入中共中央直属机构的序列。中央网信办的主要职责包括落实互联网信息传播方针政策，指导、协调和督促有关部门加强互联网信息内容管理，组织、协调网上宣传工作和网络文化阵地的建设、规划工作等。

国家网信办是经国务院批准设立的互联网信息监管机构。《网络安全法》

---

① 翟志勇：《数据安全法的体系定位》，载《苏州大学学报（哲学社会科学版）》2021年第1期。

为国家网信办设定了统筹、协调、监督网络安全工作等职责,《数据安全法》也明确规定其负责统筹协调网络数据安全和相关监管工作。《个人信息保护法》明确将国家网信部门确定为履行个人信息保护职责的部门,负责统筹协调个人信息保护工作和相关监督管理工作。具体包括:制定个人信息保护及特殊个人信息处理的相关标准、推动电子身份认证等公共服务建设、开展个人信息保护评估与认证服务以及与个人信息保护相关的投诉、举报工作等。

（三）工信部门

工业和信息化部,是主管信息化事务的国务院部门,内设网络安全管理局,主要负责与电信网和互联网络相关的信息安全规划、政策的组织与实施,对电信业和互联网领域的安全平台进行建设与管理,指导、督促电信企业和互联网企业网络与信息安全管理责任的落实,并负责电信业和互联网行业的安全审查和监测工作,配合处理网上有害信息,配合打击网络犯罪和防范网络失密、窃密等数据安全隐患。

（四）公安机关与国家安全机关

《数据安全法》规定,公安机关和国家安全机关在数据安全领域承担数据安全监管职责。《网络安全法》中赋予公安机关一定的网络安全行政执法权力。对尚未构成犯罪的危害网络安全活动、非法获取、出售或向他人提供个人信息、设立用于实施网络犯罪的站点、利用网络发布或实施违法犯罪活动,以及境外机构、组织、个人攻击、侵入、干扰、破坏我国关键信息基础设施的活动,公安机关可以视情节轻重,分别处以罚款、没收违法所得、行政拘留等处罚措施。《公安机关互联网安全监督检查规定》赋予公安机关对互联网服务提供者和联网使用单位开展监督检查的职权,发现互联网服务提供者和联网使用单位存在网络安全风险隐患的,应督促并指导其采取措施予以改正,对于违法行为可以进行相应的行政处罚,构成犯罪的依法追究其刑事责任。根据《国家安全法》规定,国家安全机关应当依据法律和其他规定行使侦查、拘留、预审和执行逮捕等职权,依法对危害国家安全的数据网络犯罪活动,尤其是跨境数据网络威胁进行监查和处理。

（五）市场监督管理部门

虽然数据信息安全管理职责没有明确地出现在国家市场监督管理部门的主要职能中,但作为市场活动监督管理的职能机构,实践中其职权范围是相当广泛的。加之数据和信息等资源在企业发展和行业进步领域发挥着越来越大的作用,消费者数据信息安全在市场活动中的地位也越来越突出,市场活动中许多涉及数据安全和网络信息安全的活动通常是由市场监督管理部门先行调查然后一并解决的。可以说在实践中，市场监督管理部门在联系市场主体和人民群众、解决市场经济领域数据信息安全领域发挥着重要的作用。

总之，数据安全保障工作应当在中央国家安全领导机构的集中领导下，由网信部门和工信部门规划具体相关领域的数据安全管理政策，指导并督促落实政策内容，整体推进数据安全管理的工作方向。公安机关和国家安全机关承担数据安全监管职责，对于危害国家数据安全与信息网络秩序的行为绝不姑息，依法责令其进行整改并依据具体情节进行行政处罚或追究其刑事责任。市场监督管理部门作为监管市场活动职能部门，要密切关注市场主体生产经营等相关活动中的数据信息安全问题，并配合上述其他数据安全监管机构，将数据安全保障工作落到实处。

【典型案例】江西省南昌市人民检察院督促整治手机 APP 侵害公民个人信息行政公益诉讼案①

【基本案情】

2020 年 7 月，江西省南昌市人民检察院（以下简称南昌市检）从有关媒体报道中发现，本地部分手机 APP 存在侵害用户个人隐私和违规收集使用用户个人信息问题，损害了社会公共利益。南昌市检委托专业检测公司在人民监督员及公证人员的见证下，对本地企业开发经营的"贪玩蓝月""地宝网""洪城乐骑行""江教在线""魔题库"等 6 款手机 APP 进行详细检测，发现上述 APP 均存在《APP 违法违规收集使用个人信息行为认定方法》规定的违法违规收集或使用公民个人信息的情形，包括未明示收集使用个人信息的目的、方式和范围；未经用户同意收集使用个人信息；违反必要原则，收集与提供的服务无关的个人信息；未经同意向他人提供个人信息等。

根据《网络安全法》等法律规定，结合相关部门"三定方案"和权力清单，南昌市检确定江西省通信管理局（以下简称省通信管理局）、南昌市公安局（以下简称市公安局）、南昌市互联网信息办公室（以下简称市网信办）未履行个人信息保护监督管理职责，并于 2020 年 8 月 20 日立案。

因手机 APP 侵害公民个人信息监管涉及多个行政机关，存在职能交叉、监管部门层级不同等问题，2020 年 8 月 21 日，南昌市检组织公开听证会，邀

---

① 《江西省南昌市人民检察院督促整治手机 APP 侵害公民个人信息行政公益诉讼案》，载 https：//www.spp.gov.cn/spp/xwfbh/wsfbt/202104/t20210422_516357.shtml#2，最后访问日期：2023 年 6 月 24 日。

请人民监督员、高校教授、律师作为听证员进行听证监督，省通信管理局、市公安局、市网信办相关处室负责人参加听证会。听证会上，听证员一致表示，该类手机 APP 存在的问题已不是个案，侵害了社会公共利益，建议检察机关督促相关职能部门抓紧整改，妥善保护群众个人信息安全。

2020 年 8 月 27 日，南昌市检分别向市公安局、市网信办发出诉前检察建议，要求两行政机关依法对案涉手机 APP 违法收集使用个人信息行为进行监管及处罚，并加强对本市辖区内 APP 收集使用个人信息等行为的监管，强化网络执法督查相关工作。同年 10 月 23 日，市公安局、市网信办回复南昌市检，已要求案涉手机 APP 运营主体针对检测发现的 25 个问题逐一开展对照整改及优化等工作，对其中 4 款手机 APP 运营主体予以警告处罚。

办案过程中，南昌市检还向省通信管理局移送案涉手机 APP 违规收集或使用个人信息的相关线索和证据材料。省通信管理局通过组织开展全省电信和互联网行业网络安全检查，现场督导案涉 APP 违规收集使用个人信息整改，对管辖范围内 APP 运营主体进行宣传教育等方式加大监管力度。为评估整改效果，南昌市检委托专业检测公司对案涉 APP 进行复测，确认相关问题已整改到位。

对 APP 侵害个人信息数据的行为监管涉及多个职能部门，检察机关可以充分发挥其监督职能，采用磋商与听证等方式，加强与职能部门的沟通协调，协同职能部门在各自职责范围内加强网络个人信息安全保护和监督管理，形成个人信息保护合力。

第三节　数据安全法与其他法律之间的协调

数据安全的保护除了《数据安全法》这一专门法之外，民法、行政法、刑法等部门法都会涉及数据保护问题。需要明确数据安全法性质以及其他部门法之间关系。

一、数据安全法与其他法律关系概述

要想厘清《数据安全法》与其他法律的关系，应先明确《数据安全法》的体系定位。探讨《数据安全法》的体系定位，首先，应当明确哪些数据法律关系受该法调整；其次，应当明确《数据安全法》的立法目的和公私性质；最后，应当讨论《数据安全法》与相关法律之间的关系。

关于《数据安全法》所调整的法律关系，该法第 3 条规定："本法所称数据，是指任何以电子或者其他方式对信息的记录。数据处理，包括数据的收集、存储、使用、加工、传输、提供、公开等。数据安全，是指通过采取必要措施，确保数据处于有效保护和合法利用的状态，以及具备保障持续安全状态的能力。"《数据安全法》所调整的法律关系为发生在数据主体和数据处理者之间的，在数据收集、存储、加工、使用、提供、交易、公开等行为过程中因保护国家安全、公共利益和公民、组织合法权益而产生的社会关系。

关于《数据安全法》的立法目的和公私性质，该法第 1 条开宗明义："为了规范数据处理活动，保障数据安全，促进数据开发利用，保护个人、组织的合法权益，维护国家主权、安全和发展利益，制定本法。"此即为《数据安全法》的立法目的，该立法目的决定了其公法属性。公法与私法在价值取向、法律调整方法、调整对象等方面存在显著的区别。具体来说，公法侧重于维护社会公共利益，私法侧重于维护平等主体的自由意志。在调整方法上，公法一般通过给相应行政机关配置权力以强制相关主体履行其公法上的义务，而私法则以公民在社会中的意思自治为其主要实现手段。在调整对象方面，公法调整的是不平等主体之间的关系，例如国家与公民之间的关系，而私法调整的是平等主体之间的关系。因此，《数据安全法》的立法目的只能通过公法的手段加以调整才能实现，将其与个人信息、企业数据等财产利益分别保护，有助于法律的条理化，减少规则之间的矛盾与冲突，降低法律运行的成本。

二、数据安全法与传统法律之间协调

《数据安全法》作为我国数据领域的第一部单行立法，主要旨在应对数据安全风险，难以被视作数据领域的基本法。而民法、刑法、行政法和经济法作为各自规范领域的基本法，与数据安全法既存在区别，又存在联系。

（一）数据安全法与民法

数据安全法与民法存在区别。从内容上看，民法汇集了物权法、债权法、人格权法、婚姻家庭法和继承法、侵权责任法，内容庞大丰富；数据安全法作为我国数据领域的第一部单行立法，内容比较单一，主要是对我国数据安全和数据行业的发展作出规定。从调整范围和对象看，民法调整和规范所有私人领域中的民事行为和人身财产关系；数据安全法作为数据产业发展背景下的产物，适用的范围仅限于数据活动中的各种行为，包括数据的收集、存储、加工、使用、提供、交易、公开等。

数据安全法与民法存在联系。首先，二者在维护利益方面具有一致性，数据安全法以规范数据活动、保障数据安全来维护个人利益和社会公共利益，民法虽然是个人权利法，但也将社会公共利益作为民事活动的一个基本原则，民法典中存在着社会公共利益条款。其次，二者在主体方面存在重叠，自然人、法人或其他组织等民事主体在数据市场中从事经营活动或交易，其身份就转变为数据安全法上的数据收集者、中介服务者或经营者。最后，二者在责任方面存在重叠，根据数据安全法的规定，违反规定，给他人造成损害的，依法承担民事责任。

对于上述数据财产和数据安全法益保护的重叠与协调，有学者指出可以借鉴美国的规定，对于未经授权和超出授权访问数据的侵害行为，可以从数据安全保障逻辑出发予以保护。①

（二）数据安全法与行政法

数据安全法与行政法存在区别。首先，目的不同，行政法是为了防止行政机关滥用或超越权力，维护行政相对人的私人利益；数据安全法是为了保障数据安全，促进数据开发利用，保护公民、组织的合法权益，维护国家主权、安全和发展利益。其次，规范对象不同，行政法法规范的是行政处罚、行政许可和行政强制等直接关系具体行政相对人利益的行为；数据安全法仅涉及数据领域，规范的是数据相关主体收集、存储、使用、交易数据等行为。最后，规范类型不同，行政法主要由程序性规范构成，而数据安全法主要是实体性规范。

数据安全法与行政法的联系主要表现在实施过程中，两者紧密联系，相互配合。数据安全法作为规制数据领域的实体性规范，需要借助行政权才能实施。行政法作为程序法为监管机构的执法或监管提供了应当遵循的程序，保障了数据安全法的实施。在数据安全法的法律责任部分，对违法主体课以警告、罚款等处罚，这些处罚都依赖于行政法的有关规定。

（三）数据安全法与刑法

数据安全法与刑法存在区别。首先，刑法在保护的利益与调整的对象上，比较广泛。刑法调整的利益范围涉及国家安全、公共安全、经济秩序到公民个人的人身权利，财产权利；而数据安全法调整的利益范围仅限于数据领域的国家安全、公共安全和个人利益。其次，刑法的强制力度具有严厉性，刑法的特点集中体现在其对犯罪行为的法律后果上，刑罚制裁的方法包括剥夺生命、自由、财产、资格等重要权益；数据安全法的强制力度低于刑法，其主要通过民事赔偿、行政处罚的方法对当事人的行为进行规制，当行为达到一定严重程度时才会适用刑法的相关规定。

数据安全法与刑法存在联系。二者的联系在于刑法对实施数据安全法的补

---

① 张浩然：《数据财产与数据安全法益保护的重叠及协调》，载《法律适用》2022年第9期。

充性和保障性。当有关主体的数据活动严重侵犯了国家安全、社会公共利益或者个人利益时，该行为便落入刑法规制的范围，构成犯罪的，将对行为主体追究刑事责任。

（四）数据安全法与经济法

数据安全法与经济法联系非常紧密，两者之间的关系，先取决于如何理解经济法。经济法是为了维护社会公共利益，规制经济行为的法律规范的总称。经济行为、社会公共利益和规制共同构成了经济法的基本因素。社会公共利益是经济法的目的，经济行为是规范或调整的对象，规制是规范或调整的方法，三者相辅相成，缺一不可。首先，经济行为是指经济主体参与经济法律关系的过程中，为达到一定经济目的、实现其权利和义务所进行的经济活动。如经济法中规范的竞争行为、垄断行为、消费行为等。数据安全法中数据的提供、交易等行为可构成经济行为的一种，但不是所有有关数据活动的行为都是经济行为，比如执法机构在执法过程中调取相关数据的行为，可能就不属于经济行为。其次，经济法区别于其他部门法的重要特征就在于其将保障社会公共利益作为核心的追求。数据安全法要求数据活动的开展也必须注重维护公共利益，但公共利益并不是其唯一的追求，在不同的数据活动中，对国家利益、社会公共利益和私人利益可能会有不同的侧重。最后，在规制方面，二者比较相似，主要都通过公权力手段进行调控，并且都采用民事责任、行政责任和刑事责任相结合的形式对不法行为课以责任。

三、数据安全法与新兴法律之间协调

《数据安全法》作为数据领域中的新兴事物，与近几年出台的《个人信息保护法》《国家安全法》《网络安全法》《中华人民共和国生物安全法》（以下简称《生物安全法》）和《电子商务法》等新兴法律存在交叉。协调数据安全法与该等新兴法律之间的关系，符合法学理论和法律实践的需要，也有利于促进现代法律体系的发展。

（一）《数据安全法》与《个人信息保护法》的关系

《数据安全法》与《个人信息保护法》分别是数据在公共利益和私人权益的法律指涉，具有不同的立法目的、保护范围和制度构造。首先，在立法目的上，《数据安全法》主要是为了维护国家安全和社会公共利益，而《个人信息保护法》是为了保护个人信息权益，规范个人信息处理活动，促进个人信息合理利用。其次，在保护对象上，《数据安全法》的保护对象是数据，《个人信息保护法》的保护对象是个人信息。数据是信息的承载形式，其内涵和外延都大

于个人信息。二者存在交叉,《数据安全法》在特定情景下为个人信息提供保护:一是当数据违法行为包括海量个人信息,从而损害社会公共利益时。二是当数据违法行为涉及关乎国家安全的特殊人物及其近亲属的个人信息时。最后,在制度构造上,《数据安全法》以安全义务为中心构造违反数据安全规定的民事责任、行政责任和刑事责任,而《个人信息保护法》是以知情权、访问权、修正权、删除权(被遗忘权)、限制处理权(反对权)、可携带权、拒绝权等权利为核心的权利法体系。

(二)《数据安全法》与安全相关法律的关系

总体国家安全观下的"国家安全"是一个动态发展的概念,既包括传统的国防安全、军事安全,也包括随着技术发展产生的网络安全、数据安全,还可能包括因重大风险事件引起的其他方面安全,例如疫情下的生物安全。目前,我国正处在国家安全治理体系建设的关键时期,《国家安全法》《网络安全法》《生物安全法》和《数据安全法》相继出台并实施。厘清《数据安全法》与《国家安全法》等与安全相关法律的关系对于整个国家安全治理体系的建设具有重要意义。

《国家安全法》是基于总体国家安全观的统筹性、原则性立法,但同《国家安全法》一样,《网络安全法》《生物安全法》和《数据安全法》均是由全国人大常委会审议并通过的法律。因此,在效力层级上这三部法律与《国家安全法》没有差别。《国家安全法》与《数据安全法》《网络安全法》《生物安全法》的关系是一种一般法与特别法的关系,在司法适用中,应当优先考虑特别法的规定,在缺少相关具体规范时,再转向《国家安全法》的原则性规定。

《生物安全法》《数据安全法》和《网络安全法》各有侧重,但也可能在网络数据、生物数据规制等方面存在重叠。此时应当按照"新法优于旧法,特别法优于一般法"的基本原则进行处理,若新的一般法与旧的特别法之间存在冲突,则依照《立法法》第105条之规定,报请全国人民代表大会常委会裁决。例如,若《数据安全法》与《网络安全法》或《生物安全法》就网络数据规定不一致的,属于"法律之间对同一事项的新的一般规定与旧的特别规定不一致"的情形,应当由全国人民代表大会常务委员会裁决。

(三)《数据安全法》与《电子商务法》的关系

《电子商务法》是政府调整企业和个人以数据电文为交易手段,通过信息网络所产生的,因交易形式所引起的各种商事交易关系,以及与这种商事交易关系密切相关的社会关系、政府管理关系的法律规范。《数据安全法》和《电子商务法》都对数据保护作出了规定,二者既有区别,又有联系。二者的区别主要在于适用对象范围的不同，《数据安全法》适用的对象是数据活动主体，包括数据收集者、数据中介服务者和数据服务经营者等私主体，也包括国家机关、境外执法机构等公权力主体。《电子商务法》适用于电子商务经营者，包括通过互联网等信息网络从事销售商品或者提供服务的经营活动的自然人、法人和非法人组织，分为平台经营者、平台内经营者和自建网站、其他网络服务销售商品或者提供服务的电子商务经营者三类。二者的联系在于调整的对象存在一定的交叉重合，比如《数据安全法》中规定的数据服务经营者的有关行为即可能同时违反《电子商务法》的相关规定，此时应当按照"新法优于旧法，特别法优于一般法"的基本原则进行处理，即优先适用《数据安全法》的有关规定。

第四节 数据安全保护法律关系

数据安全法主体包括两类：数据主体和数据处理者。两类主体之间的关系是围绕数据的收集、存储、加工、使用、提供、交易、公开等行为发生的社会关系。在数据安全保护法律关系中，数据主体主要享有权利，数据处理者主要承担义务。这是由他们在数据处理关系中所处的地位所决定的。数据安全法调整的社会关系包括横向的民事主体之间的数据处理关系，也包括纵向的数据主体与国家机关之间发生的数据处理关系。

一、数据主体安全保护权利

马克思曾说："没有无权利的义务，也没有无义务的权利。"[1]权利与义务相对应，数据安全保护义务与数据主体权利保护需求相对应。明确数据主体安全保护权利才能对其进行积极主动的安全保护。

（一）数据主体及其面临的风险

数据主体是指，一个能够被直接或间接识别的个体，特别是通过诸如姓名、身份编号、地址数据、网上标识或者自然人所特有的一项或多项的身体性、生理性、遗传性、精神性、经济性、文化性或社会性身份而识别的个体。[2]数据主体既生活在实体的物理世界中，也生活在虚拟的数据世界中，物理世界中经

---

[1] 中共中央马克思恩格斯列宁斯大林著作编译局编：《马克思恩格斯选集（第1卷）》，人民出版社1972年版，第18页。

[2] GENERAL DATA PROTECTION REGULATION（GDPR），Chapter 1 General provisions，Art. 4（1）.

历的事件都可以转化为数据，数据世界中的信息又可以转化为物理世界中的决策和行动。[①]

在大数据应用中，数据主体享有大数据带来的便利和福祉。同时也面临着来自技术发展本身以及人为因素带来的风险和问题：①数据技术不完善带来的风险。目前，我国大数据基础设施体系建设水平低，大数据平台缺乏有效的漏洞管理和防范能力，大数据应用安全技术与机制也存在不透明、风险管控性差等问题，常常导致数据的丢失和泄露，威胁数据安全。②数据驱动下的数据黑产。部分企业和个人窥探到数据商机，采用非法手段采集数据信息，并开展数据拼接、数据买卖等活动，批量化的泄露个人隐私、商业秘密甚至国家机密等数据信息。这也是导致当前网络诈骗活动猖獗，威胁公民人身财产安全、企业经济安全甚至国家战略安全事件频发的重要原因。有学者对特定大数据分析环境的隐私和数据保护风险系统分析发现，这些风险发生时可能会对个人的权利和自由产生负面影响。[②]③个性化算法中的偏见和歧视会造成某些数据主体遭遇不公正的对待。

面对以上风险有必要通过赋予数据主体一定的权利，积极主动的维护其合法权益，保障数据安全以及社会生活稳定。

（二）数据主体安全保护权利内容

数据主体安全保护权利是赋予数据主体能够积极主动维护自身数据安全的权利类型，是与数据控制者义务相对应的存在。数据主体安全保护权利来源体现在以下两个方面：①数据的生成者是公民个体，其蕴含个人利益的法益属性。数据具有人身属性和财产属性。随着信息社会中隐私的泛化，社会生活痕迹的数据化，人类成为各种信息的集合，数据成为个体人身属性的外化特征。随着数据被深层次开发，其商业化价值逐渐凸显，数据开始具有财产属性，承载着财产性法益。对于用户，在个人信息或者说初始数据的层面，配置人格权益和财产权益；对于数据经营者（企业），基于数据经营和利益驱动的机制需求，配置数据经营权和数据资产权。[③]②数据经聚集后，可以用于社会公共管理和决策，其蕴含社会公共利益的法益属性。政府在为社会事务的决策寻求参考和指

---

① 田广兰：《大数据时代的数据主体权利及其未决问题 ——— 以欧盟〈一般数据保护条例〉为分析对象》，载《中国人民大学学报》2020 年第 6 期。

② Georgios Georgiadis & Geert Poels, Towards a privacy impact assessment methodology to support the requirements of the general data protection regulation in a big data analytics context: A systematic literature review, *Computer Law & Security Review*, Vol. 44, 2022, pp.8-15.

③ 龙卫球：《数据新型财产权构建及其体系研究》，载《政法论坛》2017 年第 4 期。

引的过程中，收集和汇总数据，以实现科学管理，更好地推动公共服务。

具体而言，数据主体安全保护权利主要包括：①知情权。数据主体对关涉自我的数据被收集、处理、存储或转移等相关操作的知情权。知情权最大限度地尊重了数据主体的自主意志，支持数据主体自主的权衡、判断、选择，并根据自己的意愿自由地做出决定。②访问权。数据主体应当有权从数据控制者得知，关于其个人数据是否正在被处理，如果正在被处理，其应当有权访问个人数据并获知与其数据处理相关的所有信息。③更正权和删除权。当数据主体的个人数据不准确时，有权要求数据控制者纠正数据。删除权也被称为"被遗忘权"，数据主体有权要求数据控制者删除其个人数据，停止数据进一步传播，并有权利要求数据控制者通知第三方机构停止处理数据，删除其个人数据。④完整权。数据主体有权要求数据控制者保证其所提供的信息准确、完整和免受感染病毒、恶意篡改等危害。

另外，对于公共数据，在收集和处理过程中数据主体除了拥有上述权利之外，还应当拥有公共数据公平利用的权利。甚至有学者指出数据公平利用权是公共数据开放和公开的权利基础。①

二、数据收集者安全保护义务

数据收集者通过数据收集使数据的控制权由数据主体本身转变为数据收集者。一般情况下，数据收集者和数据处理者为同一个人，数据收集之后，一般都会对其进一步分析、转换、使用、储存。

（一）数据收集的定义与方式

对于收集的概念，国内有学者认为，收集需要有"目的"和"行为"两大要素，需要有建立数据档案的目的，以及获取数据的行为。全国信息安全标准化技术委员会组织于 2019 年发布的《信息安全技术个人信息安全规范（征求意见稿）》对"收集"作出了定义，即"获得个人信息的控制权的行为，包括由个人信息主体主动提供、通过与个人信息主体交互或记录个人信息主体行为等自动采集行为，以及通过共享、转让、搜集公开信息等间接获取个人信息等行为。"

数据收集包括四种：直接收集、追踪收集、计算收集以及其他方式收集。直接收集是数据收集者直接获取数据的方式，比如在注册时要求提供姓名、地址、联系方式。追踪收集，是数据收集者对用户的轨迹、行动予以追踪，比如

---

① 王锡锌、黄智杰：《公平利用权：公共数据开放制度建构的权利基础》，载《华东政法大学学报》2022 年第 2 期。

地理位置的改变、网页浏览记录等。计算收集，是指数据收集者通过计算机分析数据的方式，从而获得一些其他数据，如用户的购物喜好、行为偏好等。其他方式收集，主要是数据收集者从非数据主体的其他方收集数据的行为，比如通过其关联公司获取。

（二）数据收集者安全保护义务内容

数据收集者在收集个人数据时应当承担以下法定义务，以保护数据安全，维护个人合法权益、社会公共利益。

1. 数据收集者保密义务。数据收集者应当对收集的信息严格的保密，构建保护个人数据的内部管理机制。我国《网络安全法》第 40 条规定，网络运营者应当对其收集的用户信息严格保密，并建立健全用户信息保护制度。

2. 数据收集者告知义务。数据收集者应当告知数据主体其收集数据的目的、方式、范围。我国《网络安全法》第 41 条第 1 款规定，网络运营者收集、使用个人信息，应当遵循合法、正当、必要的原则，公开收集、使用规则，明示收集、使用信息的目的、方式和范围，并经被收集者同意。

3. 数据收集者合法收集义务。我国《网络安全法》第 44 条规定，任何个人和组织不得窃取或者以其他非法方式获取个人信息，不得非法出售或者非法向他人提供个人信息。同样，我国《个人信息保护法》第 10 条也要求，任何组织、个人不得非法收集、使用、加工、传输他人个人信息，不得非法买卖、提供或者公开他人个人信息；不得从事危害国家安全、公共利益的个人信息处理活动。

4. 数据收集者安全保障义务。数据收集者应当采取适当的措施保护个人数据，防止泄露、毁损、丢失。若出现上述情况，应当及时采取补救措施。我国《网络安全法》第 42 条第 2 款规定，网络运营者应当采取技术措施和其他必要措施，确保其收集的个人信息安全，防止信息泄露、毁损、丢失。在发生或者可能发生个人信息泄露、毁损、丢失的情况时，应当立即采取补救措施，按照规定及时告知用户并向有关主管部门报告。

5. 数据收集必要性义务。数据收集者不得收集与其提供的服务无关的个人信息。我国《个人信息保护法》第 6 条第 2 款规定，收集个人信息，应当限于实现处理目的的最小范围，不得过度收集个人信息。《深圳经济特区数据条例》第 37 条也规定，公共管理和服务机构收集数据的，为依法履行公共管理职责或者提供公共服务所必需，且在其履行的公共管理职责或者提供的公共服务范围内。《汽车数据安全管理若干规定（试行）》也规定，默认不收集原则，除非驾驶人自主设定，每次驾驶时默认设定为不收集状态。

三、数据处理经营服务者安全保护义务

数据处理服务经营者是指从事商业经营活动中需要进行数据处理而获得数据控制权的主体。对于这些主体，应当建立全流程数据安全管理制度，并要求企业建立一套自我管理的内部管理体系。

（一）数据处理之定义

数据安全生命周期分为采集、传输、存储、处理、交换、销毁几个阶段，其中数据处理阶段是整个周期的核心阶段，数据处理安全与否直接关系到整体数据安全。数据处理就是对数据进行操作、加工、分析的过程，是组织在内部针对动态数据进行的一系列活动的集合。在数据处理阶段，通过对海量数据进行筛选切割，分解分析任务，对数据处理的结果进行汇总，实现海量数据的并行处理。数据处理一般分为分布式处理机制、数据分析机制、密文数据处理机制、数据脱密处理机制、数据溯源机制等几种方式。[1]数据处理过程中出现的失范行为导致的数据安全隐患，主要通过对数据处理经营者施加一定的安全保护义务予以规范。

（二）数据处理服务经营者的安全保护义务内容

作为数据生命周期的核心过程，需要重视数据处理过程中的安全问题，降低该阶段的安全风险，赋予数据处理服务经营者以下几方面的义务。

依照法律、法规的规定，建立健全全流程数据安全管理制度，组织开展数据安全教育培训，采取相应的技术措施和其他必要措施，保障数据安全。利用互联网等信息网络开展数据处理活动，应当在网络安全等级保护制度的基础上，履行上述数据安全保护义务。重要数据的处理者应当明确数据安全负责人和管理机构，落实数据安全保护责任。

经营者除了依法处理数据、保护数据安全之外，企业还应当针对可能出现的违法违规情况，建立一套旨在预防、识别和应对数据安全问题的自我监管体系，也就是企业合规体系。包括数据合规内部治理制度和合规管理流程两个方面。首先，经营者需要根据法律规定并结合本企业的实际情况具体规定企业合规制度。其次，企业数据安全合规流程应当形成体系。除了包括明确合规负责人、合规培训以及风险评估等流程之外，还应当关注数据安全合规的尽职调查以及相应的问责制度以及完善的合规报告评议制度。[2]

除此之外，数据安全保护中，经营者还应当承担以下义务：首先，开展数

---

[1]　杨蕾、袁晓光：《数据安全治理研究》，知识产权出版社 2020 年版，第 86 页。

[2]　毛逸潇：《数据保护合规体系研究》，载《国家检察官学院学报》2022 年第 2 期。

据处理活动以及研究开发数据新技术，应当有利于促进经济社会发展，增进人民福祉，符合社会公德和伦理。其次，开展数据处理活动应当加强风险监测，发现数据安全缺陷、漏洞等风险时，应当立即采取补救措施；发生数据安全事件时，应当立即采取处置措施，按照规定及时告知用户并向有关主管部门报告。再次，重要数据的处理者应当按照规定对其数据处理活动定期开展风险评估，并向有关主管部门报送风险评估报告。风险评估报告应当包括处理的重要数据的种类、数量，开展数据处理活动的情况，面临的数据安全风险及其应对措施等。最后，法律、行政法规规定提供数据处理相关服务应当取得行政许可的，服务提供者应当依法取得许可。

四、数据交易中介服务者安全保护义务

数据资源通过交易流通，能释放更大的价值，提升生产效率，推进产业创新。数据交易管理制度亟待规范，其中关键是交易主体行为的规范，尤其对义务主体的规范。

（一）数据交易的模式

数据交易是通过供需匹配，实现数据、资金和权利流转的商业活动。目前的数据交易中心主要通过第三方提供数据、政府公开数据、网络抓取数据、企业自身数据等方式获得数据，之后对数据进行处理、加工，生成可以交易的数据包或者数据产品，以供数据需求者选择。

大数据交易主要包括主体、客体和平台 3 个基本要素。其中大数据交易主体是指大数据交易卖方和买方，大数据交易客体即大数据交易平台所提供的数据产品和服务类型，而交易平台是中介。[①] 数据交易分为三种不同的模式：一是数据中间商交易模式，即数据交易平台充当中间经纪商身份，为数据提供方和数据购买方提供服务。二是数据交易一级和二级市场模式，一级市场是将数据销售给最初购买者的数据交易市场，二级市场是对已买卖的数据进行转让和流通的市场，我国目前数据交易仍处于初生阶段的一级市场。三是数据权益交易模式，即对数据的所有权、使用权、收益权进行交易。在我国，随着北京大数据交易服务平台、贵阳大数据交易所、河北大数据交易中心等数据交易平台的大量涌现，我国的数据交易市场模式主要是数据中间商交易模式，该种模式的四大核心要素是数据提供方、数据购买方、数据交易平台以及公允价格。

---

① 李成熙、文庭孝：《我国大数据交易盈利模式研究》，载《情报杂志》2020 年第 3 期。

（二）数据交易中介服务者的安全保护义务内容

我国《数据安全法》已经对数据交易过程中的相关中介服务机构进行了一定的规范。《数据安全法》第 19 条规定："国家建立健全数据交易管理制度，规范数据交易行为，培育数据交易市场。"数据交易过程中，相关中介服务机构发挥着重要的作用，《深圳经济特区数据条例》第 65 条规定："市人民政府应当推动建立数据交易平台，引导市场主体通过数据交易平台进行数据交易。市场主体可以通过依法设立的数据交易平台进行数据交易，也可以由交易双方依法自行交易。"为更好地规范数据交易行为，应对数据交易中介服务者课以相应的义务，《数据安全法》第 33 条规定："从事数据交易中介服务的机构提供服务，应当要求数据提供方说明数据来源，审核交易双方的身份，并留存审核、交易记录。"

从数据中间商交易模式来看，数据交易安全保护的核心法律问题主要包括数据源、数据隐私、数据交易对象、数据泄露等四个方面。数据源问题指向数据源的客观真实性和合法性。数据的客观真实性决定了大数据的品质，数据的合法性是数据交易有效的前提。数据隐私问题指向数据交易中对个人数据隐私的保护。数据交易对象问题指向是否对数据交易的对象加以限制。以上安全问题的防范关键是明确数据交易中介服务者数据安全保护义务，推动建立合理的数据交易规则。

大数据交易平台具有两种法律地位：第一种是第三方数据交易平台，其法律地位相当于居间商，第二种是综合数据服务平台，其法律地位相当于做市商。[①] 在数据交易中，交易平台应当承担以下数据安全保护义务。

1. 保障数据源合法性的义务。从事数据交易中介服务的机构在提供交易中介服务时，应当要求数据提供方说明数据来源，不能拿违禁或违法的数据进行交易。数据交易中介服务者应协助监管机构设立数据交易的负面清单，明确不能交易的数据内容，并对清单内容进行动态维护，由监管部门定期发布。

2. 对交易数据进行脱敏化处理的义务。在数据交易前，需要对数据做脱敏处理。建立数据分类管理模式，将数据区分为敏感数据和一般数据，对于敏感数据，必须提高保护力度，即在交易前必须取得数据主体的明示同意。对于一般数据，适用默示同意原则。

3. 对数据交易对象进行审核的义务。在提供交易中介服务时，中介机构应当制定可进入门槛，并负责审核数据提供方的资质和交易双方的身份信息，并留存审核、交易记录。由此在问题出现时，可追溯到交易主体，对相关交易主

---

① 张敏：《大数据交易的双重监管》，载《法学杂志》2019 年第 2 期。

体采取一定处罚措施。

4.建设交易规范体系的义务。数据交易过程的规范化、标准化有利于促进数据交易的有序进行。因此，从事数据交易中介服务的机构应当推动数据交易行业标准的建立，推动建立不同行业、不同领域、不同层面的数据交易行业标准，将交易过程规范化，建设有序的交易市场。

五、国家机关数据安全保护义务

在国家机关中，主要由公安机关、国家安全机关依职权调取犯罪和国家安全相关的数据。为了维护数据主体合法权益，上述主体执行职务时必须遵循一定的法定程序、可以收集数据范围以及安全储存的义务。

（一）我国侦查机关的电子数据调取权

《数据安全法》首次在立法层面对公安机关、国家安全机关等侦查机关电子数据调取权进行规定，对于实现我国电子数据取证规范化、法治化具有重要意义。[1]《中华人民共和国刑事诉讼法》（以下简称《刑事诉讼法》）将电子数据与视听资料并列作为法定证据形式的一种，赋予了电子数据正式的法律地位。最高人民法院、最高人民检察院和公安部联合发布《关于办理刑事案件收集提取和审查判断电子数据若干问题的规定》，对电子数据的具体内容和应用作出了详细规定。《公安机关办理刑事案件电子数据取证规则》，进一步细化了电子数据收集提取等方面的规定。总体而言，侦查机关行使调取权必须保证目的正当性，而且必须遵循严格的审批程序。

对于侦查机关的电子数据调取权的法律性质有不同的定位和认识。首先，从《数据安全法》规定中对调取电子数据所要求的"严格批准手续"来看，其法律性质应当属于超强制性侦查措施。[2]但我国现有的司法解释和部门规章主要是将电子数据调取定性为任意性侦查。其次，《刑事诉讼法》第54条第1款赋予法院、检察院和公安机关证据调取权；第115条赋予公安机关立案后的证据材料调取权。有学者将上述规定界定为"概括性条款"。[3]但是，《数据安全法》中对调取电子数据的规定并未采取广义层面的概括性条款，而是将其作为具体授权的特别性规定。

---

[1] 谢登科：《论侦查机关电子数据调取权及其程序控制——以〈数据安全法（草案）〉第32条为视角》，载《环球法律评论》2021年第1期。

[2] 谢登科：《论侦查机关电子数据调取权及其程序控制——以〈数据安全法（草案）〉第32条为视角》，载《环球法律评论》2021年第1期。

[3] 艾明：《刑事诉讼法中的侦查概括条款》，载《法学研究》2017年第4期。

（二）侦查机关的数据安全保护义务内容

可以说，电子数据在我国刑事侦查中发挥着重要的作用。为避免公安机关、国家安全机关滥用取证权从而侵犯数据主体的权益，危害国家数据安全，应当对其课以数据安全保护义务，主要包括以下几方面：①完善取证审批程序。公安机关、国家安全机关在对电子数据搜查前，应经过搜查审批，否则所获得的证据非法，将侵犯数据主体的权益。以此规范取证程序，减少对电子数据的附带性搜查。②合理限制取证范围。在公安机关、国家安全机关对电子数据搜查前，应合理限制取证范围，明确取证是针对何人，何种电子设备以及何种数据（例如，是文件、照片还是聊天记录等）。③设立专人保管电子数据。电子数据可能涉及个人隐私或国家秘密，公安机关和国家安全机关在取证结束后，可设立专人保管电子数据，防止电子数据被破坏、篡改，从而保证其真实性与完整性。④及时删除与案件无关的电子数据。在保管电子数据时，对与案件无关的内容，公安机关和国家安全机关应及时删除，以减少对涉案人员数据权益的侵犯。

除了公安机关和国家安全机关之外，也有学者认为监管机构也应当承担数据安全保护义务。[①]但我国《数据安全法》以及其他相关法律、法规并未明确规定监管机构的数据安全保护义务，更未对此义务内容进行细化调整。

第五节　数据安全法律责任

我国《数据安全法》中相关的数据安全法律责任和行政处罚标准都较为严苛。这既体现了在立法层面对数据安全问题的重视，也有利于对相关违法组织和个人起到应有的威慑作用。

一、数据处理主体责任

我国法律对于数据处理主体的定义经历了一个逐渐明确的过程。《网络安全法》使用"网络运营者"的表述指代并包含了网络数据处理主体，对数据处理主体的规定上采用了具有广泛性、非针对性的术语。《数据安全法》并未明确对数据处理主体进行定义，只是规定了数据处理的概念。相比于《网络安全法》和《数据安全法》的模糊化处理，《个人信息保护法》中明确规定，个人信息处理者是指在个人信息处理活动中自主决定处理目的、处理方式的组织、个人。

---

① 范志勇：《论金融监管者的数据安全保护义务》，载《行政法学研究》2022 年第 5 期。

（一）违反数据安全内控体系义务的法律责任

《数据安全法》要求数据处理主体建立健全全流程数据安全管理制度，组织开展数据安全教育培训，采取相应的技术措施和其他必要措施，保障数据安全。对于利用互联网等信息网络开展数据处理活动，应当在网络安全等级保护制度的基础上，履行前述义务。同时，重要数据的处理者应当明确数据安全负责人和管理机构的职责，落实数据安全保护责任。

因此，有下列违法情形的数据处理主体应当承担相应法律责任：①未建立健全全流程数据安全管理制度；②未组织开展数据安全教育培训；③未采取相应的技术措施和其他必要措施保障数据安全；④未设立数据安全负责人和管理机构；⑤其他数据安全监督管理部门认定的违反数据安全内控体系义务的行为。

（二）违反风险监测义务的法律责任

《数据安全法》第29条规定，数据处理主体在开展数据处理活动应当加强风险监测，发现数据安全缺陷、漏洞等风险时，应当立即采取补救措施。《数据安全管理办法（征求意见稿）》第35条规定，发生数据泄露、毁损、丢失等数据安全事件，或者发生数据安全事件风险明显加大时，应当立即采取处置措施，按照相关规定以电话、短信、邮件或信函等方式及时告知用户并向有关行业和数据主管部门报告。数据处理主体违反前述法律义务，未能即使采取补救或处置措施，或者未能告知用户并向相关部门报告的，需承担相应的法律责任。

（三）违反风险评估义务的法律责任

《数据安全法》第30条规定，重要数据的处理主体应当按照规定对其数据处理活动定期开展风险评估，并向有关主管部门报送风险评估报告。风险评估报告应当包括处理的重要数据的种类、数量，开展数据处理活动的情况，面临的数据安全风险及其应对措施等。而根据《数据安全管理办法（征求意见稿）》第38条规定，重要数据是指一旦泄露可能直接影响国家安全、经济安全、社会稳定、公共健康和安全的数据，如未公开的政府信息，大面积人口、基因健康、地理、矿产资源等。重要数据一般不包括企业生产经营和内部管理信息、个人信息等。相关主体未按规定的时间、内容、形式、程序等要求报送风险评估报告的，应当承担相应的法律责任。

（四）违反数据出境安全管理义务的法律责任

关键信息基础设施的运营者在中国境内运营中收集和产生的个人信息和重要数据应当在境内存储。因业务需要，确需向境外提供的，应当按照国家网信部门会同国务院有关部门制定的办法进行安全评估。对于其他数据处理主体在中华人民共和国境内运营中收集和产生的重要数据的出境安全管理，需要遵守国家网信部门等国家部门制定的管理办法。具体而言，网信办公布的《个人信息和重要数据出境安全评估办法（征求意见稿）》《个人信息出境安全评估办法（征求意见稿）》对安全评估的适用范围、评估内容、评估机构等基本规则进行了规定。同时，全国信息安全标准化技术委员会公布的《信息安全技术数据出境安全评估指南》也对"境内运营""加工处理""数据跨境"的含义及监管的具体流程进行了规定。因此，数据处理主体在数据出境的过程之中需要参照前述规定，履行相关的法律义务，如果出现违反数据出境安全管理义务的相关违法行为时，需要承担相应的法律责任。

（五）法律责任内容

对上述违法行为追究数据处理主体行政责任的具体形式包括：①约谈并责令改正，即约谈数据处理主体或其负责人，要求其在限期内改正违法行为，按照要求采取相应措施并消除有关隐患；②给予警告或对其行为进行公开曝光；③没收违法所得；④罚款，即对数据处理主体及其直接负责的主管人员和其他责任人员处以罚款；⑤对于拒不改正或者造成大量数据泄露等严重后果或违反法律的情节严重的，不仅可以对数据处理主体罚款，还可以责令暂停相关业务、停业整顿、吊销相关业务许可证或者吊销营业执照，对直接负责的主管人员和其他直接责任人员处以罚款。

二、网络平台主体责任

我国现行《电子商务法》《网络交易监督管理办法》《网络交易平台经营者履行社会责任指引》等许多法律法规都对平台作出了定义。根据上述规定，网络平台是指在网络商品交易活动中为交易双方或多方提供网页空间、虚拟经营场所、交易规则、交易撮合、信息发布等服务，供交易双方或者多方独立开展交易活动的信息网络系统。

（一）违反数据安全保障义务的法律责任

网络施加平台数据安全管理义务是为了解决平台对于数字公共安全的威胁。由于平台作为数字经济基础设施相较于政府具有强大的技术优势，公权力不仅没有能力介入数据加工、流转等流程，甚至没有能力监测平台的数据安全质量。如果网络平台自身没有尽到管理和审慎义务，可能会引发巨大的数据风险，损害数据安全，进而危害社会公共利益。

因此，平台应当履行数据安全保障的义务，设立数据风险评估、数据等级保护、数据安全负责人、数据风险预测等数据安全管理制度。除此之外，平台的数据安全管理义务的对象不仅包含用户数据主体、监管部门，还包括第三方接入平台的数据安全。即对于接入平台的第三方应用，平台也应当承担起明确其数据安全要求和责任，督促、监督第三方应用运营者加强数据安全管理。防止其平台内的数据泄露、窃取、篡改或者非法使用。如果网络平台未能履行前述数据安全保障义务的，则需要承担相应的法律责任。

（二）违反数据报送义务的法律责任

数据报送，是指为了协助政府更好地履行公共职能，或者出于促进公共利益的需要，平台按照法律规定，依照法定的条件、范围以及程序，向政府部门提供相关数据的行为。报送的数据类型为最本源的基础数据，或者是经过搜集整理等增值处理行为产生的增值数据。[①] 网络平台的数据报送义务来源于社会连带关系学说。莱昂·狄骥认为，人作为社会的成员而生，由此应承担为维护和发展社会生活而应尽的义务。网络平台作为社会构成的一部分，有义务也有责任与社会共享其拥有的数据。这不仅仅是为了实现其自身的利益，也有利于推动社会的发展，促进整个社会的公共利益。

但是，数据报送也不是毫无边界的。政府不能滥用其公权力，增加网络平台的负担，侵蚀网络平台的合法权益。立法者应科学合理地确定数据报送义务的边界，明确数据报送条件与报送范围，数据报送的范围也应当符合正当性原则、适当性原则、必要性原则和均衡性原则。同时，数据报送的程序也分为四个阶段，分别是数据报送启动程序、数据报送实施程序、数据报送接收程序以及数据分析处理程序。网络平台和政府都应当按照规范化的程序参与数据报送。网络平台应当按照法定的条件、范围以及程序严格履行数据报送的义务，报送的数据必须全面、完整、真实，不得经过篡改。如果平台报送的数据质量不合格，或者不依法及时主动报送数据，就应当承担相应的法律责任。[②]

（三）违反配合监管义务的法律责任

网络平台作为数字经济的多边市场，其可能产生平台行为的外部性，特别是数据非法交易、不正当竞争和垄断行为。因此，政府要求平台参与市场的协同治理，并承担一定的行政义务。

一般而言，网络平台对于其平台内的数据交易具有监管义务。即平台既有对交易主体资格的审核义务，如对数据交易双方的资质进行审查，又有相关违法行为的制止和报告义务。对其明知或者应知的利用其平台开展危害国家安全、公共利益，排除、限制竞争，或者损害个人、组织合法权益的数据活动的，

---

①　丁道勤：《基础数据与增值数据的二元划分》，载《财经法学》2017 年第 2 期。

②　刘权：《论网络平台的数据报送义务》，载《当代法学》2019 年第 5 期。

应当予以制止。《电子商务法》第38条规定，电子商务平台经营者知道或者应当知道平台内经营者销售的商品或者提供的服务不符合保障人身、财产安全的要求，或者有其他侵害消费者合法权益行为，未采取必要措施的，依法与该平台内经营者承担连带责任。对关系消费者生命健康的商品或者服务，电子商务平台经营者对平台内经营者的资质资格未尽到审核义务，或者对消费者未尽到安全保障义务，造成消费者损害的，依法承担相应的责任。同时《民法典》第1195条和第1197条也规定，网络平台应当及时制止其知道或应当知道的，发生在其平台内的侵权行为。

除此之外，配合监管义务中还包含配合国家机关开展维护国家安全或者侦查犯罪的活动。《网络安全法》第28条规定，网络运营者应当为公安机关、国家安全机关依法维护国家安全和侦查犯罪的活动提供技术支持和协助。同时，《数据安全法》第35条也规定，在公安机关、国家安全机关因依法维护国家安全或者侦查犯罪的需要调取数据时，数据平台应当予以配合。

如果网络平台违反前述配合监管义务的，由监管机关施加相应的处罚，形式包括责令改正、给予警告、处以罚款、责令暂停相关业务、没收违法所得、责令停业整顿，吊销相关业务许可证或吊销营业执照等。承担法律责任主体既包括网络平台本身，还包括网络平台中直接负责的主管人员和其他直接责任人员。

三、政务数据开放主体责任

我国有关政务数据开放主体的规定散见于政府信息公开、政务公开、公共信息资源开放、大数据、政务数据等有关的法律、法规和部门规章之中。《政府信息公开条例》确定了"行政机关"与"具有管理公共事务职能的组织"为政府信息公开的义务主体。《关于促进电子政务协调发展的指导意见》将"各级政府部门"确定为政务信息公开共享的义务主体。《关于全面推进政务公开工作的意见》规定，"各级政府及其工作部门办公厅（室）"是政务公开工作的主管部门。《关于推进公共信息资源开放的若干意见》将"各级政务部门和公共企事业单位"确定为公共信息资源开放的义务主体。事实上，开放的政务数据都产生于政务部门、公共企事业单位以及法律、法规授权的具有管理公共事务职能的组织等三类主体的履职过程或生产经营活动之中。因此，政务数据开放主体就包括政务部门、公共企事业单位以及法律、法规授权的具有管理公共事务职能的其他组织。

（一）未履行政务数据开放义务的法律责任

政务数据开放义务是指在信息自由、政治文明等上位理念之外的开放义务。

政务数据开放义务既表现为相关权利人对其所掌握数据信息来源、交易对象身份、资质、产品或服务内容等"规格"内容的定期公开，也包括对一定时限内所搜集数据具体内容的公开。[①]

具体而言，政务数据的开放应当实行目录管理，政务数据开放主体制定政务数据开放目录编制指南，定期在开放平台上发布政务数据开放责任清单。同时，政务数据开放主体应当对本主体的政务数据开放目录定期进行更新，定期进行一次全面维护。因法律、法规调整或者职能变化需要更新目录的，应当自变化之日起，在规定的工作日内完成。政务数据开放主体及其工作人员存在违反前述规定的行为的，需要承担相应的行政责任。

（二）未按照规定对政务数据保密处理的法律责任

政务数据开放主体在开放政务数据前，应当对拟开放的敏感数据进行脱敏处理，防止泄露国家秘密、商业秘密、个人隐私。同时，应当公平择优选择具有相应管理经验、专业能力的法人或者其他组织，对非涉密但是涉及敏感信息的政务数据提供脱敏等服务。同时，还应当对脱敏的过程进行监管，依照法律、法规履行安全管理责任，保护政务数据免受泄露、窃取、篡改、毁损与非法使用。

政务数据开放主体及其工作人员存在违反前述规定的行为的，需要承担相应的行政责任。如果由于未进行脱敏、脱密处理，造成其他数据主体的损失的，应当对其损失进行赔偿。如果由于未对国家秘密脱敏、脱密处理，造成国家秘密泄露的，应当按照《中华人民共和国保守国家秘密法》（以下简称《保守国家秘密法》）《国家安全法》等相应法律法规进行处理，构成犯罪的，依法追究刑事责任。

（三）未履行数据安全管理职责的法律责任

《数据安全法》第6条规定，各地区、各部门对本地区、本部门工作中收集和产生的数据及数据安全负责。工业、电信、交通、金融、自然资源、卫生健康、教育、科技等主管部门承担本行业、本领域数据安全监管职责。公安机关、国家安全机关等依照本法和有关法律、行政法规的规定，在各自职责范围内承担数据安全监管职责。国家网信部门依照本法和有关法律、行政法规的规定，负责统筹协调网络数据安全和相关监管工作。

因此，政务数据开放主体及其工作人员必须依法履行安全管理的职能，如果政务数据开放主体在执行安全管理职责时没有依法履行义务，或者超出了法

---

① 王德夫：《论大数据语境下政府数据开放的制度保障》，载《图书与情报》2018年第4期。

律授权的范围，那么其管理职责本身就成了一种违法行为。

（四）法律责任内容

国家机关不履行相关数据开放义务和数据安全义务的，由上级机关，主管部门，任免机关、单位或者监察机关责令改正。同时，情节严重的，对直接负责的主管人员和其他直接责任人员依法给予处分。我国法律体系中对个人的行政处分主要有警告、记过、记大过、降级、降职、撤职、留用察看和开除等八种。此外，对于履行数据安全管理职责的国家工作人员玩忽职守、滥用职权、徇私舞弊，尚不构成犯罪的，也应当依法给予相应处分。违法情节严重，构成违反治安管理处罚行为的，依法给予治安管理处罚；构成犯罪的，依法追究其刑事责任。如果给他人造成损害的，还应当依法承担民事责任。

但是，如果行政机关按照法律、法规的规定开展政务数据开放，并履行了监督管理职责和合理注意义务的，对因开放数据质量等问题数据利用主体或者其他第三方的损失，依法不承担或者免予承担赔偿的责任。在政务数据开放的过程中，政务数据的使用主体并未产生相关费用，或者只是支付了相应的成本费用。政务数据的开放主体和使用主体之间并不构成民事法律关系，并不能适用民法侵权规范。[1]事实上，许多地方政务数据开放平台也以声明方式免除的自身的责任。例如，深圳市政府数据开放平台的《服务条款》[2]就提到，用户因使用开放平台所提供数据、APP应用而造成的任何损失，由用户自行承担；开放平台不对任何因使用数据或任何衍生的分析和应用程序而造成的直接或间接损失承担责任。事实上，通过免除政务数据开放主体责任，给予他们进行"避险"的手段，也能够使得开放主体更有动力公开相关政务数据，进而更加顺利地推进政务数据开放的进程。

【典型案例】江西省乐安县人民检察院督促规范政务数据公开行政公益诉讼案

【基本案情】

2020年5月，江西省乐安县农业农村局先后制作了《2017年第一批农机购置明细表》《2017年第二批结算农户信息表》《2018年度县级享受补贴农户信息表发布》及《2019年度县级享受补贴农户信息表发布》等四份农机购置补

---

① 邢会强：《政府数据开放的法律责任与救济机制》，载《行政法学研究》2021年第4期。
② 参见《深圳市政府数据开放平台服务条款》，https://opendata.sz.gov.cn/，最后访问日期：2021年7月30日。

贴政务数据，并公开在县政府官方网站"政府信息公开－乐安县农业农村局－农机信息"栏目中。上述公开信息包含购机农户姓名、购机型号、购机数量、补贴金额。但并未对其中的公民个人信息内容进行去标识化处理，相关农户的身份证号码、家庭住址、银行账户、手机号码等个人信息被完整公开，涉及农户（含部分单位）1044 人（次）。

乐安县人民检察院认为，相关法律法规和文件规定，涉及公民身份证号码、银行账号等个人信息的政务数据属于依法不予公开的内容。乐安县农业农村局作为农机购置补贴信息的制发单位，未依法履行对拟公开的政务数据进行审查的责任，致使大量公民个人信息处于泄露状态，侵害了社会公共利益。2020 年 7 月 22 日，乐安县人民检察院向乐安县农业农村局发出诉前检察建议，建议其加强政府信息公开内容的审查，及时撤回泄露公民个人信息内容的政府信息。为尽快消除个人信息泄露风险，防止损害继续扩大，乐安县人民检察院要求该局在 15 日内依法办理并书面回复。

收到检察建议后，乐安县农业农村局及时将相关信息从政府网站上撤回，对涉及个人信息的内容进行去标识化处理后重新公开，并于 2020 年 7 月 24 日向乐安县人民检察院作出书面回复，表示今后将依法依规进行政务数据公开，确保公民个人信息安全。

思考题

1. 请简述《数据安全法》与传统法律（民法、刑法等）的区别与联系。
2. 请简述数据控制者的内涵与外延。
3. 试分析对数据安全保护义务主体课以义务的正当性。
4. 请阐释数据安全负责人的职能与作用。
5. 网络平台主体应当承担数据安全法律责任的原因。
6. 数据安全法律责任与民事责任、刑事责任的区别与联系。

第七章 ·
数据跨境流动监管理论

内容提示："数据跨境流动"概念最早在 20 世纪 70 年代由经合组织（OECD）下设的计算机应用工作组（CUG）提出。随着各国对数据跨境流动意义和影响认识的日益深入，数据跨境流动逐步成为国家和地区间博弈的重要问题。基于国家安全、经济发展、隐私保护、产业能力等方面的考量，在综合考虑自身历史、文化和制度背景的情况下，各国确立了不同的数据跨境流动策略，并基于此加快构建自身的数据跨境流动规则体系。当前，全球尚未形成一致的数据跨境流动规则，在数据本地化等诸多方面存在分歧，全球数据跨境流动监管还呈现碎片化的状态，美欧等西方国家为抢占国际规则话语权，维护数字竞争优势，积极与志同道合伙伴联合，推动构建全球数据跨境流动圈，给我国数据跨境流动监管体系构建和完善带来了不小的挑战。

第一节 数据跨境流动监管基础理论

一、数据跨境流动有关概念界定

严谨的学术研究需要以良好的定义作为逻辑起点。尽管"数据跨境流动"概念于 20 世纪 70 年代就被提出，但就具体内涵而言，尚未形成一致认识，这其中既有数字传输技术发展的原因，也有各国数字竞争政策的考量。此外，"数据跨境流动监管"概念以及与"数据本地化"的关系问题有待进一步澄清。

1."数据跨境流动"概念界定。关于"数据跨境流动"概念问题，早在 20 世纪 80 年代，经合组织（OECD）就将数据跨境流动定义为个人数据跨国界传输。我国早在 2017 年发布的《信息安全技术数据出境安全评估指南（征求意见稿）》（已失效）中就对"数据出境"作出定义，即"将在中华人民共和国境内收集和产生的电子形式的个人信息和重要数据，提供给境外机构、组织、个人的一次性活动或连续性活动"，但"境外数据经由中华人民共和国中转，未经任何变动或加工处理的情形不属于数据出境"。2022 年，中央网信办最新发布的《数据出境安全评估办法》采纳了《信息安全技术数据出境安全评估指南（征求意见稿）》（已失效）对"数据出境"作出的定义，即规定"数据处理者向境外提供在中华人民共和国境内运营中收集和产生的重要数据和个人信息"。

值得注意的是，在我国上述两部文件中，"向境外提供"成了"数据出境"的认定标准，但何为"提供"，尚需作进一步说明。就该问题，中央网信办负责人就《数据出境安全评估办法》中的"提供"解释为：一是数据的跨境传输和存储；二是数据的跨境访问和调用。这与当前国际上广泛认为数据跨境流动不仅可以表现为物理意义上的数据跨越国界，也可表现为无须跨越物理国界的第三国主体对数据的访问和使用的观点相契合。因此，本书持该观点，认为个人信息的跨境提供可以分为两种类型：第一种为主动的数据跨境流动，主要是因跨境业务需求而产生，既包括跨境传输和存储，又包括数据的跨境访问；第二种为被动的数据跨境流动，主要为境外执法机构访问等。《个人信息保护法》第 38 条的规定主要适用于第一种类型，第二种类型则涉及个人信息跨境提供中的国际合作问题。

2. "数据跨境流动监管"概念界定。在中文中，监管一词是由"监"和"管"两个语素构成的。其中，"监"可以解释为监察、督察，即监察和督促某一过程或者步骤，使之达到既定目标。"管"可以解释为管理、负责、管束等，即管理主体为使管理对象努力实现共同目标，而实施的计划、组织、指挥、协调、控制等活动。可见，监管的根本要义是基于特定目标和目的而实施的监督和管理活动。

关于"监管"与"管制""规制"概念问题，由于三者概念界定不清，经常在学术界出现混用的情况。管制和监管都出自英文"regulation"，就二者的联系而言，"管制"和"监管"是政府干预经济活动、解决市场失灵问题的一种方式或者手段。"管制"和"监管"的实施主体是政府（或者其代理部门），实施对象是市场、企业和个人；就区别而言，管制是市场竞争缺失情况下对市场的替代，监管是市场竞争不完全的情况下对市场的规范和补充。质言之，管制是替代市场竞争的行为，监管是解决市场失灵、维护市场竞争秩序的行为。"规制"这一概念通常被视为控制或约束，关于"规制"概念的具体内涵有很多种解释，但本书认为，"规制"是指政府对私人领域的干预或是一种实施此种干预的法律规则。

结合上文所述，本书认为"数据跨境流动监管"是指为实现符合国家利益的监管目标，政府部门、社会组织和中介平台对跨境流入或者跨境流出的数据的内容、类型、规模、结构、格式等静态要素，及其跨境采集、存储、处理、分析、传输、应用、交换、访问等动态环节实施的监督管理行为，包括数据出境监管和数据入境监管。

3."数据主权"概念界定。"数据主权"概念的确定至今悬而未决，但不可否认的是，数据跨境流动是"数据主权"概念生成的直接原因。对于数据主权的存在目前学术界基本已经达成共识，但对其具体定义尚存在分歧，归纳起来，主要有三种定义思路：由传统主权概念沿袭拓展进行定义、从数据主权行使的内容作出界定、与信息主权、网络主权相比较而进行界定。

按照第一种定义思路，"数据主权"即为国家对数据和与数据相关的技术、设备、服务商等的管辖权及控制权，体现为域内的最高管辖权和对外的独立自主权；按照第二种定义思路，"数据主权"根据实行主体不同，有狭义和广义之说。狭义的数据主权指国家数据主权，广义的数据主权不仅包括国家数据主权，还包括个人数据主权；按照第三种定义思路，"数据主权"是指在大数据和云计算背景下，一国对本国的数据及本国国民的跨境数据拥有的所有、管辖和控制的权力，是网络主权的核心内容。

通过以上三种定义方法，可以看出三种方法各有侧重，但都存在一定缺点：第一种定义未凸显数据主权的特殊之处；第二种定义未体现数据主权与传统主权的内在逻辑关系；第三种定义由于"信息主权""网络主权"概念本身具有模糊性而不具有准确性。本书综合上述观点，认为"数据主权"是指，在大数据、云计算背景下，一国对本国国境范围内产生和存储的数据及本国国民产生和拥有的跨境数据所拥有的所有权、控制权、管辖权和使用权，是现代国家主权在数据领域的外化，以独立性、自主性和排他性为根本特征，具体体现为对内的最高数据管控权和对外的数据处理权。

4.数据跨境流动与数据本地化关系界定。2016年《网络安全法》首次在法律层面提出数据存储本地化要求，针对关键基础设施运营者在境内运营中收集和产生的个人信息和重要数据。随后在2017年国家网信办的《个人信息和重要数据出境安全评估办法（征求意见稿）》将强制本地化存储要求扩大到所有网络运营者。2022年新出台的《数据出境安全评估办法》替代了《个人信息和重要数据出境安全评估办法（征求意见稿）》，并删除了关于数据本地化存储的规定。《网络安全法》在数据本地化存储要求之后同时规定数据出境之条件，两种概念规定在一条之中，使部分研究者对二者关系产生误解。例如，某些研究中在对国际跨境传输立法模式进行总结时，认为数据本地化意味着绝对禁止跨境数据传输，或将数据本地化和禁止数据出境政策放在一起讨论，这是对两种不同政策关系的误解，本书对此要作出澄清。

第一，数据本地化是世界大多数国家采取的正常数据保护措施。数据本地化政策不仅是发展中国家的偏好，而且法国、德国、加拿大、澳大利亚等国也提出数据本地化政策或动议，背后既有数据安全主因，也有产业保护的考量。俄罗斯是最具代表性的国家，2014 年第 242-FZ 号联邦法 ① 通过后，于 2015 年 9 月 1 日起正式推行全面的个人数据本地化存储政策。即使是作为目前研究中被认为是非数据本地化的欧盟，其早在 1995 年的《保护个人享有的与个人数据处理有关的权利以及个人数据自由流动的指令》中就已经鲜明体现出数据本地化特征，在《通用数据保护条例》中更是进一步得到强化。我国《网络安全法》的规定不仅是国际通行做法，而且符合我国在 WTO《服务贸易总协定》中作出的关于市场准入与国民待遇的承诺和其中的例外原则。尽管数据存储本地化一定程度上会抑制数据跨境流动，但没有任何国家是完全放任数据自由流动的，这是国际自由贸易和国家数据主权两大理念博弈的结果。

第二，数据本地化政策并不意味着禁止数据跨境流动。完全禁止数据跨境流动对深度参与经济贸易全球化的国家来说是非常不现实的，事实上目前几乎没有国家实行这种政策。即使在俄罗斯这一坚定推行全面个人数据本地化存储的国家，相关部门联邦官员也表示，虽然个人数据必须存储在俄罗斯境内，但跨境传输是被允许的且数据副本在一定情况下可以暂时存放在国外 。我国 2021 年最新发布的《网络数据安全管理条例（征求意见稿）》和 2022 年公布的《数据出境安全评估办法》，均未再明确规定全面数据本地化存储要求。这也反映我国的最新立法理念和态度：数据本地化和数据跨境流动规制是两种数据保护路径，二者并不冲突；数据本地化是国家数据主权的意志体现，而数据跨境流动规制则是在国家数据主权和跨境数据自由流动之间采取的平衡措施。

二、完善数据跨境流动监管的必要性

随着世界多极化、经济全球化、社会信息化的大潮的到来，数据跨境流动的价值与安全风险越来越凸显。数据安全风险源于技术漏洞、管理缺位和政策

---

① See "Russian Federation Federal Law on Amendments to Certain Legislative Acts of the Russian Federation to Clarify the Procedure of Personal Data Processing in Information and Telecommunication Networks", *Federal Law No. 242-FZ of July 21*, 2014.

法规的不完善，渗透于数据全生命周期，已经成为进一步推进数据治理、护航数字经济亟待解决的问题。完善数据跨境流动监管是防范和化解数据安全风险的关键。

1. 数据自由流动和数据安全的争议。数据自由流动有极大的经济价值，首先，数据自由流动是经济全球化的不竭动力。如果说20世纪的全球化是货物和资金的全球化，那么21世纪就是数据的全球化。大型电商平台通过互联网获取、集合、处理和传输数据，将大公司主宰的国际贸易转变为无数消费者和中小企业聚集的无国界社区。其次，数据自由流动还是数字经济的创新引擎。研究表明，数据跨境流动极大地促进了GDP的增长。在2015年时，数据流动附加值就达到了2.8万亿美元，超过了货物贸易的贡献。最后，数据流动和汇聚所形成的数据智能，不但能提升商业效率，而且有助于协助科学创造、监测自然系统、增进对社会的动态理解并解决重大全球问题。

数据自由流动并不是无风险和无成本的。事实上，从个人信息滥用到数据泄露，从关键信息基础设施攻击到金融信息安全，从核心价值观削弱到网络犯罪和恐怖活动，数据流动的国家管控其来有自。工信部2021年发布的《工业和信息化领域数据安全风险信息报送与共享工作指引（试行）》把数据安全风险分为数据泄露、数据篡改、数据滥用、违规传输、非法访问、流量异常、其他风险等七大类别。因此，具体到数据跨境流动过程中，数据安全风险也表现为数据泄露、数据篡改、数据滥用、违规传输、非法访问、流量异常、其他信息等类型。此外，就保护的利益类型而言，考察各国数据跨境流动监管政策目标，数据跨境流动安全体现为个人数据权利、国家安全、公共秩序、经济发展四个维度。

2. 国际数据跨境流动规则冲突引发的数据安全担忧。以美国为代表的发达国家将区域和双边贸易协定作为其推进数据跨境自由流动主张的主要渠道，推动数据跨境流动规则不断向更高水平、更严标准、更加开放趋势发展。通过这种扩展制度性权力的方式，不仅有助于实现其数据自由流动的核心主张，还利用其规则制定的主导优势和产业先发优势遏制中国等新兴经济体发展，形成在国际数据跨境流动规则上的竞争优势。与此同时，以美国及其盟友为代表的发达国家有意孤立并干扰中国参与国际经贸规则制定过程。从国际数据跨境流动发展趋势来看，鉴于多边场合推动数据自由流动进展缓慢，美国、欧盟以及日本、韩国等发达国家内部之间开始寻求新的合作方式，建立能够让发达经济体以更加便利方式参与的数据跨境流动互操作机制，并推动建立以发达国家为核心的国际数据跨境流动圈，将中国等发展中国家排除在外。

此外，国内数据跨境流动法律制度存在与国际规则兼容问题。我国基于数据安全、产业保护而构建数据跨境流动严监管机制在融入国际高水平数字贸易体系时存在一些兼容性问题。如何在放松管控的同时坚守我国数据安全的底线，是我国加入数据跨境流动双边或多边体系所要重点关注的问题。例如：其一，中国对数据跨境流动采取限制措施的目的恐难以满足《全面与进步跨太平洋伙伴关系协定》（以下简称 CPTPP）中"合法公共政策目标"的必要性要求。根据 CPTPP 的规定，如果缔约方要对数据跨境流动采取限制性措施，必须是为了实现合法的公共政策目标。在我国现有监管体系下，重要数据和核心数据出境管控在证明正当性和必要性时存在一定难度；其二，我国对数据跨境流动的部分限制措施可能会对国际贸易造成不必要的负担。按照 CPTPP 关于合理性的要求，缔约方在对数据跨境流动采取限制措施时，该限制措施对国际贸易造成的负担应当维持在最低水平。

3.数据跨境流动监管进路：利益平衡。如何调和自由流动原则和安全流动原则是数据安全自由跨境流动制度的关键。与美国将"自由流动"为原则、"国家管控"为例外的"原则—例外模式"迥然不同，我国采取的是自由和安全并列的"双原则模式"，如何有效平衡两者成为实践难题。因此，需要运用利益平衡法学理论，构建我国数据跨境流动监管制度。

（1）利益平衡理论的阐释。利益平衡理论的本质和存在的原因在于法律本身固有的缺陷，法律无法穷尽社会生活的实际运用的情形，也无法完整和无限可能地接近社会生活的实际规律。在社会发展的千变万化中，法律的滞后、陈旧和相对的利益间接代表，需要留下实践中的利益平衡的空间。法所确定的利益平衡框架成了基本框架，但是现实中也需要司法、行政、监管和执法等环节进行利益平衡调整，这也是数据跨境流动监管可以运用利益平衡理论的客观基础。

法律利益平衡过程首要的是遵循基本原则：一是维护公平、正义和秩序价值。法律的价值和目标是公平、正义和秩序，法律利益平衡首选应当遵循法律的最高位阶的价值原则，这些也称为法律利益平衡的根本原则。二是遵循权利义务均衡原理。权利和义务对立统一，有权利有义务，权利和义务需要均衡对等。三是保护弱势群体原则。在社会强弱主体之间，法律倾斜于对弱势群体的利益保护，这是维持社会平衡的一个基本原则和价值追求。四是追求公共利益最大化原则。在个人利益、社会利益和公共利益产生冲突平衡之时，需要平衡个人利益和公共利益，但最终是追求社会利益和公共利益优先于个人利益。

（2）数据跨境流动自由与数据安全的平衡。关于平衡自由流动与数据管控的问题：相关国际组织在数据跨境自由流动与数据安全治理之间如何达到平衡方面做了相应的努力。经合组织（OECD）在 1988 年制定的《关于隐私保护与个人数据跨境流动的指南》是从全球视角对数据跨境流动进行规制的第一次尝试。APEC 则于 2005 年签署的《APEC 隐私框架》沿袭了 OECD 平衡数据跨境自由流动与数据安全治理的思路。《OECD 隐私指南》确立了限制收集原则、数据质量原则、目的明确原则、限制使用原则、安全保障原则、公开原则、个人参与原则以及问责原则等 8 项原则，为个人信息和隐私保护确立了最低的标准，以尽可能消除限制数据跨境流动的因素。当前，主要的多边数字协定，如 CPTPP、DEPA、RCEP 均确立了数据跨境流动"原则 + 例外"的平衡模式，规定成员国为实现特定合法公共政策目标而采取限制性措施的权利。

考虑到数据流动的经济价值以及数据安全风险的潜在危害性，通过借鉴上述国际经验，我国在数据跨境流动监管制度构建上，应当把数据跨境自由流动作为基础性原则，把数据安全作为数据跨境流动的限制性原则，即数据跨境自由流动应当以数据安全为底线。具体而言，在数据完整性、可用性、保密性层面维护数据"静"的安全；在跨境商业服务、数据跨境调取层面维护数据"动"的安全；此外，除了参考经合组织（OECD）和亚太经合组织（APEC）提出的最低数据保护原则之外，还需要通过沟通协商明确有关个人信息、国家安全信息以及经济安全信息安全标准以及相应政策的合理安全界限。

关于平衡各国利益诉求的问题：国家之间的利益诉求的平衡，实际上就是发展中国家与发达国家之间利益诉求的平衡。虽然发展中国家同发达国家在网络空间主权上存在观念分歧，但是基于全球一体化的发展趋势，以及同发达国家开展经济贸易往来对提高发展中国家的技术进步、经济发展的重要作用，发展中国家应当努力与发达国家之间达成利益诉求的平衡。随着网络对社会、经济生活影响的深入，各国都希望并争取在网络空间的制度话语权方面争得一席之地。目前，世界各国在应对数据跨境流动、共享和交换上的需求加大。因此，国家之间的冲突可以通过发展中国家和发达国家之间的数据跨境流动协议，实现互惠互利。此外，在最为敏感的网络空间开放方面，两个集团仍然可以在尊重对方主权的基础上寻求合作。发展中国家同发达国家间就网络空间开放、数据共享领域并不存在不可调和的矛盾，但是发展中国家基于国家主权、技术不足行使的数据本地化措施，也应给予发展的空间，或选择就特殊类型数据，依据特殊机制开放数据的跨境流动。

三、数据跨境流动监管中的区域数据主权博弈

数据跨境流动和存储的日常化和便捷化使传统国家主权观念受到冲击，由此，数据主权成了各国对数据、数字技术、信息基础设施以及数据跨境流动管理的理论基础。当前，各国基于自身利益诉求，宣扬不同的数据主权理论。其中，冲突最激烈的当属数据流动自由与数据本地化的争议，以及长臂管辖与国家自主权的争议。我国是数据主权积极倡导者和坚定维护者，如何提出我国数据主权理论，解决国际数据跨境流动监管冲突是当前重要的时代命题。

1. 数据主权生成的必要性。数据主权是符合时代发展的必然趋势，体现为传统国家主权理论在大数据时代的必然扩张。一方面，主权国家自诞生以来，就天然地拥有维护其秩序和合法性的规律需求。在福柯的"治理性"理论中，国家具有将其权力向新技术、新领域延伸的天性。因此，这种惯性思维使得数据主权的产生有了必然性，体现为数据强国主动将数据纳入主权理论框架之下以维护其在数据跨境流动方面的权威。另一方面，具有开放活动空间的非政府组织、跨国企业发挥的作用日益突出，数据保护和信息安全面对的挑战重重，而传统的理论依据和实际规制难以发挥作用，数据主权的确立则可以为国家进行有效地管理和控制数据跨境流动提供方法和路径。

数据主权是国家主权独立性和合作性实现的重要方式，为数据跨境流动监管提供了合法性和合理性。一方面，基于国家安全的考量，国家主权要求实现独立性。数据主权生成实际上体现了国家主权的独立性。这种独立性基于对数据安全和稳定的考虑，体现在主权国家对信息数据的监管上，不仅包括关键性网络物理设施的建设和使用，还包括通过采取必要手段来维护网络中数据的有序、理性传输。另一方面，国家主权要求实现合作性。当前，世界各国围绕数据跨境流动的战略博弈和资源争夺日益加强，美欧基于"长臂管辖"扩张跨境数据执法，加剧了与他国关于数据管辖权以及执法权之间的冲突。因此，对数据主权的内容和方式达成共识是实现国家合作的基础。

2. 数据跨境流动监管中的数据主权困境。数据管辖权重叠，数据归属不明。在大数据环境下，信息传输的同步导致信息创造者、接收者和使用者，信息发送地、输送地及目的地，信息基础设施的所在地，信息服务提供商的国籍及经营所在地等数据不同利益主体交互重叠甚至有所冲突。数据传输的跨国界对传统的国家主权概念形成挑战，带来了复杂的权责关系。由于数据天然的流动属性的存在，对其流动进行控制难度极大，在本国国民数据跨境流动时引发的监管主张往往也会引起管辖权冲突。因此各国都在探索数据主权制度的建立以保护本国国家利益。

数据霸权导致国际关系失衡。数据霸权是大数据时代背景下数据技术强国为汲取高额经济价值对他国实施的霸凌行为，侵犯他国数据主权，其实质是信息霸权。数据霸权是传统霸权在大数据时代的延续，在巨大经济利益的刺激下，依托跨国公司的发展得以实现。数据霸权对国家和个人均产生了巨大危害：在国家层面，既整体损害国家数据主权，又具体威胁到国家政治、经济、科技等领域的安全；在个人层面，既侵害个人人权，又侵害个人的隐私权。国际数据霸权导致了数据强国与欠发达国家之间的数据鸿沟不断加深，严重危害了全球数据产业的平稳发展与国际和平。

大数据处理机制弱化数据主权的维护。与传统方式相比，大数据和云时代的数据处理所具有的新特点，弱化了国家对数据主权的维护。数据本身即具有高度的易流动性和无限复制的特点，巨大的数据量使单个国家难以对数据实行管控。云时代数据体量的庞杂令数据在跨境传输时被泄露和窃取的情况屡有发生；一国完全掌控国内数据的流动情况几乎是无法达成的，但这并不意味着国家就会放弃对数据的完全主权的主张，二者之间的冲突造成了矛盾。在网络空间中，不仅主权国家难以知晓数据是否在跨境传输，即便信息数据传输者本人可能也并不知晓。一系列技术实现的难度对于数据主权的维护提出了极大的挑战。

3. 我国数据主权的保护对策。尽快制定数据跨境流动的法律。消除数据跨境流动乱象、应对跨境流动带来的挑战、构建相应的法律规制体系是必要的一环。首先，国际间应构建数据分类分级的相关准则，形成统一标准，并且针对数据设置评估和执法机构。其次，完善我国数据的分级分类制度，以便依据数据性质进行差别规范设计，最大可能地实现数据的流通利用。按照数据的重要程度对其给予不同程度的监管，提高监管效率，降低监管难度和成本。最后，实行数据跨境流动安全风险评估机制，不同等级的数据在跨境流动中可能造成的风险大小并不一样，可以通过第三方机构建立对数据跨境流动的风险评估机制，同时明确监管职责，建立数据跨境流动的有效监管制度。

提倡数据多边主义，消解数据霸权。数据霸权是国与国之间数据资源分配不平等形成的结果，数据霸权主要表现为霸权国家核心技术的寡头垄断及限制其他国家平等参与，因此不仅需要从防御的角度防止霸权国家对本国的数据资源、国家安全造成威胁，还需要积极参与协商治理重构数据主权的新局面。加强国际合作，推动数据主权共识的达成，才能从根本上减少甚至消除数据霸权。

建立国际数据共治机制。在国际法层面，数据主权带有国际性特征，大数据时代背景之下，任何国家都无法在这一洪流中独善其身，无论是发达国家还是发展中国家都会面临数据主权被侵犯的威胁。由于数据本身所具有的流动性和无限复制性特征，一国无法对数据实现绝对控制，因此，单靠某个国家是无法解决问题的。各国要本着"求同存异"的原则，积极参与数据安全国际规则的制定，缔结相关的数据安全条约，力求建立各国都能平等参与、兼顾各方利益的国际数据共治机制。在全球化的发展浪潮之中，激烈的竞争已经逐渐不适合世界的发展趋势，合作共赢才能实现良性发展。这也是习近平总书记提倡的"人类命运共同体"所蕴含的精神内核，在追求本国利益时兼顾他国合理关切，在谋求本国发展中促进各国共同发展。提倡互利共赢，而不是一味地搞对抗、搞竞争，国际数据主权制度体系建设才能走上光明的康庄大道。

【典型案例】滴滴上市案

【基本案情】

2021 年 6 月 30 日，滴滴在纽交所挂牌上市，股票代码为"DIDI"。根据美国《外国公司问责法案》规定，所有赴美上市企业必须接受美国公众公司会计监督委员会（PCAOB）对审计底稿的审查；同时根据美国《关于网络安全披露的声明和指南》的规定，美证券交易委员会需要评估在美上市公司如何为网络安全威胁做好准备，其中就包括了供应商管理和培训。考虑到滴滴数据体量庞大，公众认为滴滴上市可能会产生严重的数据安全危害。

2021 年 7 月 2 日，中国网络安全审查办发布公告，将依据《中华人民共和国网络安全法》对"滴滴"进行审查。同月 4 日，网信办发布关于下架"滴滴出行"APP 的通报。同月 6 日，中共中央办公厅、国务院办公厅印发《关于依法从严打击证券违法活动的意见》，8 月 16 日，国家互联网信息办公室通过《网络安全审查办法》，加强对境外上市的监管。2022 年 7 月 21 日，国家网信办依据《网络安全法》《数据安全法》《个人信息保护法》《行政处罚法》等法律法规，对滴滴公司处人民币 80.26 亿的罚款。

【案件评析】

滴滴事件折射出中国加强数据治理、维护数据安全的决心，同时也促使了中国监管机构在数据跨境管理时将采取更加谨慎的态度。一方面，中国正在加快数据安全方面立法，自滴滴实践后，中国陆续出台了《网络安全审查办法》《数据出境安全评估办法》《网络数据安全管理条例（征求意见稿）》等一系列配套法律法规；另一方面，中国正在加强对拥有大量用户数据的科技公司的上市监管，包括发布《关于依法从严打击证券违法活动的意见》《网络安全审查办法》等法律政策文件。

同时应当认识到，我国企业在赴美上市、寻求数字经济和数据跨境监管之间仍存在中美审计体制冲突中的双向制约挑战。而大型科技公司将赴海外上市，是顺应经济发展形势的一种选择。对此，应在认清数据跨境流动困境的基础上，从法规政策、监管审查、认证评估等角度完善数据跨境监管机制：一是细化数据跨境法规政策和制度标准；二是加强数据安全监管和网络安全审查；三是完善数据安全认证体系和风险评估机制。

第二节　我国数据跨境流动监管制度

本章第一节已对数据跨境流动监管基础理论作了分析，就基本概念、监管的必要性、国际监管冲突等有关问题作了必要的阐释。接下来第二节主要从监管立法、监管目标、监管主体、监管对象、监管措施五个方面介绍我国数据跨境流动监管现状，并在此基础上分析我国数据跨境流动监管存在的现实问题，并就有关现实问题提出完善建议。

一、我国数据跨境流动监管立法

纵观我国数据跨境流动管理制度，共形成了三个阶段的立法：第一阶段为分散立法，即通过行政法规、部门规章、规范性文件等形式明确了特定行业、特定领域的数据跨境流动管理要求，主要包括《征信业管理条例》《地图管理条例》《金融消费者权益保护实施办法》《人口健康信息管理办法》《人类遗传资源管理条例》等；第二阶段为重点立法，即《网络安全法》第 37 条针对关键信息基础设施运营者在我国境内运营产生的个人信息和重要数据作出规定；第三阶段为全局立法，即《个人信息保护法》《数据安全法》《关键信息基础设施安全保护条例》《网络数据安全管理条例（征求意见稿）》《网络安全审查办法》《数据出境安全评估办法》作出了更为全面的数据跨境流动管理规定。

在以上立法中，《网络安全法》第 37 条首次设立了我国数据跨境流动管理的顶层制度，明确了关键信息基础设施的个人信息和重要数据应当遵守的四个基本条件，即原则上本地存储，因业务需要、确需向境外提供则进行安全评估。《网络安全法》第 37 条在我国数据跨境流动管理制度不断完善的过程中，初步构建了我国跨境数据传输模式的基本规则，起到了承上启下的作用：一方面，将之前的分散型立法进行了统筹规划，首次引入了"出境安全评估"制度，开创了数据跨境流动的新阶段；另一方面，也成为《个人信息保护法》和《数据安全法》进一步补充相关制度的前提和基础。《个人信息保护法》和《数据安全法》均是在《网络安全法》第 37 条的基础之上进行了制度的叠加规定。我国数据跨境流动管理具有三个阶段的制度构建过程，第一、二阶段已经完成，第三阶段即将完成。

二、我国数据跨境流动监管机制

根据我国数据跨境流动监管立法，我国数据跨境流动监管机制可分为监管目标、监管主体、监管对象和监管措施四个方面。其中，监管目标可分为宏观、中观、微观三个维度；监管主体是以网信办为代表的各级政府部门；监管对象以重要数据和个人数据为主；监管措施主要包括数据分级分类保护、数据本地化、数据出境安全评估等。

（一）我国数据跨境流动监管目标

我国数据跨境流动监管目标分为宏观、中观、微观三个层面：

在宏观层面，我国数据跨境流动监管目标是维护国家安全。根据《国家安全法》第2条之规定，国家安全是指"国家政权、主权、统一和领土完整、人民福祉、经济社会可持续发展和国家其他重大利益相对处于没有危险和不受内外威胁的状态，以及保障持续安全状态的能力。"国家安全涵盖政治、经济、军事、文化、社会等方方面面，同时还包括国家主权和国际安全。国家主权在上文已经提及，指国家对内的最高统治权和对外独立权。国际安全是指国际社会的和平和稳定。

在中观层面，我国数据跨境监管目标是维护网络安全，规范网络空间各行为主体的活动，营造和谐、健康、有序的网络空间环境。《网络安全法》第5条规定："国家采取措施，监测、防御、处置来源于中华人民共和国境内外的网络安全风险和威胁，保护关键信息基础设施免受攻击、侵入、干扰和破坏，依法惩治网络违法犯罪活动，维护网络空间安全和秩序。"由此，网络安全主要是指网络系统的硬件设施、软件设施免遭攻击和威胁的状态。

在微观层面，我国数据跨境流动监管目标为维护数据安全。《数据安全法》第1条指出，《数据安全法》旨在规范数据处理活动，保障数据安全，促进数据开发利用，保护个人、组织的合法权益，维护国家主权、安全和发展利益。由此可见，数据安全既有国家总体安全的内容，也有个人数据权利保护、公共利益维护的内容。具体而言，数据安全是指数据本身和数据操作持续处于不受非法侵害和威胁的有效保护状态。

（二）我国数据跨境流动监管主体

我国的跨境数据监管主体主要是政府部门。具体的，中央国家安全领导机构主要负责国家层面的数据安全工作的协调和决策，具体至跨境数据方面，则其主要负责国家层面的跨境数据安全战略、顶层政策、重大方针等的制定和指导实施，以及建立国家层面的跨境数据安全工作的协调机制等。

　　国家网信部门主要负责协调统筹跨境数据安全工作及其监管工作，受理数据出境安全评估申报，组织省级网信部门、相关行业主管部门、专门机构等开展数据出境安全评估工作，接收并且审核数据出境安全报告，建立健全跨境数据安全事件应急工作机制，依法追究违法违规的跨境数据相关主体的责任等。省级网信部门主要负责收集数据处理者的数据出境安全评估应交材料并将材料提交至国家网信部门，开展跨境数据安全评估工作，接收有关跨境数据的投诉和举报等。

　　公安部门主要负责事关户籍管理、治安防范、公共信息网络安全等社会秩序的跨境数据安全监管工作。国家安全部门主要负责事关反恐、反间谍、政治保卫等国家安全重大问题的跨境数据安全监管工作。工业和信息化部门、交通运输部门、中国人民银行、科学技术部门、教育部门、自然资源部门、卫生健康部门等主要负责各自行业领域内的跨境数据安全监管工作，制定本行业领域内跨境数据安全行为规范，定期组织开展各自行业领域内的跨境数据及相关主体行为的合规性审计工作等。

　　各级人民政府主要负责在本行政区划内组织和开展跨境数据安全知识的宣传普及工作，以及跨境数据安全意识和能力的培养培训工作，并且指导和督促相关部门、行业组织、私营企业、公民个人等参与跨境数据的安全保护工作。

（三）我国数据跨境流动监管对象

　　我国数据跨境流动监管对象主要是个人数据和重要数据。我国《网络安全法》第37条规定个人数据和重要数据在出境时应当进行安全评估。《个人信息保护法》对个人数据的出境作了较宽松的规定：除了安全评估之外，数据处理者可以选择进行个人信息保护认证或适用标准合同条款。总体而言，我国数据跨境流动监管对象的范围整体参照《网络安全法》第37条之顶层规定。其他法律在细化该规定时，均采取适度宽松的态度，在数据范围和适用程序条件方面予以一定的放宽。

　　《数据出境安全评估办法》作为数据出境安全评估的具体实施规定，对个人数据和重要数据的界定作了更详细的规定。一方面，《数据出境安全评估办法》自2017年《网络安全法》引入重要数据这个概念之后年首次在部门规章的高度对其进行全面的界定，即"指一旦遭到篡改、破坏、泄露或者非法获取、非法利用等，可能危害国家安全、经济运行、社会稳定、公共健康和安全等的数据"。另一方面，个人数据达到一定"门槛"才需进行安全评估。该门槛主要涉及"四种情形、两大类别"。即个人信息的处理者在满足如下四种情形条件下就要进行安全评估：①关键信息基础设施的运营者；②处理个人信息达到

100 万人；③自上年 1 月 1 日起累计向境外提供 10 万人个人信息；④自上年 1 月 1 日起累计向境外提供 1 万人敏感个人信息。

（四）我国数据跨境流动监管措施

《数据安全法》明确建立我国数据分级分类保护制度。我国数据跨境流动监管以重要数据和个人数据为重点，确立了重要数据和个人数据的本地化存储原则，在特定条件下允许重要数据和个人数据跨境流动。此外，针对涉众公司跨境上市和大规模个人数据处理行为，我国还确立了网络安全审查制度。

1. 数据分级分类保护制度。我国数据分类分级保护制度是由《数据安全法》确立的数据安全管理制度。明确了数据分类分级的依据是数据的重要程度以及数据安全性遭到破坏时的危害程度，同时还提出加强对重要数据的保护，对于核心数据实行更加严格的管理制度。《网络数据安全管理条例（征求意见稿）》进一步明确了国家将数据分为三级，分别是一般数据、重要数据和核心数据。

《个人信息保护法》第 51 条也要求个人信息的处理者对个人信息进行分类管理，同时《个人信息保护法》对于敏感个人信息提出了更严格的要求。当前，我国各行业监管部门已经制定或正在制定本行业数据的分级分类标准，但没有对接数据跨境流动监管规则的数据分级分类统一标准。

2. 本地化存储原则。《网络安全法》第 37 条确立了数据本地化存储原则，但属于相对意义上的本地化，仅针对关键信息基础设施运营者的个人信息和重要数据，且预设了数据跨境流动的安全评估通道，并允许法律、行政法规作出例外规定。《个人信息保护法》和《数据出境安全评估办法》基本沿袭了《网络安全法》的精神，只是就安全评估作了适当放开，包括放开需要安全评估的跨境数据流类型，以及增设安全评估的替代措施，但仍然保留了"因业务需要"和"确需向境外提供的"数据应当满足的前提条件。

3. 数据出境安全评估。上文已对数据出境安全评估的法律规定和数据范围进行了说明，此处主要说明安全评估的内容。根据《数据出境安全评估办法》的规定，国家网信部门以"合法正当"和"风险可控"作为评估要点，评估数据出境活动可能对国家安全、公共利益、个人或者组织合法权益带来的风险，主要包括 6 大事项，就数据出境目的、数据出境规模、合同条款、国内外法律法规等内容进行合法性和风险评估。在提交安全评估申请前，数据处理者应当先进行自评，自评事项与前述事项大体一致但有所差别。值得注意的是，《数据出境安全评估办法》增加了在协议中约定数据安全保护责任义务的规定，并纳入到国家网信办安全评估事项之中。

4. 个人信息保护认证。目前国内还未建立个人信息跨境提供的认证制度，但《个人信息保护法》第 38 条明确规定将个人信息保护认证作为向境外提供个人数据的合法性条件之一。目前国内在个人信息保护认证方面已经有了初步实践，如 2019 年，我国首次针对企业进行了"个人信息安全管理体系认证"，测评对象有阿里、腾讯、百度、京东等 10 家与个人日常生活息息相关的企业。这次认证由"中国网络安全审查技术与认证中心"（英文缩写为：CCRC，原为中国信息安全认证中心）组织进行。2020 年在中央网信办等部门对 App 违法违规收集使用个人信息开展的联合专项治理中，也已经开始将个人信息保护认证制度进行探索。

5. 标准化合同。我国《数据出境安全评估办法》规定了我国数据出境安全评估的重点事项，即在跨境数据传输时，要求数据处理者与境外接收方就订立合同是否充分约定了数据安全保护义务进行说明。从现有条款来看，我国仅对合同内容约定事项作出强制性要求，并没有对具体的合同条款作出限定，把强制性约定作为安全评估的内置程序而非替代方案。而欧盟模式所建构的标准化合同条款（SCCs）则是在"数据接收方在不满足 GDPR 要求的'能够提供与欧盟同等保护水平'"情形时，数据处理者与数据控制者可以选择的"替代方案"。此外，就《数据出境安全评估办法》所规定的"充分约定"而言，其认定标准还有待进一步明确。

6. 网络安全审查。在介绍网络安全审查制度之前，首先应当明确其与国家安全审查、数据出境安全评估的关系。《国家安全法》明确建立国家安全审查和监管的制度和机制，网络安全审查、数据安全评估、外商投资审查是根据《网络安全法》《数据安全法》《中华人民共和国外商投资法》（以下简称《外商投资法》）从网络安全、数据安全、外商投资三个维度构建该领域的安全审查制度。当前，《网络安全审查办法（修订草案征求意见稿）》将"数据处理者开展数据处理活动"纳入网络安全审查范围，但这并不能完全涵盖数据出境安全评估的内容。并且网络安全审查目的是确保关键信息基础设施供应链安全，这决定了二者在审查程序、审查对象、审查标准上存在差异性。按照《网络安全审查办法（修订草案征求意见稿）》的规定，赴国外上市且掌握超过 100 万用户个人信息的运营者应当申报网络安全审查。

三、我国数据跨境流动监管完善

我国数据跨境流动监管尚存在以下几个方面的问题：其一是数据分级分类不统一、不清晰；其二是数据安全技术建设还有待加强；其三是数据主体权利未得到充分保护；其四是数据跨境流动的风险管理责任还未全面落实；其五是非重要且非个人数据的跨境流动规制有待明确。因此以下将从这五个方面提出完善我国数据跨境流动监管的建议。

（一）建立数据分类审核制度

《网络安全法》第37条虽然要求建立数据跨境流动评估制度，但个人信息和重要数据界定问题尚不清晰。在实施细则方面，《网络数据安全管理条例（征求意见稿）》也仅是作了原则性规定，规定将数据分为三级，分别是一般数据、重要数据和核心数据；《数据出境安全评估办法》也仅规定了重要数据和大规模个人数据跨境流动的安全评估要求。此外，虽然我国各行业监管部门已经制定或正在制定本行业数据的分级分类标准，但行业之间分级分类标准差距甚大，且没有对接数据跨境流动监管规则的数据分级分类统一标准。因此有必要在国家层面确定个人数据和重要数据的界定标准，在统一标准的指导下，各行业就自身特点确定本行业个人数据和重要数据的范围和标准。

（二）强化数据安全的技术建设

数据的跨境流动依托互联网网络，"棱镜门"事件已经表明在网络攻击下，数据存在非法流出境外的隐患。因此有必要强化数据安全的技术安排，通过技术手段预防、限制、制止数据的非法出境行为。就数据跨境流动而言，除了采取必要技术措施以保障网络安全、稳定运行，有效应对网络安全事件，防止数据泄露、毁损、丢失外，还应根据数据流动的特征采取流量路由等必要措施对数据的走向、总量进行必要控制，在威胁国家安全等情况出现时甚至可以阻断数据的传播。此外，要积极吸收先进技术成果，采用数据加密或数据脱敏从源头做好个人隐私和其他重要数据的保护。在制度安排上，要建立定期测试、评估、评价技术和管理措施是否有效的体系。

（三）完善数据主体等的法律权利

数据的跨境流动属于数据运用的一种，基于前述个人隐私侵犯风险、企业财产权利受损风险，数据主体等权利的缺失将使受害人无法获得周延的权利救济，也使行政执法或司法裁判陷于无法可依的境地。但我国却无专门数据立法对数据主体等的权利进行明确规定。为此，我国亟需完善并明确规定数据主体等的权利，在加强行政监管、规范数据控制主体行为的同时，使数据主体及时获得私法救济，并调动社会监督的积极性，保证数据跨境流动的合法有序进行。在数据主体权利构建上，可借鉴欧盟经验，其提供了丰富的制度工具，例如，算法可解释权、删除权、可携带权等供个人主张以应对不当利用个人数据的行为。

（四）完善数据出境过程中相关主体的风险管理责任

首先，在政府层面设立或由专门机构统筹协调不同行业主管部门的审核职能，以阻塞监管漏洞，同时代表我国统一处理数据跨境流动的对外合作事务，以保证政策的完整性和连续性；其次，鼓励行业协会及其他自律组织参与安全评估，建立可落地实施、具有活力的数据管理秩序，作为行政监管的补充。最后，进一步落实数字控制主体的数据保护自查责任，在数据控制主体内部需建立数据保护体系，明确数据各生命周期环节的具体操作规范，加强内部监控，避免不当操作。

当然，除了上述三类主体外，还应发挥市场中其他主体功能，如鼓励第三方机构对提供云计算、大数据业务的服务商、境外智能制造企业进行安全资质信用评级，为境内企业选择合作方提供参考；鼓励互联网服务提供者自愿采取行动限制对数据的恶意访问或者对敏感信息和重要数据的访问等，引导多元化市场主体参与数据跨境流动规范建设。

（五）丰富合法流动渠道

我国确立了重要数据和个人数据的"本地化""存储＋例外"的监管原则，但未明确普通数据的跨境流动规制。为了满足数据日常化、规模化的跨境需求，在不涉及国家安全和公共利益的数据跨境流动上，应为"合理有序的数据流动"提供尽可能丰富的合法渠道。从欧盟GDPR关于数据跨境流动规则看，除了用户同意外，另构建起的充分性认定、充分保障措施、数据转移是为了履行与数据主体之间的协议所必需等事前"许可"的豁免事由。因履行与数据主体之间的协议所必需的数据出境情况可归结为用户的默示同意，适用场景有限，故充分性认定和充分保障措施成为欧盟等重点参与构建的数据跨境机制，值得我国借鉴。

【典型案例】某境外咨询调查公司秘密搜集窃取航运数据案

【基本案情】

2021年5月，国家安全机关工作发现，某境外咨询调查公司通过网络、电话等方式，频繁联系我国大型航运企业、代理服务公司的管理人员，以高额报酬聘请行业咨询专家之名，与我国境内数十名人员建立"合作"，指使其广泛搜集提供我航运基础数据、特定船只载物信息等。办案人员进一步调查掌握，相关境外咨询调查公司与所在国家间谍情报机关关系密切，承接了大量情报搜集和分析业务，通过我国境内人员所获的航运数据，都提供给该国间谍情报机关。

为防范相关危害持续发生，国家安全机关及时对有关境内人员进行警示教育，并责令所在公司加强内部人员管理和数据安全保护措施。同时，依法对该境外咨询调查公司有关活动进行了查处。

【案件评析】

第一，在数据跨境流动安全的事前监管方面，我国监管重点放在了关键信息基础设施的重要数据和大规模个人数据的流动上，如确立重要数据和个人数据"本地化存储"原则以及安全评估制度。但就情报数据而言，违法人员会把情报数据隐匿在重要数据和个人数据之外，以逃避事前监管，因此如何准确的识别情报数据成为了国家安全机关事前监管的重要工作。当前，我国各种数据分级分类法律文件都缺少这方面的内容。

第二，我国已经建立了数据安全应急处理机制，但仍旧缺乏有效的应急技术手段。我国《网络安全法》和《数据安全法》建立起数据安全应急处理机制，包括数据安全的监管体制、数据出境安全评估、网络安全标准体系等一系列监管机制。但我国在数据安全风险和危机的应急技术手段方面还有所欠缺。今后，我国国家安全机关在反间谍工作上，应加强对网络防火墙、身份认证技术、信息存储技术、网络加密技术、网络追踪和封锁技术等的研究运用。

第三，我国应加强数据安全教育。《数据安全法》明确提出，国家支持开展数据安全知识宣传普及，提高全社会的数据安全保护意识和水平，其目的就是要在全社会形成共同维护数据安全的良好环境。数据安全教育应当贯穿于教学、工作和生活等各个环节，加强对公民和单位的反间谍宣传，培养公民和单位的国家安全观和数据安全意识，敦促单位加强数据安全防护，采取相应的技术与管理措施，防范数据安全风险。

第三节　国际数据跨境流动监管实践

当前，国际上有代表性的监管模式主要有美国模式、欧盟模式和中国模式，其中，美国模式强调私营部门对数据的控制，中国模式强调政府对数据的控制，而欧盟模式则赞成在基本权利和价值观的基础上由个人控制数据。在完善内部立法的同时，各国基于自身的数据跨境流动策略，通过加入区域性数字协定，与志同道合国家或地区构建国际数据跨境流动圈，由此形成了国际数据跨境流动监管的冲突和博弈。因此，本章主要考察美国、欧盟、日本的数据跨境流动监管体系，以及具有代表性的多边数据跨境流动协定，以把握数据跨境流动监管的国际趋势。

一、欧盟数据跨境流动监管实践

欧盟以个人数据保护为核心，对外加强数据跨境流动监管，对内鼓励数据自由流动。除了赋予数据主体一系列数据权利之外，欧盟确立了"充分保护"原则和安全保障措施以确保数据接收方对个人数据提供充分保护。

（一）立法演进

欧洲是世界上对个人权利保护较为严格的地区，自 20 世纪 60 年代就开始关注个人数据保护问题，最早的正式文件则是欧洲委员会 [①] 成员国于 1981 年签署的《108 号公约》，但未关注数据跨境流动问题。2018 年 5 月 18 日部长委员会第 128 次会议通过了《108 号公约》补充议定书，其中首次对个人数据跨境流动问题作出了规定。以《108 号公约》为重要参考，1995 年欧盟正式颁布《个人数据处理保护与自由流动指令》，规定向第三国的数据跨境流动原则上应确保第三国提供符合欧盟认可的数据保护水平。

虽然对各自成员国来说，指令的约束力比《108 号公约》更强，但各成员国国内化的程度仍参差不齐以致引发诸多问题，而且随着全球互联网对数据流动产生的愈来愈深刻的变革，更高水平的数据流动规制文件呼之欲出。于是经过多轮谈判，2016 年欧盟颁布《通用数据保护条例》（GDPR），其从欧盟 1995 指令基础上发展而来，效力层级更高，不仅适用于所有欧盟成员国，而且对欧盟相关的第三国企业和机构同样具有法律效力，GDPR 还重构了个人数据跨境流动机制，都标志着欧盟数据保护达到了前所未有的高度。

鉴于欧盟在非个人数据跨境流动规制方面尚无统一规定，欧盟于 2022 年公布了《数据法案》，旨在补全这个领域的立法空白。关于非个人数据跨境流动的规制路径，《数据法案》为第三国设置了较多障碍，能够有效地限制非欧盟国家通过本土立法获取欧盟境内非个人数据，以帮助欧盟更为有效地维护数据主权和数据安全。

（二）监管模式

欧盟对个人数据跨境流动设置了严格的要求，要求个人数据接收国具备高水平的个人数据保护能力，对此欧盟确立了"充分保护"原则。只有达到"充分保护"标准的国家才能够跨境传输欧盟境内的数据。如果不符合"充分保护"标准，数据处理者只有在采取适当的安全保障措施后，才能进行数据跨境传输。此外，欧盟针对特殊情况还作了特别规定。

---

① 欧洲委员会（Council of Europe）不同于欧盟四大机构之一的欧洲理事会（The European Council），其是一个独立的国际组织，总部设在法国斯特拉斯堡，于 1950 年颁布《保护人权与基本自由公约》（European Convention on Human Rights, ECHR），即《欧洲人权公约》，其对于个人权利的重视可见一斑。

1. "充分保护"原则。欧盟委员会有权根据 GDPR 第 45 条确定欧盟以外的国家是否提供了足够的数据保护水平。欧盟"充分保护"标准的核心有三点：①法治程度高低、是否尊重人权和基本自由、相关立法和立法实施情况；②拥有有效、专业的独立监管机构；③加入有关个人数据保护的国际条约或多边协定。根据上述标准，美国并不能达到"充分保护"要求，主要原因在于美国没有独立的监管机构，也未对个人数据提供较高水平的保护。于是，在不改变美国现有监管体系之下，美国与欧盟于 2000 年签署了《安全港协议》，要求参与数据跨境交换的公司遵守欧盟规则而不要求对美国法律体系进行改革。

2. 适当的安全保障措施。主要包括：①公共机构或实体之间签订的具有法律约束力和可执行性的文件；②约束性企业规则（BCR）；③欧盟委员会制定或者批准的数据保护标准合同条款（SCCs）；④采用欧盟委员会制定或认可的行为准则；⑤通过欧盟委员会认可的隐私保护认证机制。目前第 4 项和第 5 项尚无实践案例，应用最广泛的是第 2 项的约束性企业规则和第 3 项标准合同条款。

主管监管机构批准的具有法律约束力的规则，主要针对总部或者子公司在欧盟的跨国企业而制定，保障跨国集团的各子公司（包括欧盟地区以外的公司企业）在个人数据处理方面都达到欧盟的标准。与标准合同条款相比，BCR 的优势在于，一旦获得了数据保护机构的批准，便可以在不考虑地区的情况下在集团内部所有子公司进行转移而无任何限制。

根据最新的欧盟《通用数据保护条例》以及受 Schrems II 案判决的影响，2020 年 6 月 4 日，欧盟委员会公布了更新后的将个人数据从欧盟转移到第三国的新标准合同条款（新 SCCs）版本。新版 SCCs 将为个人数据跨境传输中的四类场景提供充分保护，增加了数据处理者至数据控制者以及数据处理者至数据处理者。特别是欧洲数据处理者向欧洲外数据控制者传输个人数据场景，使位于欧盟外的可能受到欧盟《通用数据保护条例》管辖的数据控制者或数据处理者可以运用 SCCs 条款开展数据活动。

3. 例外规定。在既没有"充分的保护水平认定"，也没有"适当的安全保障措施"的情况下，如果满足如下条件之一（仅列举较为常见的场景），也可以进行跨境个人数据传输：①数据主体被明确告知风险后仍然明确表示同意；②对于履行合同及实现数据主体的利益是必要的；③对于实现公共利益是必要的；④对于确立、行使或辩护法律性主张是必要的；⑤当数据主体基于身体性或法律性原因无法表达同意，为了保护数据主体或其他人的关键利益是必要的。如果上述条件均不具备，需要满足下列条件：①转移是非重复性的；②关乎很小一部分数据主体的权利；③对于实现控制者绝对的正当利益是必要的且不会违反数据主体有限的权利或自由；控制者已经对跨境传输情形进行了评估，而且采取了合适的安全保障措施。

二、美国数据跨境流动监管实践

美国没有专门的数据监管部门，涉及数据安全的行为由商务部产业与安全局进行监管，其他的数据行为则由美国司法部以隐私保护的方式加以调整。美国数据跨境流动监管具有明显"双重标准"特征，对于非敏感的科技数据，美国没有特别的监管措施，而是以各州的隐私保护法进行调整。对于敏感的科技数据，美国严格限制其出境，设定了严格的出境条件。此外，美国积极构建双边或多边数据跨境流动协定，保障数据跨境自由流动。

（一）立法演进

1974 年的《隐私法》是美国第一部涉及处理个人信息的法律，该法明确了联邦政府获取个人信息的权限。1986 年美国政府出台《存储通讯法案》，规定服务商不得向外国政府提供通讯数据，但没有明确美国政府能否获得服务商存储在美国境外的数据。"9·11 事件"之后，美国政府通过了《爱国者法案》，授权美国执法机构以国家安全为由获取服务商所控制的包括电子邮件、医疗、财务等各种数据的权力。2018 年特朗普政府通过"CLOUD 法案"，授权美国执法机构无限管辖权，确立"数据控制者标准"，据此美国政府可要求美国企业提交其掌握的海外数据，美国域外管辖权进一步扩张。由于美国掌握了国际制度层面的话语权和主导权，国际层面的跨境数据规则也在同步推进。20 世纪70 年代，互联网商业化应用趋势加速显现，美国开始将跨境数据议题嵌入到相关国际协定中。在美国的推动下，1980 年经合组织（OECD）制定了《OECD指南》，这是国际上第一部规制个人数据跨境流动的保护规则，该指南强调避免国家干预，主张通过市场原则特别是行业自律来对个人数据进行保护。此后美国又在 APEC 机制内推行以数据自由化为核心的流动规则。近十年来，美国则把建设重点放在了自由贸易协定中，试图推进具备法律约束力的数据跨境流动规则体系。

（二）监管模式

1. 基础数据资源的自由流动原则和知识产权的垄断原则并行。一方面，"政府为数字知识产权提供强制性保障"，严格限制技术数据的出境或按照市场原则征收高价许可费。另一方面，对于资源型的个人数据主张自由流动原则，避免政府对数据流动实施监管。美国先后与欧洲达成了《安全港协议》和《隐私盾协议》，保障了欧盟境内的个人数据能够"安全"地流向美国。同时，在《美日数字贸易协定》《美墨加协定》中，均包含了明确禁止协议方采取数据本地化措施的条款。

2. "数据长臂管辖"的单边主义色彩。美国 2018 年通过的《澄清境外数据合法使用法案》（又称为《云法案》）提出的"数据长臂管辖"体现了美国数据跨境流动规则的单边主义色彩。《云法案》一改以往以数据存储地为标准的属地管辖原则，转向了以数据控制者为标准的属人管辖原则，对数据的管辖权从物理国境拓展至数字国境。美国政府一方面否定数据本地化，要求本国企业在他国境内存储的数据归美国管辖；另一方面限制他国对美国企业存储数据的获取和使用。

3. 推动 OECD 和 APEC 成为数据跨境流动治理机制。此前，WTO 框架下的电子商务谈判陷入困境，美国因此将推行跨境数据自由流动的重点转移至其他机制。经合组织（OECD）和亚太经合组织（APEC）大有取代联合国和WTO 框架的趋势，成为美国推动数据跨境流动政策的主要平台。《OECD 指南》和《亚太经济合作组织隐私框架》均秉承了美国数据自由化理念。为了增强国际协议的法律约束力和执行效力，2015 年重新修订后的《APEC 隐私框架》完善了跨境隐私规则体系，并设立了保护个人隐私的问责代理机构。

4. 推动达成双边或多边自由贸易协定。无论是《OECD 指南》还是《APEC 隐私框架》，都不具备强制执行效力。为此，美国希望通过双边贸易谈判逐渐纳入自己的数据流动主张。除了美欧《安全港协议》和《隐私盾协议》，美国也在极力地寻找其他的自由贸易伙伴。2012 年《美韩自由贸易协定》首次在双边协定中写入数据跨境流动条款；2016 年达成《跨太平洋伙伴关系协定》（TPP）；2018 年美国签订《全面与进步跨太平洋伙伴关系协定》（CPTPP），取代了（TPP），确立数据跨境流动"原则＋例外"的治理模式；同年，美国签订《美墨加协议》（USMCA）。2022 年 3 月 25 日，美欧已达成《跨大西洋数据隐私框架》，以促进跨大西洋的数据流动。

三、日本数据跨境流动监管实践

日本在数据跨境流动治理方面强调与美国、欧盟数据治理规则对接，直到2015 年，新修订的《个人数据保护法》才明确了数据跨境流动规则，建立了灵活多样的数据跨境流动方式。此后，日本通过与美国、欧盟签订双边或多边数字协定，建立了日欧、日美数据跨境流动自由机制。

（一）立法演进

日本直到 2015 年对《个人信息保护法》进行修改，才算是真正开启了数据跨境流动治理政策，而此前欧美国家和地区已经形成了对全球数据跨境流动治理具有重要影响的制度框架，这正是日本自身政策演进的国际背景。在吸收欧美政策建设经验的基础上，日本数据跨境流动治理政策经历了三个发展阶段，表现出一些明显特征：在 2015 年日本修改《个人信息保护法》之前，日本的数据跨境流动治理基本处于自由、自愿和自律的"三自"状态；2015 年 9 月，日本对《个人信息保护法》进行修改，增加了关于数据跨境流动的规定；在完成国内数据跨境流动相关法律制度的建设之后，日本也像欧美国家一样开始在双多边交涉中增加关于数据跨境流动规则的谈判，以弥补日本在此问题上的短板，实现日本与其他国家和地区之间规范的数据跨境流动；随着双多边贸易协议对数据跨境流动规则的逐步确定，日本开始将视野进一步向数据跨境流动全球规则拓展。

（二）监管模式

就数据跨境流动监管而言，日本借鉴了欧盟和美国经验，确立了数据跨境流动的"知情同意"原则、隐私保护认证制度和白名单国家制度。相较于欧盟的严监管模式，以及美国的自由流动模式，日本采取了提供灵活多样的折中模式，在实现数据自由流动的同时对个人数据提供高标准的保护。

1. 提供灵活多样的数据跨境流动方式。《个人信息保护法》增加数据跨境流动一般性规定，明确一般情况下，处理个人信息的经营者在向国外第三方提供个人数据时，需要事先获得数据主体对该提供行为的同意。同时，增加数据主体同意的例外性规定，包括：①服务商采取"适当与合理"的措施；②服务商获得国际隐私保护框架认证；③数据传输至白名单国家。按照日本个人信息保护委员会发布的指南，是否构成"适当与合理"的方式应当根据个案来进行评估判断。隐私政策等规定进行传输时，这些规则和政策同时约束数据发送方和接收方。

2. 获得国际隐私保护框架认证的服务商。日本加入了 APEC 实施的跨境隐私规则体系（CBPRs）①，获得该体系认证的服务商，不需要取得数据主体的同意即可跨境传输数据信息。日本还引入了由美国隐私认证权威机构（TrustArc）制定的 TRUSTe 认证标准，该标准基于欧盟《通用数据保护法规》《APEC 隐私

① CBPRs 于 2011 年由美国主导在 APEC 论坛内设立，旨在促进加入国之间个人信息的无障碍跨境流动，同时确保其安全性和隐秘性。

框架》《ISO 27001 信息安全管理系统国际标准》而制定，该标准的保护水平高于日本国内的个人信息保护法。日本还引入了 ISMS 国际标准认证体系，在对国际标准进行本土化改造后发布 JIS Q 27001 标准，并据此开展认证。

3. 白名单国家。根据日本公布的具有与日本同等保护水平的第三国列表，第三国必须满足以下五个条件：①有同等的法律或规则；②设立了与"个人信息保护委员会"同等的独立监管机构，实施必要和适当的监管；③基于对个人信息利用和个人权益保护的共同理念而与日本达成合作；④对个人数据的国际传输施加的限制不得超越保护个人信息的必要范围；⑤能够为日本的产业创新、经济社会蓬勃发展以及实现国民的富裕生活做出贡献。

四、多边数据跨境流动协定

当前，具有代表性的区域性数据跨境流动协定主要有《全面与进步跨太平洋伙伴关系协定》（CPTPP）、《数字经济伙伴关系协定》（DEPA）和《区域全面经济伙伴关系协定》（RCEP）。其中，CPTPP 是 DEPA 和 RCEP 制定的蓝本，率先确立了数据跨境流动"原则 + 例外"的规制模式，以自由流动为原则，以限制流动为例外。DEPA 和 RCEP 在 CPTPP 的基础上，就"例外"事项作了进一步的规定。

（一）全面与进步跨太平洋伙伴关系协定（CPTPP）

CPTPP 涵盖日本、加拿大、澳大利亚、智利、新西兰、新加坡、文莱、马来西亚、越南、墨西哥和秘鲁 11 国，于 2018 年 12 月 30 日正式生效，对促进亚太区域的商品、服务及技术、人才、资金、数据等要素自由流动和经济共同发展具有重要意义。2021 年 9 月，我国正式提交申请加入 CPTPP。CPTPP 确立了数据跨境流动"原则 + 例外"的规制模式。

1. 原则上要求数据跨境自由流动。CPTPP 第 14.11.2 条确定了跨境数据自由流动的原则性要求："当以电子方式进行跨境信息传输的活动是为了涵盖人的商业行为时，每一缔约方应允许通过电子方式跨境传输信息，包括个人信息，如这一活动用于涵盖的人开展业务。"在这里，CPTPP 把自由流动的范围限定在"涵盖人的商业行为"内。根据 CPTPP，"涵盖人"仅包括涵盖投资、投资者或服务提供者，排除了金融机构和跨境金融服务提供者，也不适用于政府采购和政府持有或处理的信息。"商业行为"表明涵盖人只能在为了其商业行为而跨境传输数据，即数据流动（即活动）和涵盖人（即任何数字服务的提供者）的商业行为之间必须存在一定程度的因果关系。

2. 规定了数据跨境流动的例外情形。数据跨境流动的例外包括"监管要求"例外和"合法公共政策目标"例外。CPTPP 第 14.11.1 条规定："缔约方认识到每一缔约方对通过电子方式传输信息可设有各自的监管要求。"CPTPP 第 14.13.1 条也规定："缔约方认识到每一缔约方对于计算设施的使用可设有各自的监管要求，包括寻求保证通信安全性和保密性的要求。"这两项规定是对缔约方国家规制权的尊重，允许缔约方独立自主地对数据跨境流动和计算设施进行规制，其基础在于国家主权原则。

在合法政策目标例外方面，根据 CPTPP 第 14.11.3 条之规定，在并未构成任意或不合理的歧视或构成对贸易的变相限制，且对信息传输所施加的限制并未超过为实现合法目标所必需的限度时，可基于合法政策目标而限制数据跨境流动。WTO 一般例外条款列出了一系列公共政策目标，如保护公共道德、公共秩序、人类、动物或植物的生命或健康，但 CPTPP 却没有这样的列举，只是提到了"合法公共政策目标"。其缘由在于，CPTPP 缔约方对何为合法公共政策目标未能达成一致。

（二）数字经济伙伴关系协定（DEPA）

DEPA 由新加坡、智利、新西兰 3 国于 2020 年 6 月 12 日线上签署，是旨在加强 3 国间数字贸易合作并建立相关规范的数字贸易协定。2021 年 10 月，中国申请加入 DEPA，2022 年 8 月，根据 DEPA 联合委员会的决定，中国加入 DEPA 工作组正式成立，全面推进中国加入 DEPA 的谈判。DEPA 共包含 16 个模块，前 11 个模块涉及实体性议题，后 5 个模块涉及实施和程序性问题。数据跨境流动主要集中于模块 4，具体涉及数据跨境流动、个人信息保护、信息存储本地化三个方面。

DEPA 中，狭义的数据跨境流动条款与 CPTPP 完全一致（DEPA 第 4.3 条、CPTPP 第 14.11 条），即数据（含个人信息）原则上可以跨境流动，成员方监管政策虽得到承认，但监管措施不得构成不合理的歧视、对贸易的变相限制抑或超出目标所需限度。而数据跨境流动的核心又在于个人信息的流动。对此，DEPA 第 4.2 条比 CPTPP 第 14.8 条作出了更为细致的规定，尤其是增设了个人信息保护国内法的一些基本原则（如收集限制、使用限制等），以及采用和相互承认数据保护信任标志。在信息存储本地化方面，DEPA 也与 CPTPP 完全一致（DEPA 第 4.4 条、CPTPP 第 14.13 条），即禁止将数据存储本地化的要求作为市场准入的条件，成员方监管政策虽得到承认，但监管措施不得构成不合理的歧视、对贸易的变相限制抑或超出目标所需限度。换言之，DEPA 的数据跨境流动相关规则沿用了美国式模板，但加强了个人数据保护，有意借鉴美欧之间"隐私盾"协议的安排，试图在数据跨境流动与隐私保护之间做出平衡。

（三）《区域全面经济伙伴关系协定》（RCEP）

2020 年 11 月 15 日，东盟十国、中国、日本、韩国、澳大利亚、新西兰等 15 个国家经贸部长正式签署《区域全面经济伙伴关系协定》（RCEP）。2022 年 1 月 1 日，RCEP 正式生效。RCEP 协定由序言、20 个章节、4 个部分的承诺表共 56 个附件组成，共计超过 1.4 万页，内容十分庞大，议题覆盖广泛。数据跨境流动条款主要规定在第八章"服务贸易"中的附件 1"金融服务"和附件 2"电信服务"以及第十二章"电子商务"中，旨在推动数据安全、自由流动的跨境流动规则。RCEP 除了确立数据跨境流动"原则 + 例外"的规制模式外，还有以下亮点：

1. 首次将基本安全利益例外条款纳入数据跨境流动规则中。"一般条款和例外"中的第 13 条规定了"安全例外"条款，指出 RCEP 中任何条款均不得解释为要求其披露违背其基本安全利益的信息、阻止其采取其认为对保护其"基本安全利益"所必需的行动、阻止其为履行其在《联合国宪章》项下维护国际和平与安全的义务而采取的任何行动。

2. 设立多元化的数据跨境流动争议解决机制。依据 RCEP 第十二章第 17 条第 1 款和第 2 款规定，当缔约方就 RCEP 第十二章的解释和适用产生分歧时，有关缔约方应当首先善意地进行磋商；若磋商未解决的，则可将争议事项提交 RCEP 联合委员会

3. 为应对"长臂管辖"问题做出一定回应。RCEP 在电信和金融信息跨境流动中确立了禁止转移规则，即电信和金融数据除为提供此类服务的目的外，不使用或不提供，通过互联互通安排所获得的，与用户相关的商业上的敏感或保密信息。

【典型案例】"Schrems I 案"和"Schrems II 案"

【基本案情】

2013 年 6 月，奥地利公民 Max Schrems 认为美国通过 Facebook 对欧盟公民进行大规模监视，向爱尔兰数据保护局（DPC）投诉，要求 DPC 下令禁止 Facebook 将欧洲用户的数据传输至美国。后案件转移至欧盟法院进行初步裁决。2015 年 10 月，欧盟法院判定欧委会对美欧安全港框架的充分性认定是无效的，欧盟法院在 Schrems I 案的判决中指出，美国对个人数据的保护不足，侵犯了欧盟基本权利宪章规定的隐私权和司法救济权。至此，美欧《安全港协议》失效。

爱尔兰 DPC 声称欧盟法院作出的安全港协议无效的判决与 Schrems I 案

的投诉事由无关，因为 Facebook 在安全港协议失效前就已经转而依靠"标准合同条款"（Standard Contractual Clauses，SCCs）进行数据跨境传输。Max Schrems 增加了他的投诉事由，对标准合同条款和其他 Facebook 可能依赖的任何数据跨境传输依据（包括当时尚未生效的欧盟和美国之间的隐私盾协议）是否能提供有效保障都提出了质疑。

《安全港协议》被废止的第 5 个月，《隐私盾协议》应运而生，对于数据保护政策的透明度、数据主体的权利保障与救济措施、美国政府对个人数据的访问限制等方面作出了更详细的规定。2016 年 10 月，法国数字权利组织（La Quadrature du Net）就隐私盾框架向欧盟法院提起诉讼，认为该机制违反了欧盟的基本权利，并未对欧盟公民的数据提供充分的保护。

欧盟法院最后决定将上述两个分别针对隐私盾和标准合同条款的有效性提起的案件合并审理，因为都涉及美国政府的监视计划，并被称为 Schrem II 案。2020 年 7 月，欧盟法院最终作出判决，该判决一方面宣布了欧盟与美国之间的隐私盾协议框架即刻起无效；另一方面又在肯定标准合同条款仍可作为数据跨境传输合法依据的同时，为基于标准合同条款进行的数据跨境传输提出了更为严格的附加要求。

【案件评析】

首先，欧盟法院的判决否定了欧盟与美国之间的隐私盾框架的合法性，美国企业将无法再依赖隐私盾框架来合法的将数据传输至美国。其次，对于其他数据跨境传输法律路径而言，欧盟法院的判决也使得包括 GDPR 在内的法律进一步充满不确定性。企业对于能否使用标准合同条款进行数据跨境传输的自行逐案评估可能随时会受到质疑；尽管企业可以采取额外的保障措施，但仍不能完全保证其依据标准合同条款跨境转移数据的行为的合法性。欧盟法院的判决实际上要求各当事方自主进行与欧委会做出的充分性认定相类似的评估。但欧委会之前对于安全港和隐私盾这两种机制的评估现都被欧盟法院推翻，尚不清楚企业如何才能做得更好。最后，欧盟法院也未明确实践中可能采取的额外的保障措施具体是指什么，而只是反复强调需要根据具体情况具体判定。

第四节　国际数据跨境流动监管合作

数据跨境流动的监管一般体现为在一国管辖地域范围内对数据跨境流入和流出的监管，即所谓的"属地原则"。而随着金融机构和金融企业国际业务范围的拓展，对于管辖地域以外的数据若有收集、调取数据之必要，而数据所在国法律对该数据出境有限制时，则必须依赖跨境合作解决此种法律冲突，这也是完善数据跨境流动监管的应有之义。本书主要分析后两种法律层面的方式：司法协助和执法合作。司法协助主要体现为跨国刑事司法协助中的境外电子数据取证，执法合作主要体现为跨境金融监管合作中有关数据的交流；前者涉及国外司法机构请求于本国境内调取数据应履行何种程序的问题，后者涉及应国外执法机构要求提供数据时如何处理的问题，二者是一体两面。

一、数据跨境提供中的国际司法协助

刑事司法协助取证是世界各国跨境数据取证的主要方式，在当今社会，大部分犯罪侦查调取的都是电子数据证据，而近半数需要跨境收集数据，刑事司法协助机制仍然是目前世界各国主要的跨境取证方式。联合国网络犯罪政府间专家组撰写的《网络犯罪问题综合研究报告（草案）》明确将跨境电子数据取证和刑事司法协助列为网络犯罪治理的重要课题，这也是2019年联合国网络犯罪政府间专家组第五次会议的主要议题之一，但此次会议也指出，首先，刑事司法协助机制仍然是目前世界各国主要的跨境取证方式；其次，该机制运行效率低下，难以有效应对网络环境下电子数据证据的全球高速流动；再次，网络服务提供者、网络运营者等因其掌握、控制或占有大量数据，已经成为重要的、甚至关键的执法参与者；最后，国际社会有必要积极探索统一或示范性规范，并探索新型取证模式，一方面协调各国的跨境数据取证活动，另一方面提升网络犯罪国际治理的总体能力。

为适应打击跨国网络犯罪的需求，2013年联合国网络犯罪政府专家组就明确将跨境电子数据取证列为重要议题。但实际进程中各国分歧巨大，在"调取境外电子数据"方面，由于涉及国家主权、数据安全、个人信息保护等因素，讨论进展十分缓慢甚至一度中断。主要表现为以金砖国家为代表的发展中国家主张制定新公约，而以美国、欧盟为代表的西方国家坚持沿用以其为主体的《布达佩斯公约》。虽然目前各国仍在努力协商，但可以预见的是，这种协议在较长一段时间内不会正式达成。

在我国，境外执法机构调取我国境内存储数据，必须经过批准。2018年10月颁布实施的《中华人民共和国国际刑事司法协助法》（以下简称《国际刑事司法协助法》）坚持"网络空间主权"原则，是对美国 CLOUD 法案"长臂管辖"的有力回应，其第4条第3款明确规定："非经中华人民共和国主管机关同意，外国机构、组织和个人不得在中华人民共和国境内进行本法规定的刑事诉讼活动，中华人民共和国境内的机构、组织和个人不得向外国提供证据材料和本法规定的协助。"① 原则禁止境内数据向国外的流动。截至目前我国已经与30多个国家签订刑事司法协助条约，这意味着一旦境外司法机构需要调取国内数据取证，就需要司法部作为对外联系部门，而且可能还会有"两高一部"或其他部门参与。在金融领域，中国人民银行《法人金融机构洗钱和恐怖融资风险管理指引（试行）》第41条第3款也规定："境外有关部门因反洗钱和反恐怖融资需要要求其提供客户、账户、交易信息及其他相关信息的，法人金融机构应当告知对方通过外交途径、司法协助途径或金融监管合作途径等提出请求，不得擅自提供。有关国内司法冻结、司法查询、可疑交易报告、行政机构反洗钱调查等信息不得对外提供。"

我国《个人信息保护法》和《数据安全法》与《国际刑事司法协助法》的理念一以贯之，如《个人信息保护法》第41条规定："中华人民共和国主管机关根据有关法律和中华人民共和国缔结或者参加的国际条约、协定，或者按照平等互惠原则，处理外国司法或者执法机构关于提供存储于境内个人信息的请求。非经中华人民共和国主管机关批准，个人信息处理者不得向外国司法或者执法机构提供存储于中华人民共和国境内的个人信息。"《数据安全法》第36条规定："中华人民共和国主管机关根据有关法律和中华人民共和国缔结或者参加的国际条约、协定，或者按照平等互惠原则，处理外国司法或者执法机构关于提供数据的请求。非经中华人民共和国主管机关批准，境内的组织、个人不得向外国司法或者执法机构提供存储于中华人民共和国境内的数据。"

二、数据跨境提供中的行政监管合作

在跨境监管合作领域，中国金融监管机构建立了较为广泛的跨境监管与执法合作机制。以证监会为例，截至2019年12月份，中国证监会已同64个国家和地区的证券期货监管机构签署了《双边金融监管合作谅解备忘录》（MOU）等双边监管合作文件，具体协商和合作过程鲜有公开信息，但其中证监会披露的信息相对较多，我们可以管中窥豹。比如，审计工作底稿是上市公司的关键数据信息资料，也是中美审计监管合作的重点，也在符合安全保密相关规定的前提下，通过两国建立的监管合作通道进行这类数据出境，相比刑事、民商事

---

① 《国际刑事司法协助法》第4条第3款："非经中华人民共和国主管机关同意，外国机构、组织和个人不得在中华人民共和国境内进行本法规定的刑事诉讼活动，中华人民共和国境内的机构、组织和个人不得向外国提供证据材料和本法规定的协助。"

司法互助协议的程序便捷得多。①

　　2020 年 3 月 1 日修订后的《中华人民共和国证券法》(以下简称《证券法》)正式施行,其明文禁止境外证券监督管理机构在我国境内调查取证。《证券法》第 177 条规定:"国务院证券监督管理机构可以和其他国家或者地区的证券监督管理机构建立监督管理合作机制,实施跨境监督管理。境外证券监督管理机构不得在中华人民共和国境内直接进行调查取证等活动。未经国务院证券监督管理机构和国务院有关主管部门同意,任何单位和个人不得擅自向境外提供与证券业务活动有关的文件和资料。"而美国参议院 2020 年 5 月通过的《外国公司问责法案》(*Foreign Companies Accountable Act*)则戳到了中美监管合作的"痛处",其规定,外国发行人连续 3 年不能满足美国公众公司会计监督委员会(PCAOB)对会计师事务所检查要求的,就禁止其证券在美国交易;意味着美国公众公司会计监督委员会对中国内地会计师事务所开展检查,直接获得审计底稿,而这直接违反我国法律规定,是事关主权的事项,双方虽然开展多次协商,但仍未达成最终方案。2020 年 7 月,美国政府计划在近期单方面废除前述中美会计审计跨境执法合作备忘录,这又为中美跨境监管合作执法交流以及中概股赴美上市添加了更多不确定性。总体上,中美备忘录可以被认为是保障数据正常流动的一种妥协,通过国家金融监管机构提供一种有限且必要的数据流动。但总体上,主权因素在很大程度上已经成为跨境金融监管合作法治化中的"硬伤",而且这种合作也会面临国际形势变化的政治风险。

　　通过上述分析可以看出,跨境监管合作则在当今的全球政治经济环境下面临着一定风险,尤其是美国、欧盟作为两个世界最大的经济体和数据中心,所推行的"长臂管辖"政策的实施必然会一定程度损害其他国家和地区的数据主权,这也与我国坚持的网络空间主权原则相悖。总体上看,我国的数据战略可以说在一定程度上呈现出防御性态势,这也是对欧盟 GDPR 和美国 CLOUD 法案限制他国直接于境内调取数据却试图将管辖权延伸至其他司法管辖区的"双标行为"的有力回应。面对全球数据跨境流动不同监管模式的碰撞和冲突,我国的数据跨境流动治理应当形成自身特色,以安全为核心和首要议题,兼顾自由流动性,但是安全优先的价值取向并非意味过于严格的限制乃至禁止。我国作为世界第二大经济体和全球前三的互联网数据中心,在数据战略上的保守乃

---

① 2013 年 5 月,证监会、财政部与美国公众公司会计监察委员会(PCAOB)签订执法合作协议,开展中美审计跨境执法合作,截至 2020 年 6 月,中国证监会已向美国 SEC 和 PCAOB 提供了14 家在美上市中国公司的审计工作底稿,仅 2019 年就向 SEC 提供了 3 家,总体上合作比较顺畅。

至收缩也许并非明智的选择。推进数据跨境流动监管的国际合作，这不仅是国家合作的拓展，更是我国国家数据安全战略的延伸。

在跨境个人信息提供规则方面，我国已经开始先期探索，在自由贸易区内先行先试，探索建立数据跨境流动监管制度。2019 年和 2020 年我国接连推出两个自贸区方案，一是《国务院关于印发中国（上海）自由贸易试验区临港新片区总体方案的通知》明确提出安全、有序实施数据跨境流动，试点开展数据跨境流动的安全评估、建立数据保护能力认证等数据安全管理机制。二是《中共中央、国务院印发海南自由贸易港建设总体方案》开放力度更大，再次明确了"数据安全有序流动"的总体要求，要求在建立健全数据出境安全管理制度的基础上，开展数据跨境传输安全管理试点。二者均将数据跨境流动纳入方案规划，建立健全数据跨境流动安全管理体制已经上升为国家级战略，上海作为我国金融中心和金融改革的先行者、海南作为我国最大的经济特区和试验最高水平开放政策之地，在个人数据跨境流动监管制度探索上具有独特优势。

打开数据安全国际战略突破口，寻求跨境数据监管国际合作的有利国际环境。就目前的国际局势来看，我国与美国的数据跨境流动监管价值理念严重冲突，而与欧盟的思路较为接近，甚至可以直接借鉴欧盟 GDPR 等的规定，但综合考虑目前的经济政治等多重因素，即使欧美之间的安全港协议和隐私盾协议都"经历坎坷"，我国与欧美国家达成数据跨境流动监管协议几乎是不现实的。但随着今年"一带一路"倡议的推进，特别是随着近年来由基础设施建设的"硬联通"深入到政策规则标准制定的"软联通"，如银保监会积极推动与"一带一路"沿线国家签署双边金融监管合作谅解备忘录，我国金融监管部门应着力推进在"一带一路"跨境金融监管合作框架下数据流动规则和标准的制定，深入推进更深层次、更全方位的个人数据跨境监管合作，这是目前的国际政治环境下较为理想、可靠的跨境监管策略。

三、英美《关于打击严重犯罪而获取电子数据的协议》

英国和美国于 2022 年 7 月 21 日联合发表声明称，双方于 2019 年 10 月 3 日签署的《关于打击严重犯罪而获取电子数据的协议》（以下简称《数据访问协议》）将于 2022 年 10 月 3 日正式施行。《数据访问协议》是全球首部关于数据跨境取证的专门协定。《数据访问协议》以英美两国的数据跨境取证立法为基础，数据调取命令的法律效力仅来自签发国法律，而非协议本身。换言之，数据调取的实体和程序要件主要由英美内部法律规定，《数据访问协议》负责对英美数据调取权的互认，以及对数据调取命令作出必要限制（即双方认为需要在协议中予以明确的内容）。

《数据访问协议》以共计 17 个条文，主要对以下事项作出规定：①数据调取命令的适用范围；②数据调取命令涉及的数据类型；③数据调取命令适用人员的限制；④数据调取命令送达的程序与对象；⑤数据调取保障问题。

1. 数据调取命令的适用范围。根据《数据访问协议》第 4 条，数据调取命令的适用范围被限定在对严重犯罪的预防、侦查或起诉的程序中，其中值得注意的是"严重犯罪"的定义，根据该协议第 1 条，严重犯罪仅被定义为最高刑罚在 3 年监禁以上的犯罪。旨在确保英美两国的调查人员能够更好地访问与刑事犯罪有关的电子数据，以维护两国国家安全。

2. 数据调取命令涉及的数据类型。数据调取命令可以命令通信提供商提供广泛的数据范围，主要包括由以适用的提供者身份行事的私人实体所拥有或控制的以下类型的数据：电子或有线通信的内容；为用户存储或处理的计算机数据；与电子或有线通信或为用户存储或处理的计算机数据有关的流量数据或元数据；以及根据同时寻求本定义中所提及的任何其他类型数据的命令而寻求的用户信息。其中，用户信息是指识别适用的供应商的用户或客户的信息，包括姓名、地址、服务时间和类型、用户号码或身份（包括分配的网络地址和设备标识符）、电话连接记录、会话时间和持续时间记录以及支付方式。

3. 数据调取命令适用人员的限制。协议对数据调取命令适用的人员范围作出规定，限制在适用该协议规定的程序后并非数据调取命令接收方的人员，即该协议防止请求国的执法部门申请针对接收国组织和个人数据的命令。英国执法部门不能向英国法院申请故意针对美国政府、美国公民、美国永久居民、美国公司和非法人协会或位于美国境内的人员的命令。但对美国执法部门来说，其可以提出针对英国公民或英国永久居民的数据调取命令，只要这些人位于英国境外。

4. 数据调取命令送达的程序与对象。数据调取命令应遵照签发方的国内法发布，并应以基于可阐明和可信的事实的合理理由、特殊性的要求为基础，即在被调查的行为方面的合法性和严重性。同时在执行命令之前或在与执行命令有关的程序中，应接受法院、法官、治安官或其他独立机构根据签发方的国内法进行审查或监督。《数据访问协议》规定签发方可以直接向"适用的提供者"发出符合该协议的数据调取命令，这些命令应由签发方的指定机构传送。"适用的提供者"是指任何私人实体，包括电信公司以及提供任何互联网通信方式的公司，只要其通过计算机或电信系统向公众提供通信能力以及处理、存储计算机数据，或者为此类实体处理或储存数据。

5. 数据调取保障问题。该协议的第 7 条至第 10 条规定了一系列对跨境数据获取、保存程序的保障性限制。第 7 条规定了对目标的限制和最小化程序（Minimization Procedures），要求任一缔约方在发出数据调取令时都应作出善意而合理的努力以确保获取数据所对应的账户严格限定为调查对象所有；最小化程序则同时还要求调取者采取措施及时审查、隔离、封存和删除所获取的数据，并防止其泄露，并确保仅有接受适当程序培训的相关人员方可接触该数据。此外，第 9 条对获取信息的处理和转移进行了限制，强调了对未经缔约方同意共享数据的禁止，并对涉及言论自由和死刑的案件的跨境数据获取上作出了保留。

【典型案例】瑞幸咖啡财务造假案

【基本案情】

2020 年 1 月 31 日，做空机构浑水公司（Muddy Waters Research）发表一份匿名报告，指出瑞幸咖啡从 2019 年第 3 季度开始编造某些财务业绩指标。4 月 2 日晚，瑞幸主动承认财务造假，发布公告称：公司 2019 年 2 季度至 4 季度期间，与虚假交易相关的总销售金额约为人民币 22 亿元。4 月 3 日，中国证监会发布公告称，高度关注瑞幸咖啡财务造假事件，对该公司财务造假行为表示强烈的谴责，中国证监会将按照国际证券监管合作的有关安排，依法对相关情况进行核查，坚决打击证券欺诈行为，切实保护投资者权益。

在美国证券交易委员会（SEC）调查确认财务造假后，瑞幸咖啡于 5 月 15 日收到了纳斯达克退市通知。为了避免退市，根据交易所规则，瑞幸咖啡当时表示计划申请举行听证会。6 月 17 日，因未提交年度报告，瑞幸咖啡再次收到纳斯达克的退市通知。33 天两收退市通知的瑞幸咖啡放弃挣扎，6 月 24 日决定撤销听证会申请，接受退市的命运。2020 年 9 月 18 日，国家市场监管总局对瑞幸咖啡（中国）有限公司等 5 家企业作出行政处罚，责令瑞幸咖啡（中国）有限公司停止违法行为，并罚款人民币 200 万元整。

【案件评析】

中国积极推进证券监管合作体系的建立和完善。中国是国际证监会组织（IOSCO）的正式会员。为了促进跨境证券违法行为的调查和诉讼、深化证券跨境监管执法合作，IOSCO 于 1998 年首次发布了《证券监管目标和原则》，作为国际证券监管合作的基础性文件。之后，IOSCO 于 2002 年制定了《关于咨询、合作与信息交换的多边备忘录》，于 2017 年发布了《关于磋商、合作与信息交换加强版多边谅解备忘录》。此外，在双边证券监管合作方面，中国证监会已累计同美国、新加坡等 64 个国家或地区签订证券监管合作谅解备忘录。

数据跨境流动监管合作是证券监管合作的重要内容。2013年中国财政部、证监会与美国公众公司会计监督委员会（PCAOB）签署的执法合作备忘录，涉及范围包括信息交流、证据协助、审计底稿"出境"、观察检查等，开始实施跨境会计监管合作。2022年8月，中美启动新一轮的审计监管合作协议，对于审计监管合作中可能涉及敏感信息的处理和使用作出了明确约定，针对个人信息等特定数据设置了专门的处理程序，为双方履行法定监管职责的同时保护相关信息安全提供了可行路径。

思考题

1. 数据跨境流动与数据本地化的联系与区别。

2. 数据安全风险的成因及表现形式。

3. 数据主权的定义及内容。

4. 法律利益平衡的基本原则。

5. 为什么要实施数据跨境流动监管。

6. 我国数据跨境流动监管的立法有哪些？

7. 我国数据跨境流动监管的数据类型及范围。

8. 我国数据跨境流动监管措施有哪些？

9. 我国数据跨境流动监管的问题有哪些？

10. 如何完善我国数据跨境流动监管制度？

11. 欧盟数据跨境流动监管模式是什么？

12. 美国数据跨境流动监管模式是什么？

13. 我国数据跨境流动监管模式与欧美模式的区别。

14. 多边数据跨境流动协定的作用是什么？

15. 我国加入多边数据跨境流动协定的意义和风险是什么？

16. 关于数据跨境流动协助的国际法律文件有哪些？

17. 数据跨境流动国际协助的内容及意义是什么？

18. 我国对数据跨境流动国际协助采取什么样的态度？

19. 当前数据跨境流动国际协助的困境是什么？

20. 英美《关于打击严重犯罪而获取电子数据的协议》（UUDAA）的内容有哪些？

参考文献

一、中文著作

1. 崔建远:《物权法》,中国人民大学出版社 2011 年版。

2. 方滨兴主编:《论网络空间主权》,科学出版社 2017 年版。

3. 高富平:《大数据知识图谱——数据经济的基础概念和制度》,法律出版社 2020 年版。

4. 耿骞、孙宇、刘晓娟:《中国政务信息化发展报告——智慧政府、政府数据治理与数据开放》,北京邮电大学出版社 2017 年版。

5. 郭瑜:《个人数据保护法研究》,北京大学出版社 2012 年版。

6. 何明升等:《网络治理:中国经验和路径选择》,中国经济出版社 2017 年版。

7. 何渊主编:《数据法学》,北京大学出版社 2020 年版。

8. 胡建淼:《行政法学》,法律出版社 2015 年版。

9. 黄相怀等:《互联网治理的中国经验:如何提高中共网络执政能力》,中国人民大学出版社 2017 年版。

10. 黄志雄主编:《数据治理的法律逻辑》,武汉大学出版社 2021 年版。

11. 黄志雄主编:《网络空间国际规则新动向:〈塔林手册 2.0 版〉研究文集》,社会科学文献出版社 2019 年版。

12. 李爱君主编:《中国大数据法治发展报告（2019）》,法律出版社 2020 年版。

13. 连玉明主编:《数权法 2.0:数权的制度建构》,社会科学文献出版社 2020 年版。

14. 林子雨编著:《大数据导论——数据思维、数据能力和数据伦理》,高等教育出版社 2020 年版。

15. 梅宏主编:《数据治理之法》,中国人民大学出版社 2022 年版。

16. 梅夏英:《财产权构造的基础分析》,人民法院出版社 2002 年版。

17. 齐爱民:《数据法原理》,高等教育出版社 2022 年版。

18. 中国电子信息产业发展研究院、赛迪智库网络安全研究所、赛迪区块链研究院:《全球及中国数据跨境流动规则和机制建设白皮书》。

19. 孙志伟:《国际信用体系比较》,中国金融出版社 2014 年版。

20. 王磊:《个人数据商业化利用法律问题研究》,中国社会科学出版社 2020 年版。

21. 武长海主编:《国际数据法学》,法律出版社 2021 年版。

22. 武长海主编:《数据法学》,法律出版社 2022 年版。

23. 肖泽晟:《公物法研究》,法律出版社 2009 年版。

24. 谢在全:《民法物权论(上册)》,三民书局 2003 年版。

25. 杨蕾、袁晓光:《数据安全治理研究》,知识产权出版社 2020 年版。

26. 张莉主编:《数据治理与数据安全》,人民邮电出版社 2019 年版。

27. 张维迎:《信息、信任与法律》,生活·读书·新知三联书店 2003 年版。

28. 张玉明等:《共享经济学》,科学出版社 2017 年版。

29. 郑永年:《技术赋权:中国的互联网、国家与社会》,东方出版社 2014 年版。

30. 中共中央马克思恩格斯列宁斯大林著作编译局译:《马克思恩格斯全集(第 23 卷)》,人民出版社 1972 年版。

31. 中共中央马克思恩格斯列宁斯大林著作编译局编:《马克思恩格斯选集(第 1 卷)》,人民出版社 1972 年版。

二、中文期刊

1. 艾明:《刑事诉讼法中的侦查概括条款》,载《法学研究》2017 年第 4 期。

2. 包晓丽、齐延平:《论数据权益定价规则》,载《华东政法大学学报》2022 年第 3 期。

3. 蔡翠红、郭威:《中美跨境数据流动政策比较分析》,载《太平洋学报》2022 年第 3 期。

4. 陈兵、赵秉元:《数据要素市场高质量发展的竞争法治推进》,载《上海财经大学学报》2021 年第 2 期。

5. 程关松:《个人信息保护的中国权利话语》,载《法学家》2019 年第 5 期。

6. 程同顺、史猛:《公共数据权和政治民主》,载《江海学刊》2018 年第 4 期。

7. 程啸:《民法典编纂视野下的个人信息保护》,载《中国法学》2019 年第 4 期。

8. 邓胜利、夏苏迪:《中美城市政府开放数据平台对比研究》,载《图书馆杂志》2019 年第 6 期。

9. 翟志勇:《论数据信托:一种数据治理的新方案》,载《东方法学》2021 年第 4 期。

10. 翟志勇:《数据安全法的体系定位》,载《苏州大学学报(哲学社会科学版)》2021 年第 1 期。

11. 丁道勤:《基础数据与增值数据的二元划分》,载《财经法学》2017 年第 2 期。

12. 丁国峰:《大数据时代下算法共谋行为的法律规制》,载《社会科学辑刊》2021 年第 3 期。

13. 段伟文、纪长霖:《网络与大数据时代的隐私权》,载《科学与社会》2014 年第 2 期。

14. 范玉吉、张潇:《数据安全治理的模式变迁、选择与进路》,载《电子政务》2022 年第 4 期。

15. 范志勇:《论金融监管者的数据安全保护义务》,载《行政法学研究》2022 年第 5 期。

16. 冯登国:《数据安全:保障数据高效合理开发利用的基石》,载《科技导报》2021 年第 8 期。

17. 冯果、薛亦飒:《从"权利规范模式"走向"行为控制模式"的数据信托——数据主体权利保护机制构建的另一种思路》,载《法学评论》2020 年第 3 期。

18. 葛洪义:《法律·权利·权利本位——新时期法学视角的转换及其意义》,载《社会科学》1991 年第 3 期。

19. 韩伟、李正:《日本〈数据与竞争政策调研报告〉要点与启示》,载《经济法论丛》2018 年第 1 期。

20. 韩旭至:《数据确权的困境及破解之道》,载《东方法学》2020 年第 1 期。

21. 何波:《中国参与数据跨境流动国际规则的挑战与因应》,载《行政法学研究》2022 年第 4 期。

22. 何渊:《政府数据开放的整体法律框架》,载《行政法学研究》2017 年第 6 期。

23. 黄如花、刘龙:《英国政府数据开放中的个人隐私保护研究》,载《图书馆建设》2016 年第 12 期。

24. 黄尹旭:《论国家与公共数据的法律关系》,载《北京航空航天大学学报(社会科学版)》2021 年第 3 期。

25. 惠志斌、张衡:《面向数据经济的跨境数据流动管理研究》,载《社会科学》2016 年第 8 期。

26. 金骋路、陈荣达:《数据要素价值化及其衍生的金融属性:形成逻辑与未来挑战》,载《数量经济技术经济研究》2022 年第 7 期。

27. 黎四奇:《数据科技伦理法律化问题探究》,载《中国法学》2022 年第 4 期。

28. 李爱君:《数据权利属性与法律特征》,载《东方法学》2018 年第 3 期。

29. 李成熙、文庭孝:《我国大数据交易盈利模式研究》,载《情报杂志》2020 年第 3 期。

30. 李建人:《美国政府信息公开运动:宪法危机下的法律博弈》,载《南开学报(哲学社会科学版)》2018 年第 2 期。

31. 李伦:《"楚门效应":数据巨机器的"意识形态"——数据主义与基于权利的数据伦理》,载《探索与争鸣》2018 年第 5 期。

32. 廖斌、刘敏娴:《数据主权冲突下的跨境电子数据取证研究》,载《法学杂志》2021 年第 8 期。

33. 廖凡:《跨境金融监管合作:现状、问题和法制出路》,载《政治与法律》2018 年第 12 期。

34. 林卫斌、方敏、胡涛:《管制、监管与市场——以能源行业为例》,载《学习与探索》2021 年第 3 期。

35. 刘辉:《个人数据携带权与企业数据获取"三重授权原则"的冲突与调适》,载《政治与法律》2022 年第 7 期。

36. 刘权:《论网络平台的数据报送义务》,载《当代法学》2019 年第 5 期。

37. 刘权:《政府数据开放的立法路径》,载《暨南学报(哲学社会科学版)》2021 年第 1 期。

38. 刘双阳:《论数据处理者的重要数据安全保护义务及刑事责任》,载《北京社会科学》2022 年第 6 期。

39. 柳经纬:《标准与法律的融合》,载《政法论坛》2016 年第 6 期。

40. 龙卫球:《数据新型财产权构建及其体系研究》,载《政法论坛》2017 年第 4 期。

41. 马其家、李晓楠:《论我国数据跨境流动监管规则的构建》,载《法治研究》2021 年第 1 期。

42. 马长山：《智慧社会背景下的"第四代人权"及其保障》，载《中国法学》2019 年第 5 期。

43. 马忠法、胡玲：《论我国数据安全保护法律制度的完善》，载《科技与法律（中英文）》2021 年第 2 期。

44. 毛逸潇：《数据保护合规体系研究》，载《国家检察官学院学报》2022 年第 2 期。

45. 梅夏英：《数据的法律属性及其民法定位》，载《中国社会科学》2016 年第 9 期。

46. 梅夏英：《在分享和控制之间　数据保护的私法局限和公共秩序构建》，载《中外法学》2019 年第 4 期。

47. 彭诚信：《从利益到权利——以正义为中介与内核》，载《法制与社会发展》2004 年第 5 期。

48. 齐爱民、盘佳：《数据权、数据主权的确立与大数据保护的基本原则》，载《苏州大学学报（哲学社会科学版）》2015 年第 1 期。

49. 齐爱民、王基岩：《大数据时代个人信息保护法的适用与域外效力》，载《社会科学家》2015 年第 11 期。

50. 齐英程：《作为公物的公共数据资源之使用规则构建》，载《行政法学研究》2021 年第 5 期。

51. 邱仁宗、黄雯、翟晓梅：《大数据技术的伦理问题》，载《科学与社会》2014 年第 1 期。

52. 申卫星：《论数据用益权》，载《中国社会科学》2020 年第 11 期。

53. 时建中、王煜婷：《"数据池"共享行为的竞争风险及反垄断法分析》，载《江淮论坛》2021 年第 2 期。

54. 司莉、赵洁：《美国开放政府数据元数据标准及启示》，载《图书情报工作》2018 年第 3 期。

55. 宋华琳：《中国政府数据开放法制的发展与建构》，载《行政法学研究》2018 年第 2 期。

56. 宋烁：《政府数据开放宜采取不同于信息公开的立法进路》，载《法学》2021 年第 1 期。

57. 孙国平：《论劳动法的域外效力》，载《清华法学》2014 年第 4 期。

58. 谭观福：《数字贸易中跨境数据流动的国际法规制》，载《比较法研究》2022 年第 3 期。

59. 汤琪：《大数据交易中的产权问题研究》，载《图书与情报》2016 年第

4 期。

60. 田广兰:《大数据时代的数据主体权利及其未决问题——以欧盟〈一般数据保护条例〉为分析对象》,载《中国人民大学学报》2020 年第 6 期。

61. 田维琳:《大数据伦理失范问题的成因与防范研究》,载《思想教育研究》2018 年第 8 期。

62. 王德夫:《论大数据语境下政府数据开放的制度保障》,载《图书与情报》2018 年第 4 期。

63. 王利明:《论数据权益:以"权利束"为视角》,载《政治与法律》2022 年第 7 期。

64. 王茜:《商法意义上的数据交易基本原则》,载《政法论丛》2022 年第 3 期。

65. 王万华:《论政府数据开放与政府信息公开的关系》,载《财经法学》2020 年第 1 期。

66. 王锡锌、黄智杰:《公平利用权:公共数据开放制度建构的权利基础》,载《华东政法大学学报》2022 年第 2 期。

67. 王锡锌:《个人信息可携权与数据治理的分配正义》,载《环球法律评论》2021 年第 6 期。

68. 王锡锌:《政府信息公开制度十年:迈向治理导向的公开》,载《中国行政管理》2018 年第 5 期。

69. 王晓晔:《数字经济反垄断监管的几点思考》,载《法律科学(西北政法大学学报)》2021 年第 4 期。

70. 王中美:《欧盟数据战略的目标冲突与中间道路》,载《国际关系研究》2020 年第 6 期。

71. 吴军:《城市社会学研究前沿:场景理论述评》,载《社会学评论》2014 年第 2 期。

72. 吴伟光:《大数据技术下个人数据信息私权保护论批判》,载《政治与法律》2016 年第 7 期。

73. 吴湛微、孙欣睿、萧若薇:《当开放数据遇到开源生态:开放政府数据平台建设模式比较研究》,载《图书馆杂志》2018 年第 5 期。

74. 武长海、常铮:《大数据经济背景下公共数据获取与开放探究》,载《经济体制改革》2017 年第 1 期。

75. 席月民:《数据安全:数据信托目的及其实现机制》,载《法学杂志》2021 年第 9 期。

76. 肖冬梅、文禹衡:《在全球数据洪流中捍卫国家数据主权安全》,载《红旗文稿》2017 年第 9 期。

77. 肖卫兵：《论我国政府数据开放的立法模式》，载《当代法学》2017 年第 3 期。

78. 肖燕雄、颜美群：《政府信息公开标准化建设问题与方向探析——基于政府信息公开年度报告的视阈》，载《广西社会科学》2020 年第 9 期。

79. 谢登科：《论侦查机关电子数据调取权及其程序控制——以〈数据安全法（草案）〉第 32 条为视角》，载《环球法律评论》2021 年第 1 期。

80. 邢会强：《政府数据开放的法律责任与救济机制》，载《行政法学研究》2021 年第 4 期。

81. 熊巧琴、汤珂：《数据要素的界权、交易和定价研究进展》，载《经济学动态》2021 年第 2 期。

82. 徐凤：《网络主权与数据主权的确立与维护》，载《北京社会科学》2022 年第 7 期。

83. 徐金波：《政府数据开放的规范构造》，载《情报杂志》2021 年第 7 期。

84. 徐玖玖：《数据交易法律规制基本原则的构建：反思与进路》，载《图书馆论坛》2021 年第 2 期。

85. 徐玖玖：《数据交易适用除外制度的规则构造》，载《电子政务》2021 年第 1 期。

86. 徐珉川：《论公共数据开放的可信治理》，载《比较法研究》2021 年第 6 期。

87. 许可：《诚信原则：个人信息保护与利用平衡的信任路径》，载《中外法学》2022 年第 5 期。

88. 许可：《自由与安全：数据跨境流动的中国方案》，载《环球法律评论》2021 年第 1 期。

89. 薛智胜、艾意：《政府数据开放的概念及其范围界定》，载《财经法学》2019 年第 6 期。

90. 殷继国：《大数据经营者滥用市场支配地位的法律规制》，载《法商研究》2020 年第 4 期。

91. 余丽、张涛：《美国数据有限性开放政策及其对全球网络安全的影响》，载《郑州大学学报（哲学社会科学版）》2019 年第 5 期。

92. 张浩然：《数据财产与数据安全法益保护的重叠及协调》，载《法律适用》2022 年第 9 期。

93. 张红：《大数据时代日本个人信息保护法探究》，载《财经法学》2020

年第 3 期。

94. 张梅芳、李蓉:《大数据鸿沟的伦理风险治理研究》,载《编辑学刊》2022 年第 3 期。

95. 付立华:《大数据与司法社会治理：应用及其伦理》,载《山东社会科学》2021 年第 4 期。

96. 张敏、朱雪燕:《我国大数据交易的立法思考》,载《学习与实践》2018 年第 7 期。

97. 张敏:《大数据交易的双重监管》,载《法学杂志》2019 年第 2 期。

98. 张文显:《无数字 不人权》,载《网络信息法学研究》2020 年第 1 期。

99. 张晓磊:《日本强化跨境数据流动治理的动因分析及启示》,载《日本学刊》2020 年第 4 期。

100. 张晓萍、罗康:《权利视野下的数据权利及其保护研究》,载《福建技术师范学院学报》2022 年第 1 期。

101. 赵精武:《数据跨境传输中标准化合同的构建基础与监管转型》,载《法律科学（西北政法大学学报）》2022 年第 2 期。

102. 赵磊:《数据产权类型化的法律意义》,载《中国政法大学学报》2021 年第 3 期。

103. 赵润娣:《美国开放政府数据范围研究》,载《中国行政管理》2018 年第 3 期。

104. 郑成良:《商品经济、民主政治的发展与法学的重构——法学基本范畴研讨会综述》,载《政治与法律》1989 年第 1 期。

105. 郑春燕、唐俊麒:《论公共数据的规范含义》,载《法治研究》2021 年第 6 期。

106. 郑玉双:《计算正义：算法与法律之关系的法理建构》,载《政治与法律》2021 年第 11 期。

107. 中国行政管理学会课题组等:《我国政府数据开放顶层设计研究》,载《中国行政管理》2016 年第 11 期。

108. 周汉华:《个人信息保护的法律定位》,载《法商研究》2020 年第 3 期。

109. 周尚君、罗有成:《数字正义论：理论内涵与实践机制》,载《社会科学》2022 年第 6 期。

110. 周伟:《立法项目论证制度研究》,载《甘肃政法学院学报》2017 年第 2 期。

111. 朱雪忠、代志在:《总体国家安全观视域下〈数据安全法〉的价值与体系定位》，载《电子政务》2020 年第 8 期。

三、外文著作（译著）

1. ［奥］维克托·迈尔 - 舍恩伯格、［德］托马斯·拉姆什：《数据资本时代》，李晓霞、周涛译，中信出版集团 2018 年版。

2. ［德］维尔纳·弗卢梅：《法律行为论》，迟颖译，法律出版社 2013 年版。

3. ［古罗马］盖尤斯：《法学阶梯》，黄风译，中国政法大学出版社 1996 年版。

4. ［美］凯西·奥尼尔：《算法霸权：数学杀伤性武器的威胁》，马青玲译，中信出版集团 2018 年版。

5. ［美］安德鲁·芬伯格：《技术批判理论》，韩连庆、曹观法译，北京大学出版社 2005 年版。

6. ［美］安瓦尔·谢克：《资本主义：竞争、冲突与危机》，赵准、李连波、孙小雨译，中信出版集团 2021 年版。

7. ［美］劳伦斯·莱斯格：《代码 2.0：网络空间中的法律》，李旭、沈伟伟译，清华大学出版社 2018 年版。

8. ［美］劳伦斯·雷席格：《网络自由与法律》，刘静怡译，商周出版社 2002 年版。

9. ［美］迈克尔·施密特总主编：《网络行动国际法塔林手册 2.0 版》，黄志雄等译，社会科学文献出版社 2017 年版。

10. ［美］莫里斯·E. 斯图克、艾伦·P. 格鲁内斯：《大数据与竞争政策》，兰磊译，法律出版社 2019 年版。

11. ［美］伊森·凯什、［以色列］奥娜·拉比诺维奇·艾尼：《数字正义——当纠纷解决遇见互联网科技》，赵蕾、赵精武、曹建峰译，法律出版社 2019 年版。

12. ［瑞典］大卫·萨普特：《被算法操控的生活——重新定义精准广告、大数据和 AI》，易文波译，湖南科学技术出版社 2020 年版。

13. ［以色列］尤瓦尔·赫拉利：《今日简史：人类命运大议题》，林俊宏译，中信出版集团 2018 年版。

14. ［英］阿里尔·扎拉奇、［美］莫里斯·E. 斯图克：《算法的陷阱：超级平台、算法垄断与场景欺骗》，余潇译，中信出版集团 2018 年版。

15. ［英］凯伦·杨、马丁·洛奇编：《驯服算法——数字歧视与算法规制》，林少伟、唐林垚译，上海人民出版社 2020 年版。

16. ［英］维克托·迈尔 - 舍恩伯格、肯尼思·库克耶：《大数据时代》，盛杨燕、周涛译，浙江人民出版社 2013 年版。

17. ［英］洛克：《政府论》，瞿菊农、叶启芳译，商务印书馆 1982 年版。

18. Clark, Terry, *The Theory of Scenes*, Chicago: University of Chicago Press, 2013. Helen F. Nissenbaum, *Privacy in Context* , Stanford Law Books, 2010.

19. Randal David Orton, *Inventing the Public Trust Doctrine: California Water Law and the Mono Lake Controversy*, University of California Press, 1992.

四、外文期刊

1.Boyne, Shawn Marie, "Data Protection in the United States", 66 *American Journal of Comparative Law* 299, 2018.

2.Cheon-Pyo Lee, "Public Sector Information in the Digital Age", 18 (4) *Information Technology & People* 405, 405, 2005.

3.Edward S. Dove, "Reflections on the Concept of Open Data", *Scripted: A Journal of Law*, 12 (2) Technology & Society, 154, 2015.

4.Fleischmann, Amy, "Personal Data Security: Divergent Standards in the European Union and the United States", 19 *Fordham International Law Journal* 143, 1995.

5.Georgios Georgiadis & Geert Poels, "Towards a privacy impact assessment methodology to support the requirements of the general data protection regulation in a big data analytics context: A systematic literature review", *Computer Law & Security Review* 44, 2022.

6.Godbey, Briana N., "Data Protection in the European Union: Current Status and Future Implications", *2 A Journal of Law and Policy for the Information Society 803*, 2006.

7.Jack Goldsmith, "Sovereign Difference and Sovereign Deference on the Internet", *3 The Yale Law Journal Forum 818*, 2019.

8.KRISTINA I., "Government cloud computing and national data sov-ereignty", *Policy & Internet*, 2012.

9.Laura Liguori & Enzo Marasà & Irene Picciano, "Data Privacy and Competition Protection in Europe: Convergence or Conflict?", *Models, Proceedings of the 53rd Hawaii International Conference on System Sciences*, 2020.

10.Paul Ohm, "Broken Promises of Privacy: Responding to the Surprising Failure of Anonymization", *57 UCLA Law Review*, 1701, 2010.

11.Schwartz, Paul M., "Beyond Lessig's Code for Internet Privacy: Cyberspace Filters, Privacy Control and Fair Information Practices", *Wisconsin Law Review*, 2000.

12.Yeung, K. & Bygrave, L.A., "Demystifying the modernized European data protection regime: Cross-disciplinary insights from legal and regulatory governance scholarship", *Regulation & Governance*, 16, 2022.

后 记

　　《数据法学前沿》是中国政法大学新兴交叉学科研究生精品教材。该教材由武长海教授和肖宝兴博士策划、组织、提纲撰写、文献搜集整理，并全程参与指导、校订和部分撰写工作，具体写作分工如下：

　　第一章：数据相关权益理论（周政训），第二章：数据伦理理论（赵一普）；第三章：公共数据开放理论（武亚飞），第四章：数据流转理论（韦洁）；第五章：数据竞争法理论（黄静怡）；第六章：数据安全法理论（王娜仁高娃），第七章：数据跨境流动监管理论（李昆泽）。

　　在教材写作和出版过程中，得到了众多专家、学者和中国政法大学出版社的大力支持，在此一并感谢。

　　该教材还存在许多不足，不一一指出，在以后共同学习和交流中，加以改正和修订，非常期待专家、学者和同行们的指导和支持，以期该教材的进一步完善。

中国政法大学《数据法学前沿》编写组

2023 年 11 月